课程与教学论

张朝珍　主　编
李茂森　副主编

科学出版社

北京

内 容 简 介

2022年4月，教育部印发《义务教育课程方案和课程标准（2022年版）》，更新教育硕士研究生的专业学位《课程与教学论》教材成为当务之急。本教材结合变革需求，依据《全日制教育硕士专业学位研究生指导性培养方案（修订）》的内容，在保留本课程基本理论框架基础上，围绕课程与教学实践问题进行内容整合和拓展。主要内容包括课程与教学概述、课程与教学目标、课程与教学内容、课程实施与教学过程、教学模式与教学组织形式、教学方法与教学手段、课程领导与教学管理、课程与教学评价等专题。

本教材适合作为教育硕士专业学位研究生的主干教材，也适合作为教育学硕士、博士研究生的参考教材，或者供中小学教师、教学管理者和教研员参阅。

图书在版编目（CIP）数据

课程与教学论 / 张朝珍主编. —北京：科学出版社，2023.2
ISBN 978-7-03-074427-2

Ⅰ. ①课… Ⅱ. ①张… Ⅲ. ①课程-教学理论-研究生-教材 Ⅳ. ①G423

中国版本图书馆 CIP 数据核字（2022）第 252188 号

责任编辑：崔文燕 / 责任校对：杨 然
责任印制：赵 博 / 封面设计：润一文化

科学出版社 出版
北京东黄城根北街 16 号
邮政编码：100717
http://www.sciencep.com

北京建宏印刷有限公司印刷
科学出版社发行 各地新华书店经销
*
2023 年 2 月第 一 版 开本：787×1092 1/16
2024 年 8 月第二次印刷 印张：15 3/4
字数：370 000
定价：68.00 元
（如有印装质量问题，我社负责调换）

前　言

　　高层次的职前教师培养离不开高质量的教材建设。2017 年，教育部教学指导委员会发布《全日制教育硕士专业学位研究生指导性培养方案（修订）》，提出教育硕士专业学位研究生的培养目标是培养掌握现代教育理论、具有良好的知识结构和扎实的专业基础、了解学科前沿和发展趋势、具有较强的实践能力、胜任并创造性地开展教育教学和管理工作的高素质中小学专任教师。2022 年 4 月，教育部等八部门印发《新时代基础教育强师计划》，要求扩大硕士层次的职前教师培养，培养造就高素质专业化创新型中小学教师队伍，特别是要推进硕士层次高中教师培养试点，推进部属师范大学公费师范生攻读教育硕士工作，继续实施农村学校教育硕士师资培养计划，扩大教育硕士、教育博士招生计划等研究生层次的教师培养工作。体现青少年核心素养发展理念的《义务教育课程方案和课程标准（2022 年版）》也同时发布。这些文件都对教育硕士专业学位研究生培养所需的教材建设提出了新的要求。

　　目前，教育硕士专业学位研究生的课程与教学论教材主要存在两种体例：一是把课程论与教学论分开，分别进行专题介绍；二是将课程论与教学论整合在一起进行设计。一方面，课程与教学论学科是课程论与教学论这两个虽相对独立但又交叉重叠、有着内在关联的学科领域不断融合发展的产物；另一方面，全日制教育硕士研究生的相当一部分生源来自非师范类专业，他们比较缺乏相关的基础知识。为此，本教材遵循以整合为主、兼顾体系的原则，既保留了课程与教学的基本理论框架，又围绕课程与教学变革的实践问题进行一定程度的内容整合和拓展。本教材分为课程与教学的规划与设计、课程与教学实施、课程与教学的组织和管理三个模块：模块一包括课程与教学论概述、课程开发与教学设计、课程与教学目标、课程资源与教学内容、课程组织与课程类型；模块二包括课程实施与教学过程、教学模式与教学组织形式、教学方法与教学手段；模块三包括课程与教学评价、课程领导与教学管理。

　　本教材的结构体系与编写具有以下特点。

　　1）教材撰写遵循以理论学习为基、以实践能力培养为本的思路，兼顾内容选择与组织的理论性和实践性。以主干知识的专题性、实践问题的典型性为编写原则，结合学科理论发展前沿、基础教育课程标准改革和中小学教学改革实践中的热点、重点、难点问题进行内容整合和拓展。

2）强化课程与教学的一体化意识。课程与教学是一个不可分割的整体，只有通过整体视野强化课程与教学之间的内在联系，才能更好地理解和处理课程与教学的关系，尤其是结合《普通高中课程方案（2017年版2020年修订）》《义务教育课程方案和课程标准（2022年版）》，将课程与教学的规划与实施、组织与评价、管理与决策等领域的基本原理和实践加以整合。

3）通过"问题+案例"的内容呈现方式，体现教育硕士研究生培养的实践取向。在叙述中有实践案例、问题引领，通过适当提出一些问题、案例剖析或者设计实践活动的形式，激发教育硕士研究生研读、思考、使用教材的积极性，强化能力培养环节。

4）专题前面有知识点导图和学习目标，后面设置案例研究、思考题、拓展阅读和参考文献，以帮助学生了解学术前沿和实践热点问题。

本教材主编为临沂大学张朝珍教授，副主编为湖州师范学院李茂森教授。全书整体框架设计和统稿工作由张朝珍负责。其他参编人员包括临沂大学陈德云教授、聊城大学李玉峰副教授、聊城大学曾琳副教授、曲阜师范大学李凯副教授。专题一、二、六由张朝珍撰写；专题三由陈德云撰写；专题四、五、八由李茂森撰写；专题七由李玉峰、张朝珍撰写；专题九由李凯撰写；专题十由曾琳撰写。在教材撰写过程中，湖州师范学院张震博士以及硕士研究生曹琪婷、王瑞玉、张雨晴；临沂大学的硕士研究生吴迪、王宁、张煜晗、纪祥荣也做了大量的资料整理和内容修改工作。

本教材是山东省研究生教育质量提升计划重点培育项目"基于EBE的全日制教育硕士教学能力培养模式研究与实践"（SDYJG19211）、临沂大学研究生质量提升工程"课程与教学论"精品教材建设项目（JPJC2001）的研究成果。教材的编写和出版得到了科学出版社的大力支持和帮助，在此表示诚挚的谢意。特别感谢责任编辑崔文燕，在教材的写作过程中，她不厌其烦地检查书稿存在的问题、提出修改建议，为本教材的编写和出版做了大量细致的工作。

"课程与教学论"是教育硕士专业学位研究生培养的专业必修课程，本教材适合作为教育硕士研究生学习该课程的主干教材，也适合作为教育学硕士、博士研究生的参考教材，或者供中小学教师、教学管理者和教研员阅读、参考。

教材编写过程中参考了国内外学者相关论著和教材，吸纳了部分专家学者的研究成果，在教材中虽认真做了标注，但有可能由于疏漏未能注明，在此向成果的作者表示衷心的感谢和歉意。由于编者水平有限，书中难免有不当之处，真诚地欢迎各位专家、学者不吝指正。敬请使用本教材的教师、同学和读者提出您的宝贵意见。

张朝珍

2022年10月于临沂大学教育学院

◀ 目 录

前言

模 块 一

模　块　二

模　块　三

模　块　一

专题一　课程与教学论概述

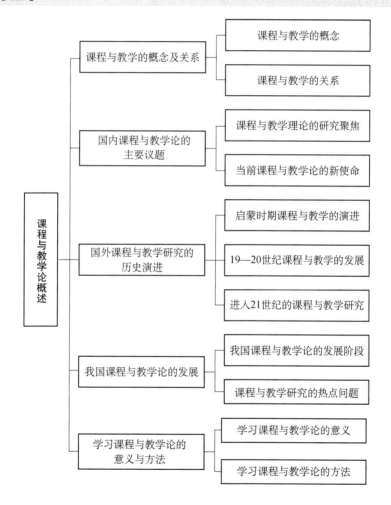

1. 明确课程和教学的定义，熟悉课程与教学论的研究对象。
2. 掌握课程与教学之间的关系。
3. 了解课程与教学研究的历史演变。

4. 掌握课程与教学论的学习方法。

一、课程与教学的概念及关系

有人说"所谓课程就是教什么的问题，教学就是怎么教的问题"。你赞同这一观点吗？为什么？

课程与教学是各级各类学校教育活动构成的基本要素。从古至今，学校之发展，教育之进步，莫不体现在课程与教学之中，课程与教学改革也是世界各国教育改革的核心领域。了解课程与教学是什么以及它们之间的关系，理解课程与教学论经历了怎样的发展历程等问题，是学习这门课程的重要基础。

（一）课程的概念

课程是教育发展水平的主要标志。历史上任何一次重大的教育改革都无法回避课程改革问题。社会通过课程体现它对教育的要求，学校通过课程达到促进学生发展的目的。不了解和研究课程，我们就不能很好地认识和研究教育问题。

1. 课程的词源分析

"课程"是一个使用广泛而又含义多重的术语，不同时期、不同学者对其有多元的理解，或者说对于不同的人、在不同的情境里，课程可能有不同的含义。在我国，"课程"一词始见于唐末。唐朝孔颖达在《五经正义》里为《诗经·小雅·巧言》中"奕奕寝庙，君子作之"一句注疏："维护课程，必君子监之，乃依法制。"从"奕奕寝庙"本身的意思看，"奕奕"是指宏伟高大，相连不绝，甚美无比；"寝庙"指殿堂、庙宇，比喻为伟大的事业。"奕奕寝庙，君子作之"可以解释为宏伟的殿堂由君子主持完成。孔颖达在这儿所说的"课程"喻指伟大的事业或伟大人物的丰功伟业。宋朝朱熹在《朱子全书·论学》中频频提及"课程"，如"宽着期限，紧着课程""小立课程，大作功夫"等。朱熹所使用的"课程"主要指课业及其进程。此时的课程已含学习范围、进程、计划之义。这也与我们现在许多人对课程的理解有相似之处。

在英语世界，"课程"一词最早出现在英国教育家斯宾塞（H. Spencer）于 1859 年发表的《什么知识最有价值》一文中。他首次提出"curriculum"一词，意指"教学内容的系统组织"。后来很多学者对"课程"一词的拉丁文词源提出了不同的看法。"curriculum"的词根是"currere"，名词形式的原意是"跑道"，重点在于静态的"道"，课程是为学生设计不同的轨道，提供分门别类的课程体系；动词形式的原意是动态的"奔跑"，引申为学习中的历程，或者将课程当成学习或者训练的过程，简称学程。现在，人们更多地从动态和静态相结合的角度，将课程定义为学校开设的教学科目及其进程。

2. 代表性的课程定义

课程从教育学体系中独立出来成为一个研究领域的标志是美国学者博比特（F. Bobbit）于 1918 年出版的《课程》（*The Curriculum*）一书。20 世纪，课程的含义发生了很多变化。随着课程研究的不断深入，对课程的定义也逐渐纷繁、多样化。代表性的定义有以下 6 种。

（1）课程即教学科目

将课程定义为教学科目是最为普遍、传统的定义方式。从我国古代设立的"六艺"、欧洲中世纪的"七艺"，到近代以来的百科全书式课程，从夸美纽斯（J. A. Comenius）到洛克（J. Locke）、赫尔巴特（J. F. Herbart），再到永恒主义、要素主义，无不把课程看作所教授的学科，强调课程的知识累积与组织、保存功能。如我国春秋战国时期的稷下学宫、汉唐时期的经学课程、宋明时期的理学课程、明清时期的经世致用课程、鸦片战争之后的洋务学堂课程等，以及古希腊的西方学园、中世纪的经院课程、近代的现实主义课程等，都可被视为早期的科目类课程。《中国大百科全书·教育》指出，"近代学校兴起以来，课程有广义、狭义两种。广义指所有学科（教学科目）的总和，或指学生在教师指导下各种活动的总和。狭义指一门学科"①。在我国的各级各类学校的教育实践中，把课程视为教学科目的影响最为深广，如语文课程、数学课程。它比较符合广大民众和众多课程实践者的认识和理解，在我国现代课程实践中仍然具有较强的生命力。

（2）课程是学习者的经验和活动体验

课程是学习者所获得的经验，是通过学校教育环境获得的旨在促进其身心发展的教育性经验。受新教育和进步主义教育运动的影响，对传统教育的批判和对新教育的构建成为20世纪上半叶欧美教育发展的主旋律，将课程视为学习者经验和体验也得到了较为广泛的认可。可以说，课程的经验本质观支配了整个20世纪六七十年代的西方课程理论研究。这一定义使课程由外在于学生的东西变成与学生紧密联系的东西，赋予学习过程主动的意义，把课程的重点从教材转向个人。2001年，我国第八次基础教育课程改革明确强调了学生经验的课程意义，此后该定义在课程理论和实践领域逐渐得到认可。

（3）课程是教学计划与学习者的学习结果

这一定义是从课程制度化的角度提出的。自20世纪50年代美国课程论专家泰勒（R. Tyler）提出课程开发的目标模式，这种界定便广为流传。他将课程定义为一个行动计划，追求计划的达成和结果的实现。从计划的角度去理解课程，人们更关心的不是学生学习经验的积累，而是学校中的课程如何为学生未来的生活做准备。这种观点强调课程对学生学习的事先规划，关注学生未来的生活而不是当下的存在。这一观点强调了课程的预设性，但容易把课程僵化和简化，使课程成为一种社会监督和控制的手段。

（4）课程即社会文化的再生产

文化再生产理论强调教育以文化为中介实现社会的再生产功能。这种定义认为个体是社会的产物，教育就是让个体社会化。课程应该是社会文化和社会需要的反映，学校教育的职责是再生产对下一代有用的知识、技能。课程的重点应该从教材、学生转向社会，以便使学生能够适应社会，顺应现存的社会结构。这一观点的代表人物是美国的鲍尔斯（S. Bowles）、金蒂斯（H. Gintis）、阿普尔（M. W. Apple），法国的布迪厄（P. Bourdieu），巴西的弗莱雷（P. Freire）等。

① 中国大百科全书总编辑委员会《教育》编辑委员会. 中国大百科全书·教育[M]. 北京：中国大百科全书出版社，1985：207.

（5）课程即社会改造

这是产生于 20 世纪 50—60 年代的一种激进的课程定义。按照这种定义，课程不是使学生适应或顺从社会文化，而是要帮助学生摆脱现存社会制度的束缚。这一观点的主张者提出"学校要敢于建立一种新的社会秩序"的口号，认为课程的重点应放在当代社会的问题、社会的主要弊端，学生应关心、参与社会活动，形成从事社会规划和社会行动的能力。课程是要帮助学生摆脱社会制度的束缚，培养学生的批判意识。其代表人物是美国的康茨（G. Counts）、拉格（H. Rugg）、布拉梅尔德（T. Brameld）。

（6）课程是文本之间的会话

20 世纪末，在后现代主义、现象学、诠释学等哲学社会学思潮的冲击之下，人们开始对既有的课程观进行批判、反思。以派纳为代表的一批北美学者提出要对课程进行概念重建。他们认为，课程是个体的经验或存在体验；个体在本质上是知识与文化的创造者而不是接受者，课程的终极目的是主体意识水平的提升和人的自由解放。因此，课程既超越了学科和教学计划的含义，也不再仅指学习者的经验，而越来越成为一种符号表征和文本。学习者通过对文本的解读，建构多元的话语。围绕这些话语展开复杂的师生、生生之间的对话，在对话中达到对课程的一致性理解。这一定义尊重具体的教育情境以及学习者的主体地位，为理解学校课程注入了新的活力。但这一理念也受到不少质疑，被认为只是一个脱离实际的设想和谋划思路，既缺乏具体的操作手段，也与我国的国情不相符，缺乏现实性和针对性。[①]

综上所述，学者对课程的界定为我们全面认识课程概念提供了多元的视角。这些解释主要是从课程所具有的功能、课程的物质形态、课程实施和管理等方面展开的。定义是对概念本质属性的说明，是一个概念区别于其他概念的独特内涵。要准确把握课程的本质属性，为课程下一个相对清晰的定义，我们需要思考以下三个前提性问题：①中小学课程仅限于学校范围，还是超越了学校范围？②课程是学生在学校所接受的所有教育影响，还是部分教育影响？③课程是计划性的，还是生成的？对这些问题的回答决定了对课程性质的定位。

首先，当下我国学校教育变革的趋势之一是将课程视为一种开放的存在，从强调学校范围内的课程转向注重学校课程与校外课程的有机结合，说明学校课程已经超越学校范围，与学生的家庭生活、社区生活和社会生活密切关联。虽然很多学者将广义的课程等同于教育，例如"从广义上看，课程本质上是一种教育性经验，是对主体产生积极影响的各种因素的总和"[②]，"广义的课程是指学生在学校获得的全部经验"[③]，但是将课程置于整个教育学学科体系中看，它是属于"教育"这一范畴的下位概念，因此它小于学校向学生给予的全部教育的影响。如果将课程的外延等同于全部学校教育范畴，就会造成课程概论的泛化，课程概念便失去其应有的意义。其次，课程内在地具有计划性，但在实践中又呈现动态、生成的特征，是预设与生成的统一。我们既强调高质量的课程设计，也重视实施过程中的课程创生。课程产生于教育活动之前，也实现和不断形成于教育活动之中。

① 王本陆. 中国教育改革 30 年：课程与教学卷[M]. 北京：北京师范大学出版社，2009：17.
② 李森，陈晓端. 课程与教学论[M]. 北京：北京师范大学出版社，2015：6.
③ 索桂芳. 课程与教学论[M]. 北京：北京师范大学出版社，2015：3.

在上述认识的基础上，我们可以对课程做如下解释：课程是指各级各类学校为了实现人才培养目标而开设的各类学科、组织的学生活动、做出的设计与规划等的总和，是学生在与教师、教材、具体情境等因素持续交互作用中不断获得的教育性经验。这一定义是将学校作为课程实施的基本单位，在中观意义上对以师生为主体的学校课程活动进行的解释。

（二）教学的概念

如同对课程的定义具有多样性，当前对教学的定义也有很多种。

1. 教学的词源分析

虽然"教学"一词在我国出现的时间早于"课程"，但是最初的"教"和"学"是分开使用的。我国古代的"教"有教授、教诲、教化、教训、告诫等含义。许慎在《说文解字》中写道："教，上所施，下所效也。"其中，"教"就有操作、演示的意思。关于"学"的记载，在商朝的甲骨文中有最早的文字记载如"壬子卜，弗酒小求，学"。"教学"二字最早连用是出现于《书·商书·兑命》"斆学半"（斆音 xiào，指教），此句成为后来《学记》中"教学相长"的依据。

在我国古代，"教学"偏重的是学，以学生自学为主，有疑问才去向教师求教。值得注意的是，当时由于教育活动形式比较单一，教学一词的外延极广，几乎等同于全部的教育活动。教学可以说是教育的同义词。[①]到了近代，由于班级授课制的出现以及赫尔巴特教学思想传入我国，教学的重心由"学"向"教"转移。此时，"教学"又等同于"教授"，这种理解导致学校教育中出现重教轻学的现象。中国的第一本"教育学"教材——王国维的《教育学》（初版 1905 年）中有一章专论"教授"，主要论及"教授之目的""教材之选择""教案""教式""发问"等内容。也就是说，在教师的行为与学生的行为之间，研究者更关注前者。对此，陶行知进行了激烈的批判。他认为"先生的责任不在教，而在教学，在教学生学"，"教的法子必须根据学的法子"[②]，故而提出将"教授法"改为"教学法"。受其影响，我国学界开始将"教授"更名为"教学"。

在西方国家，英语中有关"教"和"学"的词有 teaching、learning 和 instruction。20世纪以前，通常使用的是 teaching，重在教师的"教"。20 世纪初，随着进步教育主义运动的兴起，instruction 逐渐替代了 teaching。Instruction 原意是"指导"，1903 年英国人芬德莱（J. J. Findly）提出，instruction 的含义是教授和学习（teaching and learning）。1960年，布鲁纳（J. S. Bruner）在《教育过程》一书中更明确地指出，instruction 指的是"教学"，阐述教学过程应包括教师的教授和学生的学习两个方面。由此可见，用 instruction 替代 teaching，标志着一种新教学观的诞生和确立。[③]

2. 教学的含义

最早对教学的理解是将教学视为人类的社会实践。教学活动在原始社会就已产生，这时的教学与生活本身基本上是一回事，教学与生活间的界限模糊，教学即生活，生活即教

① 王策三. 教学论稿[M]. 北京：人民教育出版社，1985：85.
② 方明. 陶行知教育名篇[M]. 北京：教育科学出版社，2005：2-3.
③ 张人杰. 大教育学[M]. 广州：广东高等教育出版社，1995：415.

学。也正因如此，强调教学的生活属性成为后续教育家提出的改革目标之一，如杜威（J. Dewey）提出的教育即生活、陶行知的生活即教育等思想，都体现了不同时代背景下学者对教学的实践性的认识，这是第一种观点。第二种观点强调教学中师生的双边活动。例如，教学是以课程内容为中介的师生双方教和学的共同活动[1]；教学是教师的教和学生的学、师生共同完成预定任务的双边统一活动[2]。第三种观点将教学等同于教育，认为教学是对学生实施的有计划、有目的的全面影响。例如，教学是教育目的规范下的教师与学生共同进行的一种教育活动。[3]第四种观点将教学视为学校教育的基本途径，主要表现为传授和学习知识、技能，开展影响学生身心发展的活动。如《中国大百科全书·教育》中指出，教学是"教师的教与学生的学的共同活动。学生在教师有目的有计划的指导下，积极主动地掌握系统的文化科学基础知识和基本技能，发展能力，增强体质，并形成一定的思想品德"[4]。第五种观点是广义说与狭义说。广义的教学泛指那种经验的传授和经验获得的活动，体现能者为师的观点，不拘形式、场合、内容。狭义的教学是指学校教育中培养人的基本途径，即现在各级各类学校中进行的教学活动，这也是我们通常所说的教学。或者说，狭义的教学就是学校教学，专指学校中教师引导学生一起进行的以特定文化为对象的教与学的统一活动。

综上所述，教学的定义可以从以下几方面来解释。

1）教学是教与学的统一。教是一种外化的过程，学是一种内化的过程。两者不可相互替代又相互依存、相互促进，是教师和学生之间的双边活动。《学记》中提及"学然后知不足，教然后知困。知不足，然后能自反也；知困，然后能自强也。故曰：教学相长也"，就充分说明了这一点。

2）教学是以受教育者身心发展为目标的一种特殊的实践活动。教学的立足点和归宿是培养人，它是学校教育工作的基本和主要形式。教学活动是一个完整的教学系统，它是由一个个相互联系、前后衔接的环节构成的，通过课堂教学、学生活动、自学、训导、社会实践等各种教学实践活动和手段，促进学生德智体美劳全面发展。

3）教学是师生交往互动、共同发展的过程。所谓交往就是主体之间相互作用、相互交流、相互沟通、相互理解的关系。师生交往具有主体性、互动性、互惠性的属性。教学过程是师生通过以教材内容为"话题"或"谈资"的对话，共同生成和创造"文本"、构建"意义"的过程。作为师生两类主体交往的教学需要教师具有民主的精神、平等的作风、宽容的态度、真挚的爱心和悦纳学生的情怀，最终实现教学相长和共同发展。

（三）课程与教学的关系

课程与教学是既相互独立又有密切联系的两个领域。新中国成立七十多年来，课程与教学的关系大致可分为十七年时期（大教学观时期）、"文革"时期（停顿时期）、20世纪80年代至90年代初（改革开放以后的分离期）、21世纪初（第二次改革开放的整合期）、

① 教育大辞典编纂委员会. 教育大辞典（第2卷）[M]. 上海：上海教育出版社，1990：178.
② 刘克兰. 现代教学论[M]. 重庆：西南师范大学出版社，1993：46.
③ 王道俊，王汉澜. 教育学[M]. 北京：人民教育出版社，1989：181.
④ 中国大百科全书总编辑委员会《教育》编辑委员会. 中国大百科全书·教育[M]. 北京：中国大百科全书出版社，1985：150.

2001 年至今（大课程观时期）。或者说，课程与教学的关系主要经历了教学包含课程的大教学观、课程与教学相对独立、课程与教学整合、课程包含教学的大课程观四个阶段，[①]由此形成了以下四种观点。

1. 大教学观

大教学观认为"教学大、课程小"，即把课程视为教学内容抑或专指教学科目或教材，强调学科知识的边界，重视让学生掌握体系化知识，强调教师中心、学科知识至上与课堂中心。新中国成立之后，"大教学"的主张一直占主流。除了传统教学思想的影响和学者自身的价值取向等因素外，一个重要的原因是受苏联教育理论的影响。自凯洛夫（N. A. Kaiipob）时代至 20 世纪 80 年代，课程就一直被视为教学内容，而作为教育科学的一个相对独立部分的教学论便担负起教学的概念和本质、教学原则、教学内容、教学方法和组织等基本问题的研究任务。教学论的话语权占据主导地位，课程是教学理论中的一个基本要素，课程论的基本概念被弱化。

2. 大课程观

大课程观将教学视为课程的一部分，课程是母系统，教学是子系统。对教学的研究是课程论的重要组成部分。这种观点常见于西方学者，例如，课程论学者塔巴（H. Taba）认为课程与教学是有区别的，课程的范围大于教学，课程比教学更重要。布朗迪（H. Broudy）和蔡斯（R. S. Zais）也认为课程是一个更广义的概念，课程是母系统，教学是子系统。21 世纪以来，受大课程观的影响，我国也有学者赞同大课程观，认为课程在本质上是一种教育进程，教育进程包含教学过程。课程的属性和类型是多方面的，包含学科课程与活动课程、显在课程与隐蔽课程，因而也就包含课堂教学和课外教学、模仿教学与陶冶教学。教师也是课程研制者，体现了课程包含教学的主体机制。[②]

3. 部分交叉观

课程与教学虽然有着密切的联系，但二者不能相互替代。在课程与教学的制定与实施过程中，二者是部分交叉的关系。具体表现为：教学是课程系统的实施过程，教学是课程进入课堂之后的一种表现形式，教学设计是课程开发的微观层次的活动。课程与教学相互渗透、有交集，但谁也不完全包含谁。

4. 融合观

这一观点认为，课程与教学过程的本质是变革。课程在本质上不是对所有人都相同的普遍性的内容，在特定的教育情境中，每位教师和学生对给定的内容都有自身的理解，这种持续的变革使给定的课程不断转换为自己的课程，教学就成为师生对内容做出变革的过程。一方面，教学作为课程开发过程，是师生共同开发和创造课程的过程，课程也在这一过程中不断生成与转化；另一方面，课程作为教学事件，不是静态的教科书，而是师生在教育情境中不断生成的活生生的经验，课程是不断变化的课堂教学事件。[③]

从教育政策的角度看，改革开放以后课程论逐渐受到重视。国务院学位委员会于 1997 年公布的《授予博士、硕士学位和培养研究生的学科、专业目录》，将课程论、教学

① 熊和平. 课程与教学的关系：七十年的回顾与展望[J]. 高等教育研究，2019（6）：40-51.
② 黄甫全. 大课程论初探——兼论课程（论）与教学（论）的关系[J]. 课程·教材·教法，2000（5）：1-7.
③ 张华. 课程与教学整合论[J]. 教育研究，2000（2）：52-58.

论和学科教学论三者融合起来成为新的二级学科——课程与教学论。很多高校开始对课程论与教学论学科进行整合，并设立课程与教学系。但是我们也要清醒地看到，课程与教学论是实践性很强的研究领域，课程与教学在学校教育实践中往往密切联系在一起，把课程与教学割裂开来并在学科建设中强制划界，将进一步导致课程与教学研究的抽象化和口号化，不利于解释和解决学校教育实践中的具体问题。因此，进入 21 世纪，我国的课程与教学研究也呈现不断融合的发展趋势，包括课程规划、课程标准、课程实施、课程评价、课程管理、综合实践活动、校本课程开发、校本教研、课堂观察、核心素养、课程整合等一系列新概念所代表的新理念，日益成为引领中小学教育教学改革的有力话语。

二、国内课程与教学论的主要议题

课程与教学论学科的基础议题包括课程与教学的目标、原则与取向、课程与教学的设计开发、组织实施、课程与教学的评价等，它们构成了课程与教学论的主干内容，而课程与教学的发展、改革、制度与管理等领域是课程与教学论学科的支干内容，它们构成了整体的课程与教学论的议题。近年来，我国教学论学科发展的深化研究主要集中在教学论学科历史回顾、理论基础与研究范式探讨、教学论的理论自觉与反思、学科边界与跨学科研究、教学实践研究等方面，课程理论的研究集中在课程思想与课程目标、课程权力与课程决策方面，课堂教学的理论研究与实践探索集中在对教学基本理论问题的研究、聚焦课堂的教学研究、课堂教学改革的实践探索。①

（一）课程理论的研究聚焦

随着课程论的研究受到越来越多的关注和重视，主要议题也由最初的对国外课程理论的学习、译介过渡到中国话语的创建。近些年具有代表性的研究议题表现为以下几方面。

1. 课程目标研究

1929 年，国民政府制定并颁布《中小学暂行课程标准》，"课程目标"一词首次出现。1935 年，国民政府教育部颁布《修正师范学校规程》，提出了包括公民、体育、卫生、国文、地理、历史、生物、化学、物理、劳作、美术、音乐等 25 门课程，为初步的课程体系奠定了基础。②20 世纪 50 年代，教学计划、教学大纲取代课程方案、课程标准，课程目标自然也没有了。2001 年，新一轮基础教育课程改革开始。随着《基础教育课程改革纲要（试行）》和各学科课程标准的发布与实施，课程目标研究如火如荼地开展起来，其间产生的研究成果主要集中于对课程目标的概念及相关概念的辨析，课程目标的价值取向、确定依据、原则、程序，各学科课程目标的解读、研制与评析，对国外课程目标的介绍，我国课程目标中存在的问题、反思与对策等方面。

2022 年 4 月，教育部发布《义务教育课程方案和课程标准（2022 年版）》，对课程目标的研究也从对第八次基础教育课程改革时倡导的"知识与技能、过程与方法、情感态度与价值观"的三维课程目标的解读和实践反思，转向如何将青少年核心素养、学科核心素养目标转化为具体的单元教学目标这一问题。

---

① 安富海，王鉴. 近年来我国课程与教学论研究的回顾与展望[J]. 教育研究，2016（1）：47-54.
② 曹彦杰. 师范与乡村：中国乡村师范教育的兴起：1919—1949[M]. 北京：中国社会出版社，2020：152.

2. 课程权力与课程决策研究

三级课程管理体制的设立打破了过度集中的"大一统"的课程权力框架，实现了课程权力的分享。很多学校将"给定的课程"变为"本校的课程"，但仅做到这一层面是不够的，还需要着眼于学生的发展需要设计课程目标，促进课程内容与学生生活的关联，让课程真正回归学生，按照学生的认知规律设计课程实施途径与方式。

每种课程权力类型下的课程政策都隐含着某种哲学假设和价值取向。课程决策是课程政策的制定和课程实施策略的规划，反映了决策者的课程价值观和立场。虽然课程决策主体来自不同群体，代表着不同社会群体的课程期望，并且在决策过程中会尽可能地表达本阶层的教育理想，但是不同决策主体在权衡利弊后需要达成共识，否则无论哪个阶层的教育理想都不可能实现。要达成最终的共识，就必须遵循一个前提，那就是课程决策一定要遵循教育教学规律，为教育教学服务，为学生的发展负责，这也是课程决策的根本目的。当前中小学校课程决策存在科层化倾向突出，学生、家长参与度较低，能动性不强等问题，要遵循分权制约的课程权力原则，制定合理完善的学校课程决策制度，确立学校课程决策工作的程序，制定一系列行为规范，建立合理有效的学校课程决策监控机制。

3. 普通高中课程改革研究

进入 21 世纪，我国普通高中教育稳步发展，普及程度、投入水平、师资队伍、办学条件等都有了明显提高，一些高中积极推进课程改革，陆续开发文科实验班课程、理科实验班课程、项目式学习实验班课程、社科特色班课程、数字化学习特色班课程，有效促进了学生全面而有个性的成长。但也存在一些问题，主要表现在选修模块必修化，模块设置缺乏系统性，综合实践活动实施难，学业水平测试与学分管理相矛盾，以及高考对高中课改的制约性。推进高中课程改革既需要把握我国实情，也需要拓展国际视野，还需要抓住课程选择性的深化、课程探究性的升华、课程现代性的彰显和课程数字化的统整这四个重点。高中教师须树立科学的学习观，发挥学习方式的多种作用，开展革新学习方式的研究与实验。

【资料链接】《普通高中课程方案（2017 年版 2020 年修订）》①

（二）教学理论的研究聚焦

近些年，教学论的研究焦点主要为以下几方面。

1. 教学基本理论问题的研究

我国的教学理论是在自我反思、超越的基础上实现不断发展的。自 1981 年教学论成为独立学科以来，研究者从概念、价值、问题形成原因、解决策略以及发展历史等方面对教学论进行了较为全面的探讨。随着课程教学改革的推进，教学基本理论问题得到持续探讨。生成论教学就是研究者探讨较多且不断提出新见解的一个研究话题。在生成论教学哲学中，教学观念中的人道主义不仅仅涉及价值论立场，更重要的还在于贯穿其中的人道主义的思维向度及其认识论意义。②有效教学一直是课程与教学论探讨的热点话题。目前有

① 普通高中课程方案（2017 年版 2020 年修订）[EB/OL]. http://www.moe.gov.cn/srcsite/A26/s8001/202006/t20200603_462199.html.（2020-06-03）[2022-04-25].

② 张广君，孙琳. 教学认识论的人道主义向度——生成论教学哲学的立场[J]. 教育研究，2013（4）：105-112.

效教学最需要解决的是教学有度的问题。虽然教学必然追求其有效性，但并不意味"有效"的追求可以囊括教学的全部意蕴，更不意味"有效"的追求可以僭越教学的本真。追寻本真的有效教学，需要重建实践智慧。①

中小学课业负担问题长期得不到有效解决也与课程与教学理论研究对学生学习的相关问题研究不深入有很大关系。当代教学论研究要关注学生行为，加强对学生学习的研究，这不仅有助于丰富对学习问题的认识，增强教学论研究的理论与实践品性，也有助于缓解学习负担过重问题，提高学生的学习生活质量。

2. 课堂教学的理论研究

课程与教学的大部分问题暴露在课堂教学之中，只有持续关注课堂教学研究，才能真正发现和解决课程与教学中存在的问题，进而促进课堂教学质量的提升。

课堂生活是课堂研究的重要内容。课堂教学质量问题的实质是教师与学生在课堂中的生活质量。重建课堂生活不仅要研究学生当下的课堂生活状况，还要关注学生的课堂生活史。要实现课堂教学的有效育人，应回归目标明确、方法高效、过程简洁、感觉自然的课堂教学本真状态。②

课堂研究是课程与教学论关注的热点领域。研究路径主要包括：聚焦课堂的校本教学研究之路、大学与中小学合作的研究之路、信息技术支持下的课堂研究之路、走向课堂变革的行动研究之路四种路径。③课堂研究的形式也从过去理论研究者和实践工作者各取所需、各自为政转变为互相学习、通力合作。

3. 课堂教学的实践探索

随着基础教育课程改革的推进，课堂教学改革也逐渐走向深入。对教学理论的关注从注重宏大叙事开始转向对具体教学实践问题的引领和解释，对教实学践问题的研究从自说自话转向理论指导下、结合实际的深入探索。洋思中学、杜郎口中学、东庐中学等学校的课堂教学改革初见成效。我们要理性看待这些各有特色的教学实践经验。这些经验既需要进一步沉淀和检验，也需要理论高度上的提升。特别是它们创造性提出的教学模式，都是各个学校根据自己教育教学中所面临的实际问题逐渐探索出来的，在前期探索的过程中由于缺乏专业的支持和引领走了一些弯路。因此，其他学校在学习、借鉴这些学校的教学模式时不能完全照搬、机械套用，而要注意到每所学校有其特殊的生情、教情、校情，需要针对各种因素与自身资源条件灵活地选择借鉴，创新性地建构适合自身的课堂教学模式。课程与教学论研究者也要及时关注优秀教师的教学经验，帮助他们提炼实践智慧。

【案例链接】北京十一学校：一人一张课程表④

没有固定班级，没有固定教室，一学期有两周没老师没作业……而学生的满意度却超过 90%。"十一学校是新世纪以来众多推进课程改革、实施素质教育的普通高中学校的代表和典型。"今天上午，在十一学校召开的教育部新闻发布会上，教育部基础教育二司副

① 叶波. 反思"有效教学"的技术化倾向[J]. 课程·教材·教法，2013（6）：36-40.
② 安富海，王鉴. 近年来我国课程与教学论研究的回顾与展望[J]. 教育研究，2016（1）：47-54.
③ 李泽林. 课堂研究方法：基本范式与路径嬗变[J]. 教育研究，2013（11）：99-103.
④ 北京十一学校：一人一张课程表[EB/OL]. http://edu.people.com.cn/n/2014/0227/c367001-24484319.html.（2014-02-27）[2022-04-25].

司长申继亮对这所学校的教育改革给予了高度评价。

一、走班上课：一人一张课程表

在北京十一学校，全校有4174名学生，就有4174张不同的课程表。学生们采取"走班上课"制，每个人都按照自己所选择的课程安排一天的"行程"。这种类似于大学教育的课程设置方式，是否适用于课业压力较大的高中教育引起了广泛质疑。

十一学校校长李希贵认为，教育应立足于"每一个"个体的自主成长，创造适合每一位学生发展的模式，让每一位学生成为自主发展的主体，教育的目的在于发现每位学生的不同特点和个性差异，唤醒他沉睡的潜能。为此，十一学校通过对国家课程、地方课程的校本化，构建了一套分层、分类、综合、特需的课程体系，创立265门学科课程、30门综合实践课程、75个职业考察课程、272个社团、60个学生管理岗位，供学生选择。在这些课程中，除了少数的必修课外，其余大部分是选修课程，所有课程排入每周35课时的正式课表，学生不仅可以选择课程，还可以选择上课时段，真正做到自主选择，一人一张课程表。

二、大小学段：自主学习提高效率

为了给学生更多的自主选择空间，十一学校实施了"大小学段制"。每个学期分两个大学段和一个小学段，大学段主要进行统一课程的集中学习，两个大学段之间为期2周的小学段，不安排统一的学习内容，没有老师，也没有作业。学生可以根据自己的学习需求，制定自主学习规划。有的学生选择仍到学校自习，有的学生利用这段时间走出学校，到社会和实验基地进行体验学习，有的学生则在家阅读喜欢的文学作品……虽然课时缩短了，但这并没有影响学生的学习成绩，反而，由于自主性提高带动了学习效率的提升，很多同学的学习成绩更好了。

三、全员育人：打破行政班级界限

随着选课走班的实施，原来的行政班级界限和班主任管理模式被打破，学生在不同的教学班级之间流动，这无疑增加了教师管理的工作量和工作难度。推动教师转型，转变惯性思维，成为变革成功与否的关键因素。对此，十一学校提出全员育人的教育理念，在年级层面实施"分布式领导"模式，把教学管理事务分解为导师、咨询师、学科教研组长、小学段与研究性学习主管、过程性评价主管、终结评价与诊断主管、选课与排课主管、教育顾问（特殊行为问题）、自主研修主管、考勤主管、大型活动主管等多个岗位。由任课教师根据自己的专长，主动承担，既确保了年级工作和教育教学管理的高效、有序，又给每一位教师搭建了施展个人才华的平台。

四、效果显著：学生满意度明显提升

经过四年的实践探索，学生状态、教师情态和学校形态都发生了很大的变化。其中，90.3%的学生认为"学校所学的课程对自己的未来发展有重要意义"；94.8%的同学认为"我能够根据学习目标安排自己的学习"，开放性和动态性营造了每个成员积极参与、共同负责的新型群体关系，学生对他人、集体、社会负责的意识和能力提升，2012年两会期间，学校"人大代表助理团"的同学在平时搜集舆情民意和调研的基础上形成了8份提案，通过全国人大代表宋鱼水提交到了两会。

从2007年开始，十一学校以提供选择性的课程为起点，以制度变革为保障，最终实现从价值选择到教学组织形式，从课程结构到管理制度，从教学方式方法到学校组织文化等全方位的转变。对此，校长李希贵说："我们的路径很清晰：发现每一位学生的不同，唤醒每一位学生的潜能，启动每一位学生的内动力，让每一位学生成为自我发展的承担者。只有解放了学生，让他们拥有相信自己的力量，他们才能去实现心中的梦想。"

【讨论】小组讨论并在班内发言，如何看待案例中的课程变革？

（三）当前课程与教学论的新使命

课程与教学论学科正处在学科重建和范式重建的关键时期，需要重新思考和界定课程与教学论的学科结构、研究边界、主干内容、学科方法，既要关注课程与教学实践的重点、热点、焦点问题，又要以马克思主义理论和思想为指导，谋求多学科的理论营养，在理论与实践之间的互动中实现课程与教学论学科的发展。在新的时代背景下，课程与教学研究面临着以下新的使命。①

1. 落实立德树人，强化课程与教学的设计与实施

课程与教学的顶层设计和实施是全面推进改革的重要前提，强化这一环节要以社会主义核心价值观为引领：一方面，适应社会经济发展要求和国家战略需要，始终坚持社会主义核心价值观的引领作用，凸显课程与教学构建特定世界观、人生观、价值观的核心作用。将社会主义核心价值观内容融入课程教材建设、课程设置与管理、课堂教学与评价等在内的课程与教学设计的架构之中。另一方面，社会主义核心价值观的有机融入要充分考虑青少年学生的身心发展和认知规律，把社会主义核心价值观的具体内容由浅入深、整体一贯地融入课程与教学体系之中。

2. 基于核心素养，深化课程与教学改革

社会生活变化及课程实践发展的需要，共同推动着课程理念完成了从"双基"到"三维目标"再到"核心素养"的跨越，学校教育改革的价值旨趣、推进方式也发生了显著变化。如何将核心素养从一套理论框架或育人目标体系落实与推行到具体的课程与教学中，真正实现其育人功能与价值，是当前教育领域面临的重大问题。在这样的背景下，将课程研究进一步推向深入，更好地实现理论研究与实践需求对接，呼唤研究者在课程研究的范式、思路、方法上进行创新，这既是实践改进的需要，也是使课程教学理论及时反映时代发展的新问题，与时俱进地建构课程教学理论体系的需要。要从核心素养的解读与宣传、核心素养下教育教学目标体系、贯穿国民教育的全课程体系、教师教育和教师培训体系、课程教学评价体系、课程教学资源体系建设、教学方式方法创新等方面入手，全面深化课程教学改革。

3. 加强课程评价研究，提高本土适应性

课程评价研究一直是我国教育研究中的薄弱环节，各学科核心素养更加关注学生的学科思想、思维方式、学习方法，这也对未来的课程评价提出了新的挑战。要改变课程评价过分强调甄别和选拔的现状，真正发挥课程评价促进学生发展、教师提高和改进教学实践的功能并适应未来基于学科核心素养的课程实践的需要，还应根据本土教育情境，对课程

① 张家军. 新时代课程与教学研究的主要议题[J]. 天津师范大学学报（基础教育版），2021（2）：21-26.

评价的目的、基准、功能、主体和方式等进行深入反思，使课程评价更好地指向学生学习的改善。[①]从普通高中课程改革看，要改变以往以纸笔测验为主的高考制度，围绕"育人"和"选拔"两大诉求开展学生的综合素质评价，把综合素质评价纳入高校招生（尤其是重点本科院校招生）的要求中，让评价结果成为我国高校招生的一个影响因素，从而完善高校招生制度。[②]这些都说明了改革既有的中小学课程与教学评价制度的必要性，要使评价更加适应我国的国情和人才培养需求。

【实践活动】请深入一所中小学，调查该校采用的课程评价手段和评价方法的情况，在调查的基础上进行质性描述或者对数据进行统计分析，评价该校课程评价的特色或存在的问题。

4. 在吸收与借鉴、传承与扬弃中建立中国特色的理论体系

无论是过去的面向苏联文化、欧美文化大力引进国外的课程教学理论，还是对我国本土的课程与教学思想和教改实验的总结及反思，都说明我们既要合理吸收和借鉴国外的课程与教学理论，又要扬弃我国传统的课程与教学理论。

第一，适应时代发展的需要和新时期学校教育变革的育人目标要求，对国外的先进理论和我国传统的思想精华进行理性分析和全面透视，吸取其中的合理因素，摒弃其中的不合理因素。

第二，凝练本土智慧，构建课程与教学论话语体系。纵观我国课程与教学思想的发展，无论是采用的话语模式还是研究的范式，无不带有很深的西方烙印。立足我国课程与教学中存在的问题，强化学科自觉，凝练本土智慧，加强课程与教学的原创性研究，是我国的课程与教学论学科深入发展的必经之路。

第三，基于我国现实的土壤和中国文化特色，构建新的课程与教学理论。教育是文化的一部分，教育传承文化，文化给予教育深厚的养料。我们不仅要认识到优秀传统文化的当代教育价值，还要深入挖掘这些丰富的教育内容，从中华传统文化中汲取养料，将优秀传统文化全面融入课程与教材体系，加强中华优秀传统文化类课程及教材的建设，奠定课程与教学论的文化基础，同时践行"三全育人"，把中华优秀传统文化全方位融入教学实践活动中。这既是我国课程与教学论学科深入发展的必然道路，也是我们下一步要努力拓展的重要研究领域。

5. 推进制度创新，完善课程与教学制度体系

第一，完善课程教材开发与管理制度。党的十八大以来，我国教材建设取得了重大成就。2014年10月，教育部将"国家基础教育课程教材工作领导小组"更名为"教育部课程教材工作领导小组"。2016年12月，习近平总书记在全国高校思想政治工作会议上指出，"教材建设是育人育才的重要依托。建设什么样的教材体系，核心教材传授什么内容、倡导什么价值，体现国家意志，是国家事权"[③]。2017年3月，为全面落实《关于加强和改进新形势下大中小学教材建设的意见》，国务院决定成立国家教材委员会。2017年

① 任明满，李倩. 近二十年来课程领域研究热点及发展趋势探析[J]. 课程·教材·教法，2019（3）：36-42.
② 崔允漷，柯政. 关于普通高中学生综合素质评价研究[J]. 全球教育展望，2010（9）：3-8.
③ 刘博智. 擦亮"中国底色"的统编三科教材[J]. 教育文摘，2018（4）：34-36.

秋季，《历史》《语文》《道德与法治》三科统编教材正式启用。从"一纲多本"到国家统一编写三科教材的教材制度变革，标志着我国课程教材开发和管理工作迈入一个新的历史阶段。如何规范教材编写和提高教材质量、提高课程建设的科学性和积极性，是随后课程教材开发与管理中需要深入思考的问题，需要通过制度完善和创新来解决。

第二，创新课程与教学评价制度。党的十八大以来，国家启动了新一轮考试招生制度改革，其标志就是 2014 年印发的《国务院关于深化考试招生制度改革的实施意见》和 2020 年印发的《深化新时代教育评价改革总体方案》。这两个文件都要求改革既有的教育评价制度，创新课程与教学评价实践。《义务教育课程方案（2022 年版）》强化了教育评价的素养导向，要求改进结果评价，强化过程评价，探索增值评价，健全综合评价，创新评价方式方法。关注学生真实发生的进步，推进表现性评价。提升考试评价质量，强化考试评价与课程标准、教学的一致性，促进"教—学—评"有机衔接。

【资料链接】中国课程与教学论百年发展回顾与展望①

三、国外课程与教学研究的历史演进

作为学科的课程与教学论只有一个短暂的历史，但课程与教学思想却有一个悠久的过去。受政治、经济和教育制度等多种因素的影响，国外不同时期的课程与教学研究有着不同的特点。

（一）启蒙时期课程与教学的演进

在西方，古希腊的苏格拉底、柏拉图、亚里士多德阐述了各自的教学思想，出现了苏格拉底的"产婆术"，柏拉图的《理想国》，亚里士多德的《尼各马可伦理学》《政治学》等。古罗马的昆体良系统地总结了罗马的教学成就和自己的从教经验，写出古代西方第一部教学法专著《雄辩术原理》（又译为《论演说家的教育》）。

在欧洲文艺复兴时期，新兴资产阶级在意识形态领域展开了反对封建文化的斗争，其反对经院教育，认为课程设置应考虑从培养完美的人出发，提出了以拉丁语、希腊语为中心的人文主义课程观念。课程内容主要是文法、修辞以及哲学，以此训练学生的智力、精神，形成广阔的学识和道德人格。文艺复兴之后开始出现了主张课程应该适应现实生活的做法。17 世纪前半叶，以拉特克（W. Ratke）、夸美纽斯等为代表的一批教学论者登上了历史舞台，他们将自己的学问称作教学论或教授法，提出了现实主义的课程教学思想。

在教育史上，第一个倡导教学论的是德国教育家拉特克。他在 1612 年向法兰克福诸侯呈交的学校改革书中自称是"教学论者"，称自己的教学技术为"教学论"。拉特克对教学研究提出了四个方面的设想：一是以教学的方法、技术问题为教学研究的中心。与教学的其他方面比，教学论着重研究怎么教的问题。二是认为教学方法和技术既依赖于儿童的心理，又依赖于学科知识的性质。三是确立了自然教学法。要求学习从归纳入手。结合学生经验和兴趣，不应强迫和体罚学生。四是教师要研究如何教授语言和科学，这是国民统一与国家自主独立的需要。

---

① 钟勇为，王木林. 中国课程与教学论百年发展回顾与展望[J]. 现代大学教育，2021（2）：66-78.

　　捷克著名教育家夸美纽斯进一步发展了拉特克的观点，他对课程与教学研究的系统化与科学化做出了贡献，他的《大教学论》被公认为为教学论奠定了学科基础。拉特克和夸美纽斯提出建立教学论学科的设想，是17世纪初教育研究领域的一大革新。教学论被分为"小教学论"（small didactics）和"大教学论"（large didactics）。"小教学论"是指教师在课堂上运用的教学技艺，"大教学论"则是具体教育规划者的责任。这些制度的设计者对学校教育制度的设计、教学和规划负有全部责任①。因此，像拉特克那样侧重教学方法的教学论著作就被视为小教学论，像夸美纽斯那样不仅注重教学艺术而且规划整个学校教育系统的著作就被视为大教学论。

　　夸美纽斯认为应该实施"百科全书式"的教育。他认为学校应设三类课程：第一类是主要课程，包括语言、哲学和神学；第二类是次要课程，包括历史课程和各种练习课；第三类课程主要不在于促进智能的发展，而在于帮助身体的灵活运动，如游戏和戏剧表演等。为此，他提出了四大教学思想：①教学以自然为鉴的原理。教师要根据儿童天性、遵循循序渐进的原则开展教学。②兴趣与自发原理。不能用强制和惩罚的方法来强迫儿童学习，教师要善于激发儿童学习的兴趣，让学习者的自发学习、自主探索处于教学的中心地位。③活动原理。教学要使学生躬行实践，凡是应当做的都必须从实践中去学。④直观原理。教学不应该从事物的语言说明开始，而应该从事物的观察开始。经由进一步的解释和说明，使学生由表入里地理解事物。

　　在上述探索的基础上。法国的教育思想家卢梭（J-J Rousseau）和瑞士的教育改革家裴斯泰洛奇（J. H. Pestalozzi）又使课程与教学理论得到了进一步发展。

　　卢梭是浪漫自然主义课程与教学理论的代表人物。他提出了发现教学论，认为儿童潜藏着无止境的创造性，教育要培养"自然人"就要尊重儿童的天性，尊重儿童的自发探索。其基本观点包括：①发现是人的基本冲动，好奇心是人寻求知识、发展知识的动力。②发现教学的基本因素是兴趣与方法，好的教学就是教师指导学生在自发、自主的基础上进行探索。③活动教学与实物教学是发现教学的基本形式。卢梭强调"在任何事情上，你们的教育都应该是行动多于口训，因为孩子们是容易忘记他们自己说的和别人对他们说的话的，但是他们对他们所做的和别人替他们做的事情就不容易忘记了"②。④发现教学指向培养自主、理性的人格。

　　裴斯泰洛奇在卢梭的自然主义课程思想基础上形成了直观课程观，其思想主要通过其著作《林哈德和葛笃德》反映出来。裴斯泰洛奇认为，教育的主要原则就是要遵循自然，符合人的发展的自然顺序。教育过程必须从一些最简单的因素开始，逐渐转到复杂的因素。人格的统一是以"头、心、手"的和谐发展为基础的，基础教养就要使智育、德育和体育统一起来。在教学内容上，裴斯泰洛奇主张让学生学习本族语、数学、历史、地理、音乐等课程，并以能促进手工业和农业生产的发展与繁荣为目标。他重视劳动教育，认为儿童劳动具有广泛的教育意义，劳动教会人蔑视那些与事实脱节的语言，帮助人形成精确、诚实等品质，有助于形成儿童与成人之间、儿童相互之间的合理人际关系。他强调把学习和劳动、把教学和工厂相结合，因此在教学方法上提出了"劳作中学、从简单到复

---

① 丁邦平. "教学论"与"教学理论"概念之辩[J]. 比较教育研究，2011（7）：70-76.

② 让·雅克·卢梭. 爱弥尔[M]. 李平沤译. 北京：商务出版社，1979：107.

杂、直观性原理"等观点。

总体来说，这一阶段的课程与教学论已经从经验主义哲学的大一统逐渐走向科目设置的多元化，提倡自然和直观的教学方法，注重个人生活需要和社会发展的现实需求。

（二）19—20世纪课程与教学的发展

随着近代自然科学的不断发展，进入19世纪，课程与教学研究更加注重其应用性和现实性，有明显的功利主义色彩。其代表人物是英国的斯宾塞和德国的赫尔巴特。

斯宾塞是英国实证主义哲学家、社会学家。在他著名的《什么知识最有价值》这篇论文中，他提出了教育的作用就是使人们为过"完满生活"做准备，每个公民都能合理地调节其行为所必不可少的是科学知识，因此在学校课程中自然科学知识应该占最重要的地位。赫尔巴特是德国哲学家、心理学家、教育学家。他认为课程的编制应以各门科学为基础，以发展人的"多方面兴趣"为核心设置相应的学科，提出了包括"明了、联想、系统和方法"四个阶段的教学过程阶段理论。

伴随着19世纪末至20世纪初在欧洲出现的"新教育运动"和美国开展的进步主义教育运动，课程与教学理论也得到了长足发展。这一时期的课程开发与教学探索逐渐走上科学化之路。美国教育家杜威将课程与教学论建立在实用主义哲学之上，提出了他的经验自然主义课程与教学论。与此同时，美国的博比特与查特斯（W. Charters）等开启了课程开发的科学化运动。进入20纪，泰勒在"八年研究"基础上，提出了课程开发的基本原理，标志着课程开发的科学化运动达到顶峰。二战后，社会生活的急剧变化和科学技术的飞速发展引发了世界教育改革热潮，催生了众多新的教学理论与流派，如苏联赞科夫的小学教学新体系、巴班斯基的教学过程最优化理论，美国斯金纳（B. F. Skinner）的程序教学理论、布鲁纳的发现教学理论、奥苏贝尔（D. P. Ausubel）的意义学习理论、布鲁姆①（B. Bloom）的掌握学习理论、加涅（R. M. Gagne）的教学设计理论、罗杰斯（C. R. Rogers）的非指导教学理论、洛扎诺夫的暗示教学、瓦根舍因的范例教学、克拉夫基的范畴教育、沙勒和舍费尔的交往教学理论等。

（三）进入21世纪的课程与教学研究

课程开发的科学范式追求技术化、工具理性、目标取向，导致个体的意义和存在日益被边缘化。当时的社会危机和精神危机使得人们开始质疑这一范式，对科学化课程开发范式进行批判，掀起了挑战现代课程开发范式的"概念重建"，课程研究领域进入百家争鸣、百花齐放的多元化发展时代。

1. 课程改革与研究发展趋势

随着21世纪知识经济时代的到来，经济全球化趋势越来越明显。人们开始从无数实践中认识到，在世界各地发生的困扰人类的重大问题都具有整体性和全球性。在新的国际形势下，世界各国不约而同地选择了发展教育来解决面临的种种严重问题。1980年，在联合国教科文组织第21次大会上，各国代表一致认为，20世纪末世界各国的教育要顺利地进入21世纪，关键在于实现基础教育课程结构、教育内容的跨世纪更新换代。许多国

---

① 本书中引用的文献有的译作"布卢姆"，未做强行统一。

家掀起面向 21 世纪的课程改革,课程改革已经发展成为跨世纪的全球教育改革潮流的重要组成部分。其发展趋势和特点如下。

(1)更新课程理念,对课程概念进行重建

进入 21 世纪,课程研究领域中的问题和现象变得更为复杂、多变、多样。产生于美国的概念重建运动,以挑战以"泰勒原理"为代表的传统课程理论在课程领域中的绝对主导地位为目标,鼓励个体对教育的本质、课程的本质以及当代社会生活的本源意义进行概念重建。其早期的代表人物包括施瓦布(J. J. Schwab)、格鲁美特(M. Grumet)、阿普尔、吉鲁斯(H. A. Giroux)等,他们从新的研究视角,运用新的研究方法探讨课程问题,对传统的课程概念、课程理论、课程实践进行反思、批判与重构。1973 年,课程理论化大会的召开标志着概念重建运动的正式开始,概念重建主义者作为一个共同联盟开始形成。20 世纪 80 年代至 90 年代中期是概念重建运动蓬勃发展的一个重要时期,后期由于阵营内部意识形态的冲突和外部的质疑与批判,概念重建运动逐渐四分五裂。

概念重建主义的课程理论主要包括两个流派。第一个流派是以美国的派纳(W. Pinar)、格鲁美特等为代表提出的"理解课程理论"。他们以现象学、存在主义、精神分析理论为基础,关注自传学和现象学的体验,提出了所谓的"存在现象学"课程观。[①]他们认为,课程是具体存在的个体活生生的经验,要充分肯定个体的存在价值,强调个体对自我的生存发展历程进行概念重建,以此提升人的自由和意识水平。第二个流派以美国的阿普尔、吉鲁斯等为代表。他们以法兰克福学派、哲学解释学、知识社会学为理论基础,提出了批判课程论。批判课程论把课程的本质概括为一种社会的反思性实践。课程开发不是简单地选择并组织课程内容的过程,而是不断地反思批判文化知识并由此创建、构建意义的过程。作为意义建构过程的课程开发具有不可避免的政治性和冲突性。教育的目的是通过对课程知识及其隐含的社会意识形态的反思与批判,最终指向社会公正与人的解放。

概念重建运动反映了当代课程发展过程中理论与实践、理想与现实、传统与当下的矛盾和冲突,以及为了克服这些矛盾和冲突所提出的各种课程理念文化和意识形态之间的对抗。2006 年,美国德克萨斯州立大学的凯莉(L. J. Cary)在其《课程空间:话语、后现代理论和教育研究》一书中写道:"课程问题研究……一直呼吁理解,理解课程不仅仅是理解教科书,更是理解教室、教师、学生。课程是构成我们社会生活所有的社会影响、平民危机、军事行动及历史时刻。从历史的角度来看,给课程定义以及反对给课程定义的运动在具有高度争议性的课程领域中此起彼伏。"[②]2000 年之后,课程研究视域进一步扩大,包括女性主义、社会激进主义、文化多元主义、诗歌神话、双性恋和全球恐怖主义、后现代课程理论逐渐进入人们的研究视野。

(2)课程目标的选择视野扩大,提出"全球化"课程观

过去制定教学大纲都由按学科划分、相对独立的专业委员会负责,致使各学科课程目标之间缺乏有机的联系。现在在确立和选择学科课程目标时开始超越专业的局限性,将社会的需求、学生的愿望同学科体系的要求协调起来,以有利于学生未来的继续学习和终身教育,同时有利于学校培养社会各行各业所需要的各种人才。2000 年 5 月,澳大利亚课

---

① 张华. 课程与教学论[M]. 上海:上海教育出版社,2000:27-28.
② 转引自帕特里克·斯莱特里. 后现代时期的课程发展[M]. 徐文彬,孙玲译. 桂林:广西师范大学出版社,2007:9.

程组织第七届全国大会在墨尔本召开，会上提出"全球化课程"的观点，即未来课程的设置要有全球观念，各国应在 21 世纪经济全球化的国际大背景下重新构建本国中小学课程体系，使学校教育适应 21 世纪信息化时代发展的需要，为本国培养具有国际竞争力的人才。

（3）课程政策的民主化趋势

世界各国的课程改革内容包括课程开发权的调整，表现为国家课程开发与学校课程开发权力的再分配。许多国家把推出强有力的国家课程视为迎接 21 世纪挑战的重要举措，例如美国、英国等以教育分权为代表的国家开始重视国家课程的统领作用。例如，1996年，美国推出历史上第一部全国通行的《国家科学教育标准》，为培养、造就高素养的未来人才规划了蓝图和行动路线。2010 年，美国颁布《州共同核心课程标准》，2012 年和2013 年又相继推出《K-12 科学教育框架：实践、跨学科概念和学科核心理念》《下一代科学教育标准》，将跨学科概念、工程教育等引入科学教育领域。中国等以教育集权为主的国家则重视课程开发权的下放，赋予学校对本校课程的开发权。[1]

（4）时代性与人本性相结合的课程内容选择

由于当今世界各个学术领域信息量剧增、知识更新换代速度加快和大众传播媒介迅速普及和发展，课程教育内容的选择变得复杂、困难，课程研究所涉及的学科内容也逐渐深化。如何使课程教育内容在保持系统性的基础上不断更新，适应社会发展的要求，还要避免学生课程负担过重，已经成为课程改革成功的大问题。将时代性与人本性相结合进行课程内容选择成为各国的共同选择：一是所有课程内容要体现出时代发展的特点、本国具体国情和社会价值观；二是所有课程内容要适应学习者的需要、兴趣和各种能力的培养以及有益于学习者的身心健康发展。

（5）课程实施的领域从校内走向校外

知识经济时代，学生可以获得的大量知识越来越多地来自课堂以外的各种活动，以及报纸杂志、广播电视、多媒体等大众传播媒介，课程概念已经完全突破传统的学科课程的狭隘框架，扩展到社会生活和科学技术各个领域，课程内容成为真正意义上的百科全书。因此，当前各国课程研究的领域已经扩大到人类生存的各个方面。除研究基础学科课程以外，人们还特别注重研究学生在家庭、社区、各类课外活动、社会交往、职业教育培训等方面的课程，特别是学生从各种大众传播媒介中所获取知识、信息、能力和情感方面的研究，并努力在课程体系中实现正规教育、非正规教育和非正式教育这三种不同教育形式的整合。[2]

（6）重视课程实施研究和教师成长

20 世纪课程改革的历史启示人们，完美的课程改革方案并不等于理想的实施效果。许多国家推行的课程改革计划未得到真正实施的原因在于，教师对课程改革的态度及其能力不能满足课程改革的要求。因此，20 世纪 80 年代以后，许多国家开始重视课程实施研究，教师也不再被视为国家制定的课程改革计划的被动执行者和旁观者，而被视为课程的

① 教育学原理编写组. 教育学原理[M]. 北京：高等教育出版社，2019：251.
② 牛道生. 简析 21 世纪初国际课程与教学改革新动向[J]. 教育理论与实践，2003（4）：36-40.

开发者、决策者和领导者。通过校本研修和教师进修不断提升教师的课程开发意识、更新教师观念、提高教师的专业素养，成为各国教育改革十分重视的一个领域。

2. 教学改革与研究发展趋势

当今世界各国尤其是发达国家比过去任何时候都关注人类的学习问题，认为它是提高教学科学化水平、改进学校课堂教学的一个极为重要的方面，它将教与学这两方面有机地统一起来，已经成为深化教学改革的必然趋势。

（1）变革教学理念，核心素养成为新的教学目标

20世纪末21世纪初是国际社会课程教学改革潮流的交汇期，国际组织、世界各个国家和地区虽然对教育改革取向理解不同，但却不约而同地聚焦于核心素养的课程教学研究与改革。国外核心素养研究始于20世纪90年代，至今已经形成比较系统的内容结构、课程体系、质量保障体系，西方发达国家在21世纪初将其作为引领本国课程教学改革的先进理念。2013年2月，联合国教科文组织和美国智库机构布鲁金斯学会联合发布"学习指标专项任务"研究报告《向普及学习迈进：每个孩子应该学什么》，从七个维度为中小学生构建了学习目标体系，突出基础教育阶段学生思维能力和工作方式的培养。[①]

（2）教学内容关注公民教育，重视学生道德品质的培养

目前世界各国都重视培养中小学生良好的道德情操，如2000年英国全国课程委员会将公民教育以国家课程的形式引入中小学，2014年英国开始实施新的国家课程，在中学阶段详细规定了有关公民教育的内容。美国也相继颁布国民教育大纲，强调培养学生的公民素养。在未来社会全球化、网络化迅速发展的情况下，道德的重要性日益突出。改革道德教育内容和方法时不仅要重视正式课程的作用，也要重视隐性课程潜移默化的作用，进而产生有效的德育效应，以提高学生的道德情操，培养学生的健全人格。

（3）注重学生潜力、思维能力和创新精神的培养

国家兴旺、民族昌盛都离不开创新的教育和教育的创新。教育创新需要超越碎片化的知识学习，开展真实情境中的教学。许多国家的教学改革注重知识整合基础上的专题化、项目化和问题式教学，例如，芬兰自2016年实施的主题式"现象教学"打破了传统学科的统治地位和孤立化的学科教学的边界，是对于传统学校教学形式的一次根本性变革。[②]"现象教学"是通过事先确定主题，然后围绕特定主题重新编排，将相近的学科知识通过整合形成新的学科课程模块，并以此为载体，实现跨学科教学以及学科间的交叉与互动，培养学生的创新意识和创新能力。

（4）现代化教学技术手段广泛运用

随着信息高科技的飞速发展，以音像和计算机技术为代表的现代化教育手段不但大大改进和优化了课程教学效果，而且预示着人类在教育方法和教育思想理论方面进入一场前所未有的大变革。如今的远距离电视广播教学、线上图书馆和网上虚拟课堂在各国如雨后春笋般出现，特别是新冠肺炎疫情期间开展的线上授课，这些都标志着现代教学技术手段已成为教学活动中不可分割的一部分。

---

① 刘义民. 核心素养课程教学改革新探[J]. 河北师范大学学报（教育科学版），2016（5）：108-113.

② 王昊，李一. 挑战与革新——面向21世纪的芬兰教育改革[J]. 北京联合大学学报（人文社会科学版），2019（4）：81-86.

四、我国课程与教学论的发展

自现代新学制建立（尤其是新中国成立）以来，我国课程与教学理论在发展中形成了三个方面的源流：①继承创新，即继承孔子以来的优秀传统教育思想，以及清末民初实行新学制以来的现代教学思想理论，在反思与批判中不断推陈出新。②引进吸收。新中国成立之初着重引进苏联教育家的研究成果，改革开放之后开始重视译介和吸收美国及欧洲教育发达国家的教学理论。③实践创新，即扎根于中国教育教学实践，针对中国特定的课程与教学问题，开展探索性的教育改革实验。

（一）我国课程与教学论的发展阶段

1. 课程与教学思想的混沌期（1919年之前）

古代教学经验的长期积累孕育了最初的教学思想，它的源头可以追溯到我国春秋战国时期。那个时期人类思想处于初始发展阶段。中国先秦涌现出一大批教育家，如孔子、孟子、荀子、老子、庄子，他们阐发了诸多教育、教学主张，可谓百家争鸣，智者云集。我国汉代以董仲舒为代表的经学教学思想，以刘安为代表的黄老学派教学思想，魏晋南北朝时期以嵇康为代表的玄学教学思想，唐代以韩愈为代表的儒家教学思想，宋明时期以二程、朱熹为代表的理学教学思想，以叶适、陈亮为代表的事功教学思想等，都标志着中国古代教学思想的繁荣，这些思想都存在于当时的哲学思想或文化思想之中，课程和教学思想依然处于混沌状态。

2. 课程与教学论的学科萌芽阶段（1919—1949年）

1915年，新文化运动掀起思想解放潮流，加速了中国教育界对进步主义教育思想与方法的引进。1919年2月，陶行知撰文提出并论证"教学合一"理论，提倡用"教学之法"取代"教授之法"，彰显了"教学相长"的思想底蕴。1922年，他又提出"教学做合一"的理论，在中国近现代教学思想发展史上具有里程碑式的意义。[①]

1919年4月底，杜威应邀来华讲学，宣传其实用主义哲学和教育思想。长达两年之久的讲学遍布我国十余个省份，掀起了中国教育界宣传、介绍并运用实用主义教育理论的高潮。受此影响，中国教育研究界也开始探讨课程领域的问题，拉开我国课程研究的序幕。1922年，廖世承的《关于新学制草案中等教育课程之研究》和1923年程湘帆的《小学课程概论》面世，分别被视为中国近现代最早探讨课程论方面的文章和专著。在其后的近十年，以孟禄（P. Monroe）、麦柯尔（W. A. McCall）、推士（G. R. Twiss）、柏克赫斯特（H. Parkhurst）、克伯屈（W. H. Kilptrick）为代表的实用主义者相继来华推介其教育理念和教学方法。在中国教育改革家的引进与推行下，设计教学法、道尔顿制、文纳特卡制等教学改革思想纷纷进入中国课堂，介绍这些教育理念和教学方法的出版物也大量涌现。各个学校对其中的设计教学法和道尔顿制反响最为热烈，上海、南京、苏州、北京等百余所学校纷纷投入教学改革实验。然而，由于理论本身与当时中国学校的师资、设备等条件不相适应，20世纪20年代中后期，这些教学改革实验便纷纷终止。

20世纪30年代起，课程论作为大学课程之一开始在中国高等院校开设。诸如中山大

---

① 钟勇为，王木林. 中国课程与教学论百年发展回顾与展望[J]. 现代大学教育，2021（2）：66-78.

学、中央大学、复旦大学、东北大学和燕京大学等综合大学，以及北平师范大学、贵阳师范学院、桂林师范学院等师范院校的教育系，都陆续开设课程论课程。20世纪30年代出版的教育学著作也已经把课程或课程论作为教育学的一个重要组成部分，与教学论或教学方法并行研究。如1933年罗廷光的《教育概念》把课程和教材作为单独部分进行论述。同年，孟宪承的《教育概论》亦把课程和教学在不同章节分别进行阐述。[①]

这一时期的课程与教学论研究舶来色彩较浓、本土化水平不高，思想体系尚处于混沌、松散的萌芽状态，因而仅处于前学科阶段，而不能被视为一个独立的学科。但是这些早期的学科探索为日后构建整合的具有丰富蕴涵的课程与教学论奠定了基础。

3. 课程与教学论的初步发展阶段（1949—1978年）

20世纪50年代，我国开始全面学习苏联的教学理论和经验，移植苏联的课堂教学模式，并排斥西方资本主义国家的观点。在这一时期，对我国教育影响最大的当属凯洛夫的《教育学》。学习苏联的教学理论和经验使得学校教育格外注重教学过程中教师的主导作用，从而从"教"的角度构建一套较为完整的教学论体系。这一时期，"课程"一词被长期弃用。在教学论理论体系上，因袭苏联教育教学理论，国内一些学者也致力于对这些舶来理论进行本土化阐释，形成了一定的教学研究成果。如1956—1959年，傅统先的《教学方法讲话》、陈元晖的《教学法原理》、车文博的《教学原则浅说》等相继出版，这些著作成为探索"教学论"中国化的良好开端。

"文革"期间，我国中小学课程教材建设一片混乱，课程与教学论研究也就无从谈起。1978年2月，《全日制十年制中小学教学计划试行草案》颁布实施。该草案明确了中小学的任务和学制，提出了制订教学计划的基本原则，规定了每周学校统一安排的活动总量、课程设置及有关说明等。该草案虽仍有"文革"痕迹，但在一些重大问题上明确了立场，比如，明确了中小学教育是基础教育，强调要大力加强文化课教学，要求学生学好先进的文化科学基础知识。文化课程的内容强调反映现代科学成果。要求从全局出发，正确对待"主学"和"兼学"学科的不同要求和相互关系，小学、中学和大学要衔接，统筹兼顾、合理安排城市、农村、少数民族的共同要求和不同特点。配合该草案，教育部颁布了全国统一的教学大纲。

4. 借鉴国外理论与自我探索相结合的阶段（1979—1997年）

改革开放后，我国开始大量译介发达国家的教育流派与教育理论，包括赞可夫的发展性教学思想、布鲁纳的结构课程理论、巴班斯基的教学过程最优化理论、布鲁姆的掌握学习理论、罗杰斯的非指导性教学理论、加涅的学习理论等。这些教育理论与思想的引进与介绍促进了国内教育界学者对课程与教学的多元认识。

除了继续对国外先进的课程教学理论进行引进、译介之外，中国课程研究序幕再次拉开。1980年，根据《全日制十年制中小学教学计划试行草案》和新大纲编制的全套教材全部出版。这是"文革"后第一套全国通用的中小学教材。这套教材吸收了国际中小学课程改革的经验和教训，进行了教学内容的现代化改革，注重基础知识的选择，清除了"文革"时期出版的教材中的许多谬误。[②]1981年，人民教育出版社创建课程教材研究室，创

① 张廷凯. 我国课程论研究的历史回顾：1922—1997（上）[J]. 课程·教材·教法，1998（1）：8-13.
② 王永红. 改革开放40年我国中小学课程改革的历史进程及其成就[J]. 北京教育学院学报，2018（3）：1-10.

办了中国课程研究的学术期刊《课程·教材·教法》，不久又编辑出版了国内第一套《课程研究丛书》。国家教委于 1986 年成立全国中小学教材审查和审定委员会，并于 1988 年印发《九年制义务教育教材编写规划方案》，通过教材编写、出版的多样化，适应各类地区、各类学校的需要。课程教材研究和编制的需要促进了课程论的研究。1988 年，王伟廉的《课程研究领域的探索》、瞿葆奎的《教育学文集·课程与教材（上）》相继出版，为中国课程论研究奠定了一定的文献基础。次年，陈侠的《课程论》和钟启泉的《现代课程论》先后面世，被视为"课程论作为教育学的一门分支学科已独立出来"[①]。

这一时期也是本土化教学实验与理论探索阶段。20 世纪 80 年代以来，在不断引进国外教学理论和反思我国教学领域的内外部环境的基础上，我国学者逐渐意识到开展教学实验的重要性，并通过实验探索教学理论，掀起了一次教育改革实验高潮。其中有华东师范大学在其附属小学开展的"小学教育综合整体实验"、杭州大学在杭州天长小学开展的"小学生全面发展教育实验"、华中师范大学主持的"小学教育整体结构改革实验"等；也有单科、单项教育教学改革实验，包括卢仲衡的"中学数学自学辅导实验"、李吉林的"小学语文情境教学实验"、魏书生的"语文课堂结构改革实验"等。[②]一些学者也开始将研究重点转向中小学，并出版了一系列颇具影响力的教学论专著，从中探讨课程论问题。如王策三的《教学论稿》有三章介绍了课程的历史沿革、本质、结构、设计方法等；李秉德的《教学论》设"课程论"专章探讨课程的意义、地位和历史发展，阐明课程编制的理论和方法；吴文侃的《比较教学论》也对学校课程的设计、编制理论以及实施等问题做了较为深刻的阐述。与上一次教育改革实验相比，20 世纪 80 年代初的教育改革实验更符合我国的实际情况，体现了较为充分的本土化探索。

5. 整合中的学科多元化发展阶段（1998 年至今）

20 世纪 90 年代，随着学科综合化的发展，融合"课程论"与"教学论"的"课程与教学论"学科逐渐成熟。于 20 世纪 90 年代的学科调整中，"教学论"与"课程论"合并为新的专业"课程与教学论"，成为教育学一级学科下设的二级学科。[③]学者也开始整合探讨课程与教学论学科建设的相关问题，在这一过程中产生了各种观点。如提出课程论与教学论是现代教育学的两个分支学科。当代课程论与教学论的关系不是"谁包含谁"的关系，两学科具有各自的研究对象，均需拥有各自的子学科群。还有学者从"教学作为课程开发过程""课程作为教学事件"的观点出发，批判了课程与教学二元对立的思想，提出了整合的课程与教学论。[④]课程论与教学论的关系论从"并列论"走向"整合论"，中国特色的课程与教学论学科体系开始形成。代表这一类观点的有张华的《课程与教学论》、王本陆的《课程与教学论》、李森与陈晓端的《课程与教学论》、黄甫全的《现代课程与教学论学程》、徐继存与徐文彬的《课程与教学论》、王鉴的《课程与教学基本原理》、潘洪建的《课程与教学论基础》等。

21 世纪以来，课程与教学论国际学术交流日渐繁荣。"上海国际课程论坛"始办于

① 廖哲勋. 课程学[M]. 武汉：华中师范大学出版社，1991：10.
② 张天宝. 从传统走向现代——中国教学论百年的回顾与反思[J]. 教育理论与实践，2001（1）：27-32.
③ 王鉴，李泽林. 探寻课程与教学论研究的"知识地图"[J]. 教育研究，2019（1）：27-41.
④ 张华. 课程与教学整合论[J]. 教育研究，2000（2）：52-58.

2003 年，截至 2021 年 11 月，华东师范大学连续举办了 19 次年会，北京师范大学、首都师范大学以及杭州师范大学等高校亦主办过类似的国际学术研讨会。这些国际化与本土化的互动，有利于吸取与借鉴国外先进的教育理念，促进中国课程与教学论学科的长足发展。

与其他许多学科一样，中国课程与教学论学科也处于不断垂直分化与交叉整合的过程中，其研究方向从单一的课程论、教学论的基本理论，发展到包含教学论、课程论、脑认知与教学、学习科学、小学教育等多个研究方向，而学科教育学目前已构建了语、数、英等学科的课程与教学论，中国的课程与教学论步入多元化发展阶段。

（二）课程与教学研究的热点问题

随着我国教育改革的不断进行，课程与教学论也经历了研究问题和热点的转换。改革开放后一段时期主要聚焦于教学过程、教学方法、教学原则、教学规律、教学本质、教学内容等教学理论，后续开始向师生关系、学生主体性、素质教育、学习策略、教学制度等方面转化。第八次基础教育课程改革之后，研究焦点开始向课程理论转移，热点主要聚焦于课程标准与课程评价、基础教育课程改革、价值取向、课程文化、研究性学习、建构主义及探究性学习等。[①]《义务教育课程方案和课程标准（2022 年版）》发布后，热点主要为课程标准解读、大观念课程与教学、学科实践教学、跨学科学习、项目学习、单元主题教学、表现性评价以及与素养本位课程改革相适应的教师发展观等。这一时期以核心素养为指向的变革活动非常活跃，核心素养研究已经成为我国课程论研究的核心。伴随着各学科凝练并提出学科核心素养，学科核心素养如何进课堂、如何转化为学生学习活动，成为研究者密切关注的主题之一。具体而言，当下的课程与教学论研究热点主要表现在以下几个方面。

1. 中小学课程标准

作为课程改革的重要组成部分，国家课程标准是教材编写、教学、评估和考试命题的依据，是国家管理和评价课程的基础，制定新的课程标准属于"理论先导"的工作。随着我国 2022 年版学科课程标准的出台，理论和实践界都掀起了解读和学习课程标准的热潮。人们基于各学科的核心素养框架和课程标准的新要求，从国内外相关学科课程标准的比较、具体的学科内容模块设计、学科教学实践中的课标转化实践等方面进行了研究。

2. 课程综合化与学科大观念

课程综合化自 20 世纪 80 年代开始进入理论研究和实践探索的视野。进入 21 世纪，开设综合课程成为世界各国课程改革的趋势。为适应不同地区和学生发展的需要，实现课程结构的综合性、选择性，我国课改将"设置综合课程"列为课程目标之一。由于我国幅员辽阔，地域差异大，实施并推进综合课程面临诸多挑战。如何理解综合课程的教育目的和培养目标，综合课程与分科课程是什么样的关系，综合课程的教材如何编写，综合课程应采用何种学习活动方式，综合课程设计与实施有哪些制约的因素，都成为必须破解的难题。

《普通高中各学科课程标准（2017 年版 2020 年修订）》和《义务教育课程方案和课程标准（2022 年版）》，都提出以"大概念"或"大观念"（二者同义）作为课程组织的载

---

① 王鉴，李泽林. 探寻课程与教学论研究的"知识地图" [J]. 教育研究，2019（1）：27-41.

体，促进学科核心素养的落地。大观念强调教师在组织教学内容时要摒弃碎片化的知识呈现方式，重视以学科大观念为统摄的知识结构化设计。以大概念为核心开展各学科教学活动已成为当前教育改革的趋势，也是各学科教学落实核心素养的重要手段。

3. 课堂教学变革

课堂教学研究一直是课程教学研究的核心领域。重视和研究课堂教学不仅可以为原创性课程与教学理论提供源头活水，而且可以为课程与教学理论的运用创造条件，为课堂教学问题的解决和课堂教学质量的提升打下基础，还能以理论创新推动课堂教学实践的变革。

随着核心素养教育理念的全面展开，核心素养如何转化为教师的教学设计，怎样实现"教—学—评的一致性"，如何变革教学策略以及实施项目式、问题导向学习等，成为当下理论和实践领域共同关注的话题。

4. 教育技术与课程教学的深度融合

21世纪是信息化、智能化时代，传统的教学观念、模式、手段和方法等都面临着挑战。协作学习教学设计、"线上线下"一体化的混合式教学以及移动学习等，为学生学习创建了全新的环境，提供了丰富的课程资源，使信息技术环境下开展个别化教学成为可能，信息技术与学科课程教学的整合成为必然。从当前情况来看，现代信息技术对课程与教学的影响已经引起研究者和相关部门的关注和重视，如关于电子教科书的研究、云课程与慕课等新型课程形态的结构、功能、教学机制等理论和实践研究、网络课程资源的质量和评价问题、在线教学的手段和效果等问题，都需要课程与教学论研究者密切关注并结合实际深入研究，从课程与教学的角度进行探索，使信息技术能够最大限度地促进课程与教学活动。

五、学习课程与教学论的意义与方法

（一）学习课程与教学论的意义

1. 有助于树立正确的课程与教学观，掌握课程教学的知识基础

课程与教学观是人们对课程与教学基本问题的观点和看法，它是课程与教学实践的先导，即有什么样的课程与教学观，就会有什么样的课程与教学行为。课程与教学观包括对课程与教学的本质、对象、内容、过程、价值、方法等领域的看法。随着我国基础教育改革的不断推进，学校教师参与课程编制和课堂教学改革的空间不断扩大。要胜任这些教育改革工作，教师就需要掌握课程与教学的基本原理和开发技术，比如在课程实践中，如何对校本课程纲要进行编制，如何设计课程教学大纲，怎样理解学科课程标准，怎样的教学设计是有效和合理的等问题，都需要教师树立正确的课程与教学观念、掌握基本的课程与教学论的知识基础。

2. 有助于教师的专业发展

教育硕士研究生作为未来的中小学教师，其职后日常教育行为主要是课程活动与教学活动。教师和课程与教学有着必然的内在联系，是课程与教学工作开展的主体。课程与教学论的基本内容既是教师专业知识的主要内容，也是培养教师专业能力的重要载体。系统学习和全面掌握课程开发的原理、方法、技能，不断提高教学设计和指导学生学习的专业

技能，是职前教师专业发展的重要体现。同时，教师在课程与教学论方面的专业提高也有助于其课程与教学实践行为的改进，给其职业生涯的可持续发展带来内驱动力，使其能够积极、自觉地参与课程教学变革。

3. 有助于学校课程建设的推进

近年来，随着我国基础教育课程改革的推进，学校课程建设成为一个备受大家关注的领域。教师作为学校课程开发的重要主体，掌握课程与教学基本理论必不可少。①学习课程与教学论有助于准确定位学校课程建设的目标，合理设计教学方案，优化教学过程，改进教学评价；②学习课程教学论有助于按照国家三级课程管理的政策，基于学校特色开发、规划学校课程，实现三类课程的有机结合和统一；③学习课程教学论有助于正确理解和把握劳动教育课程、校本课程、综合实践活动课程等非学科类课程的特点和实质，更加形式多样、富有成效地开发这些特色课程。

（二）学习课程与教学论的方法

课程与教学论是一门理论与实践相结合的学科，需要掌握基本的学习思路与方法。

1. 掌握基本的理论知识

不同于本科生的培养，教育硕士研究生既要具备卓越的专业能力，还要具备基本的理论素养，因此在课程学习过程中，要熟练地掌握课程与教学论的基本概念、命题和原理，对课程与教学论的基本理论框架、价值取向、学科思维方式和学科探究方法等形成整体的认识和理解，塑造正确的课程与教学观。教育硕士研究生只有掌握课程与教学论的基本知识和理念，才能形成对学科方向的课程教学论的理论支撑，在面对纷繁复杂的课程实践时，才能基于理论高度进行审视、批判和反思，不断改进实践。教育硕士研究生学习理论知识时要注意掌握本学科的基本结构，把学科的基本概念、原理、方法和价值观连接成一个相互联系的网状知识结构，既在宏观上把握这一学科的整体框架，又从微观深入地理解各知识点的内在逻辑，避免孤立、割裂地认识问题。

2. 拓展学习领域，开阔视野

现代课程与教学论学科的发展，要求我们必须广泛汲取一切有价值的思想资源，不仅要借鉴国外的先进经验，还要借鉴和利用相关学科的研究成果。借鉴和利用不仅能使课程与教学论学科发展有一个较高的起点，而且能开拓学科研究空间，促进课程与教学论研究主题及研究范式的转换。因此，要深入理解课程与教学论的基本原理，除了通过教材和课堂获得学科的基本结构外，还需要拓展学习和阅读的范围，多角度理解这一学科内容。一是要了解本课程的主要理论基础，包括哲学、心理学、社会学、管理学等学科的相关理论；二是要了解课程与教学的历史，通过对课程与教学发展史的深入了解，能够在思考理论和实践问题时，站在前人的肩膀上，从历史发展的长河中汲取课程与教学改革的经验和教训；三是要学习借鉴国外经验，了解当下主要国家课程与教学论的发展现状和趋势，在学习和借鉴中提升自我的实践。

3. 积极关注课程与教学实践

作为未来的中小学教师，教育硕士研究生在学习过程中要积极参与、关注课程与教学实践。一方面，体现学以致用的原则，运用所学到的理论知识描述课程教学现象，揭示课程教学问题，结合自己的理论认知和实践体验为课程教学实践的改进提供建议，沟通理论和实践之间的鸿沟；另一方面，通过见习和实习环节以及日常的课程实践活动，积极参与课堂观摩、实践体验活动，加深对课程教学实践的感性认识和领悟，深入理解课程教学的理论，实现理论学习和实践学习之间的互动循环。

4. 独立思考与合作分享相结合

在课程与教学论学习过程中，教育硕士研究生既要不断提升自我的学习能力，也要善于分享同伴的理解、经验和智慧，在学习共同体中相互促进、共同成长。只有这样，才能拓展自身的思路，为自我的发展提供多种知识、观念参照和学习资源，增强学习效果。

总之，教育硕士研究生要积极优化自我的学习方法，牢牢把握课程与教学论学科的基本结构，夯实专业发展的基础，既要精读一本教材，又要研读课程与教学论的名著，同时经常涉猎各种专业类杂志，不断提升课程与教学论素养。

思 考 题

1. 什么是课程？什么是教学？
2. 你认为学校教育实践中的课程与教学存在着怎样的关系？
3. 当今世界课程与教学论的发展趋势是什么？
4. 我国当前的课程与教学发展呈现什么特点？
5. 学习课程与教学论的意义和方法是什么？

拓 展 阅 读

胡元琳，林天伦. 学科课程与教学论教师专业发展：现实困境与突围路径[J]. 教育发展研究，2019（9）：20-26.

王鉴，安富海，李泽林. "互联网+" 背景下课程与教学论研究的进展与反思[J]. 教育研究，2017（11）：105-116.

王鉴，李泽林. 探寻课程与教学论研究的 "知识地图" [J]. 教育研究，2019（1）：27-41.

熊和平. 课程与教学的关系：七十年的回顾与展望[J]. 高等教育研究，2019（6）：40-51.

张家军. 新时代课程与教学研究的主要议题[J]. 天津师范大学学报（基础教育版），2021（2）：21-26.

张天宝. 从传统走向现代——中国教学论百年的回顾与反思[J]. 教育理论与实践，2001（1）：27-32.

钟勇为，王木林. 中国课程与教学论百年发展回顾与展望[J]. 现代大学教育，2021（2）：66-78.

参 考 文 献

安富海，王鉴. 近年来我国课程与教学论研究的回顾与展望[J]. 教育研究，2016（1）：47-54.

鲍里奇. 有效教学方法[M]. 9版. 杨鲁新译. 上海：华东师范大学出版社，2021.

崔允漷，柯政. 关于普通高中学生综合素质评价研究[J]. 全球教育展望，2010（9）：3-8.

黄甫全. 大课程论初探——兼论课程（论）与教学（论）的关系[J]. 课程·教材·教法，2000（5）：1-7.

教育大辞典编纂委员会. 教育大辞典（第2卷）[S]. 上海：上海教育出版社，1990.

教育大辞典编纂委员会. 教育大辞典（第3卷）[S]. 上海：上海教育出版社，1991.

廖哲勋. 论当代课程论与教学论的关系[J]. 教育研究，2007（11）：46-47.

刘义民. 核心素养课程教学改革新探[J]. 河北师范大学学报（教育科学版），2016（5）：108-113.

帕特里克·斯莱特里. 后现代时期的课程发展[M]. 徐文彬，孙玲译. 桂林：广西师范大学出版社，2007.

任明满，李倩. 近二十年来课程领域研究热点及发展趋势探析[J]. 课程·教材·教法，2019（3）：36-42.

石映辉，杨宗凯，杨浩，等. 国外交互式电子白板教育应用研究[J]. 中国电化教育，2012（5）：99-103.

王本陆. 课程与教学论[M]. 3版. 北京：高等教育出版社，2017.

王鉴，姜振军. 论现代教学论的发展基础[J]. 西北师大学报（社会科学版），2013（6）：86-90.

王永红. 改革开放40年我国中小学课程改革的历史进程及其成就[J]. 北京教育学院学报，2018（3）：1-10.

张华. 课程与教学论[M]. 上海：上海教育出版社，2000.

专题二　课程开发与教学设计

【知识点导图】

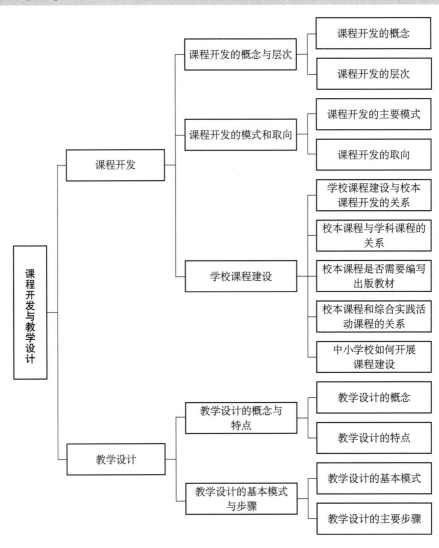

【学习目标】

1. 认识课程开发和教学设计的意义。
2. 知道课程开发的一般原理。
3. 了解课程开发的几种模式。
4. 明确教学设计的主要模式与步骤。

课程开发是否需要编写教材？教学设计是否就是撰写教案？课程开发和教学设计有什么关系？课程开发是一个连续性的过程，不仅涉及较为宏观的课程规划和课程管理，还涉及微观的教学活动。当课程开发进入微观的教学实施环节，教师就成为重要的课程开发主体，教学设计也成为课程开发的延续和创造性活动。

一、课程开发的概念与层次

课程开发在课程理论与实践中的使用频率较高，也是一个使用较为混乱的概念。

（一）课程开发的概念

1. 课程开发概念的提出

"课程开发"是由"课程编制"（curriculum making & curriculum construction）、"课程设计"（curriculum design）等词演变而来的。美国课程论专家查特斯和博比特分别于1923年、1924年出版《课程编制》和《怎样编制课程》，从此"课程编制"一词开始广泛流行。1935年，美国学者卡斯维尔和坎贝尔在合著的《课程开发》一书中，用"development"取代了以往的"making""construction"等词。"development"隐含发展、创建之意，既说明了课程的设计和编制活动，也体现了课程开发是一个不断发展、改进的过程，更加符合课程理论和实践发展的需要。此后，课程开发的概念受到广泛关注。在1974年日本东京举行的课程开发国际研讨会上，与会专家进一步提出课程开发的概念，即"课程开发"是新课程的编订、实验、检验、改进、再编订、实验……这一连串作业过程的整体。或者说，课程开发大体相当于课程改造、课程改革之类的概念。①课程开发是沟通课程理论与实践的桥梁，指为了改进课程功能和提高学校教育质量而进行的活动，包括提出变革课程的动议、确立课程原理、编制课程文件、实施课程、开展教学、评价课程等一系列复杂事项。②目前，对课程开发的定义依然有不同角度下的多种解释，但都有一个共识，即课程开发是为了培养全面发展的人而开展的一系列优化课程结构与功能的活动，涉及社会、历史、文化、人口等诸多要素。

2. 课程设计与课程开发的关系

我国教育界在20世纪80年代以后逐渐开始使用"课程开发""课程设计""课程建设"等术语，其中对"课程设计"和"课程开发"的使用较为混乱。例如，将课程设计等同于课程开发，指代整个课程开发过程；或者将课程设计视为课程编排技术，是课程设计主体对各种课程要素进行组织与编排，从而形成一定的课程组织形式或结构的手段与方

---

① 汪霞. 小学课程与教学论[M]. 上海：华东师范大学出版社，2011：34.
② 黄甫全. 现代课程与教学论[M]. 2版. 北京：人民教育出版社，2011：183.

法。对此我们需要进行辨析。

要理解课程设计，首先要理解"设计"一词。设计是建立在分析和综合基础上的深思熟虑，是对实施方案的精心规划和预先制定。设计通常以问题的发现和界定为起点，以解决问题的实施计划和方案制定为终点。设计活动完成之后就进入实施环节，实施过程中虽然存在对设计方案的不断改进，但这种改进本身属于"再设计"，有别于将设计方案付诸实践的实施过程。因此，课程设计一般是在课程实施之前进行的，是对课程目标、学习内容、学习方式和学习评价等要素进行的处理和安排。

课程开发是依据各种理论基础决定特定课程的过程，其含义比课程设计宽泛，包括课程设计、课程实施、课程评价三个基本阶段。如果说课程设计主要是从静态和技术层面探讨课程的设置问题，课程开发则从动态意义上赋予课程形成的过程性、开放性、创造性，它既体现了课程开发的"设计—实施—评价"阶段的不断循环和持续改进，又体现了课程开发具有多元主体合作的性质。

由此可见，对课程设计的理解有广义和狭义之分。广义的课程设计等同于课程开发，其设计活动不仅包括实施前的预设活动，还包括实施中的生成性设计活动，是将设计和实施合二为一的一种解释；狭义的课程设计则属于课程开发范畴，是课程开发过程的一个环节。

（二）课程开发的层次

从不同的层次来看课程开发，其开发内容和运行机制各不相同。

1. 课程开发的内容层次

根据课程开发过程所承担的任务和产生的结果划分，主要有宏观层面的课程开发、中观层面的课程开发和微观层面的课程开发三个层次。

1）宏观层面的课程开发。其主要解决的是课程的价值取向和理念问题，包括课程的价值、开发目的、主要任务和基本结构。表现为国家教育行政部门发布的课程政策、提出的课程宗旨、课程性质和课程目的、出台的课程计划等。

2）中观层面的课程开发。其重点是研制各学科课程标准、编撰教材，也包括学校层面的课程开发。课程标准为选择教材内容和考查学生的学业成绩提供重要参考依据，其基本内容包括课程的性质与地位、课程的基本理念、课程内容、学业质量、课程实施以及附录等。学校层面的课程开发既包括国家课程和地方课程的校本化实施，也包括学校基于自身的办学特色开发的校本课程。

3）微观层面的课程开发。其主要指进入教学过程的课程开发。完备的课程方案、专业的课程标准及高质量的教科书都必须通过教师的再开发才能得以落实。因此，微观层面的课程开发是教师基于自身的课程理念，以学生发展为目标，灵活而富有创造性地设计课程的活动，包括制定学年计划、学期计划、单元计划以及课时计划。

2. 课程开发的主体层次

根据课程开发主体划分，主要有国家课程开发、地方课程开发与校本课程开发三个层次。

1）国家课程开发。国家课程是体现国家意志的课程，由国家教育行政部门主持开发。国家课程是中小学课程的主体部分，也是衡量国家基础教育质量的重要标志。这一开发过程包括以国家或社会的价值取向为导向研制国家的课程政策，编制适用于全国中小学的课程计划，确定各学科课程标准，组织编制教学材料和制定统一的评价要求等。国家课程开发具有基础性和强制性的特点，为基础教育主干学科提供规范、统一、基本的必修内容，以保障中小学生的基本学力和共同核心素养的达成。

2）地方课程开发。地方课程开发是由地方教育行政部门主持的课程开发活动。省、市地方教育行政部门组织课程专家、学科专家开发适用于本地区中小学校的课程。地方课程要反映地方经济、文化发展对当地学生素质的要求，在课程内容选择与组织方面要紧密联系地方发展实际，体现多样化的乡土特色。例如，在2020年5月山东省教育厅发布的《山东省深化新时代学校思想政治理论课改革创新行动方案》中指出，要在全省学校开设《沂蒙精神》地方（校本）课程，充分体现了地方课程开发对青少年学生进行革命传统教育这一现实需求和山东省有着众多革命老区这一地域特点的密切结合。

地方课程开发主要包括以下方面：制定地方的课程管理和开发的政策、制度、规定等；规划和组织地方课程的开发；指导、检查、评价学校课程的实施、管理与开发；组织课程开发与实施的研究、试验和经验的总结与推广，组织课程管理与开发的培训，研制地方课程评价体系。地方课程开发也要以国家课程标准为基础。地方课程开发一方面是对国家课程的再开发；另一方面也指导着学校的校本课程开发，是研制校本课程的重要依据。当前地方课程开发通常形成地方课程方案、地方课程的相关教材和指导意见等。

3）校本课程开发。在我国，"校本课程"是一个舶来品。由于文化差异和语言转换的问题，人们对其内涵的解释众说纷纭。校本课程是学校根据自己的教育哲学思想，为满足学生的实际发展需要，以学校教师为主体开发的、适合学校办学特色和资源条件的课程。目前对校本课程开发有广义和狭义两个角度的理解，一是狭义的"校本课程"的开发，二是广义的"校本的课程开发"。[①]狭义的"校本课程"的开发是学校在国家课程、地方课程开发的基础上，根据学生实际情况自我开发、自我管理的校定课程或者说是自编课程，是由学生所在学校的教师编制、实施和评价的课程，它是国家课程开发和地方课程开发的重要补充；广义的"校本的课程开发"是指学校对国家课程、地方课程的校本化实施，或者说是对这两类课程的再开发。任何外在课程只有进入学校才能成为真正意义上的实质课程，因此校本的课程开发又被称为学校课程开发或者学校课程建设。

虽然校本课程、地方课程和国家课程属于三级课程架构，但它们不是对立、截然分开的关系，而是一个不可分割的有机整体。从国家课程、地方课程到学校课程的开发是一个从宏观到微观逐步具体化的过程，三者相互渗透、相互支撑，共同构成了基础教育的课程体系。

3. 课程开发的运行层次

所谓课程的运行层次，是指由处于不同层面的课程主体分别研制、操作和运行课程所形成的层次结构。根据美国学者古德莱德（J. I. Goodlad）的分类，我们将课程开发的运行分为以下层次。

1）理想的课程，指由一些研究机构、学术团体和课程专家提出的、尚处于观念之中

① 吴刚平. 校本课程开发[M]. 成都：四川教育出版社，2002：38.

的课程，一旦被官方采用将产生实际影响。

2）正式的课程，既包括由教育行政部门规定的课程计划、课程标准和教材，表现为列入学校课程表中的各类课程，也包括学校有关人员根据学校的特色和需要，对教育行政部门提供的正式课程进行选择和修改，由此形成的学校层次的课程。

3）领悟的课程，是进入教师教学环节的课程。任课教师将自己对相关课程的理解转化为教学设计运用到教学过程中。任课教师所领悟的课程与正式课程之间往往会产生一定的距离，在一定程度上减弱了正式课程的某些预期影响。

4）运作的课程，即在课堂上实际实施的课程。课堂教学的生成性、教学问题的偶发性，使教师领会的课程与他们实际实施的课程之间会有一定的差距。教师常常会根据学生的反应及时进行调整，因而形成运作的课程。

5）经验的课程，是学生在与教师的互动中，通过课堂学习实实在在感受和体验到的东西。这些经验既具有共性也具有个性化特征，是学生在具体的教学情境中不断内化和自主建构的结果，因此也被称为建构性课程经验。古德莱德（J. I. Goodlad）认为这一层次的课程是最重要的一层，该层次的课程是对课程组织的最终检验，体现了每个学习者究竟受到怎样的教育影响。

二、课程开发的模式和取向

（一）课程开发的主要模式

按照开发的价值取向及操作过程，典型的课程开发模式主要有四类：目标模式、过程模式、实践模式和文化分析模式。

1. 目标模式

（1）目标模式的产生

"模式"是理论的价值取向及相应的实践操作方式的系统，是结构与功能、形式与内容的具体统一。目标模式（objective model）是 20 世纪初开始的课程开发科学化运动的产物，因此又被称为课程开发的经典模式或传统模式，是指教育工作者将目标作为课程开发的基础和核心，围绕课程目标的确定及其实现、评价而进行课程开发的模式。这一模式也被很多学者称为工艺学模式，其奠基者是美国的课程论学者博比特、查特斯等，泰勒则是这一模式的集大成者。博比特和查特斯是同时代的美国课程论专家，他们将当时的科学管理理念、思维方式、效率观念和要求应用于课程开发过程中。在此模式下的学校被喻为工厂，校长是经理，课程专家是工程师，课程方案是蓝图，一间间教室则是生产车间，教师是施工员，学生是加工的原料，评价者则是质量检验员。在博比特看来，课程是儿童及青年为准备完美的成人生活从事的一系列活动及由此取得的相应的经验，通过研究社会背景中的人类生活，就可以确定教育的主要目标，以成人生活所需要的知识、技能、态度和习惯来设计学生未来生活所需要的课程内容和行为单元。查特斯将课程开发的方法称为工作分析，博比特称之为活动分析。前者主要是对人类职业领域的分析；后者则不仅包括职业领域，还包括非职业领域。

博比特与查特斯的课程开发理论有着其历史局限性，他们把课程视为成人生活的准备，忽视了儿童阶段的存在价值。把教育过程等同于企业生产过程，将学生视为学校工厂待加工的原材料，有明显的效率取向和控制中心的特点，背离了教育的人本性。

（2）泰勒的目标模式

泰勒于1934—1942年领导的"八年研究"的最重要成果之一就是产生了泰勒的课程基本原理，也被称为"泰勒原理"。这一原理被公认为现代课程理论的奠基石，是现代课程理论的"圣经"。在1949年出版的《课程与教学的基本原理》一书中，泰勒开宗明义地指出，开发任何课程和教学计划都必须回答四个基本问题：①学校应该试图达到什么教育目标？②提供什么教育经验最有可能达到这些目标？③怎样有效组织这些教育经验？④我们如何确定这些目标正在得以实现？在这四个问题中，确定目标最为关键，其他步骤都是为了这个目标的展开而进行的，所以泰勒原理又被称为目标模式。经过半个多世纪的实践检验，目标模式被证明不仅行之有效，而且难以被其他模式替代，故这一模式又被称为课程开发的经典模式，这四个基本问题也被称为课程开发"永恒的分析范畴"[①]。瑞典学者胡森（T. Husen）等主编的《国际教育百科全书》一书中提到，泰勒的课程基本原理已经对整个世界的课程专家产生影响，不管人们是否赞同泰勒原理，不管人们持什么样的课程观点，如果不探讨泰勒提出的四个基本问题，就不可能全面地探讨课程问题。

【资料链接】"八年研究"[②]

"八年研究"是"泰勒原理"提出的实践基础。1929—1933年，席卷美国、波及全球的经济大萧条，以一种不可抗拒的力量对学校教育提出了挑战。一方面，失业率剧增致使大多数中学毕业生无法找到工作；另一方面，少数进入大学的学生中有相当一部分在读完一年之后就退学。因此，如何改进学校的课程与教学，缓和日趋激化的社会矛盾，成为当时美国教育界亟待解决的问题。为了寻找帮助学校教育走出绝境的途径，1934—1942年，美国进步教育协会率先发起了一项著名的"八年研究"计划。参与这项实验研究的除了专业研究人员外，还有遍及美国的300所大学和30所中学，这一研究为泰勒建构完整的课程开发理论提供了契机。

"八年研究"是一个综合性的课程改革实验计划，它不仅对美国大学入学要求和中学课程产生了深远的影响，而且由于它指出了教育目标、课程计划和评价过程之间存在着密切联系，因此既孕育了教育评价领域的产生，又为现代课程理论奠定了基础。泰勒在这一计划中担任课程评价的主持人，在对"八年研究"的经验进行总结的基础上，泰勒提出了课程开发的基本程序和方法，其主要思想集于1949年出版的《课程与教学的基本原理》一书中，该著作被公认为课程开发的目标模式形成的标志。

（3）目标模式的主要特点

1）目标导向。在泰勒看来，确定教育目标是课程开发的出发点。目标是课程的灵魂，课程开发的整个过程都取决于预定的教育目标，整个课程开发活动都围绕着目标的确立和目标的实现展开。

2）将评价引入课程编制过程。评价是课程开发四个环节中的重要一环，评价虽然不

---

① 张华. 课程与教学论[M]. 上海：上海教育出版社，2000：13.

② 杨明全. 课程概论[M]. 北京：北京师范大学出版社，2010：111.

是目的，但它是课程开发四个环节中的重要手段，贯穿于整个课程计划的形成过程中。课程目标的设置与实现程度必须通过评价来检测，检测结果也是修正和完善教育计划的依据。

3）有科学和技术至上的痕迹。目标模式并不是以对课堂教学的经验研究为依据，而是照搬工厂模式，使课程开发过程成为一种理性化、科学化的过程，力图为课程开发提供一种普适性的程序，不同学校、教师和学生的特殊性被忽视，也不能体现课程开发中的主体创造性。

泰勒原理的突出贡献是为人们提供了一个广为采用的课程研究范式，引发人们对课程研究方法论的思考；它将评价引入课程开发过程，大大提高了课程开发的科学性，使其成为动态的开放的过程。

2. 过程模式

过程模式的代表人物是英国的课程论专家斯滕豪斯（L. Stenhouse）。他于 1975 年出版的《课程研究与开发导论》一书中构建了过程模式的理论框架。斯滕豪斯认为，目标模式虽然有着条理性、简洁性、便于实践操作的优越性，但是它的缺陷也十分突出：①目标模式只适用于行为技能的训练，没有考虑到知识的不确定性、学习的个性化和创造性。②目标模式误解了知识的本质。知识的本质是服务于创造性思维的培养，而目标模式夸大了预设目标的价值，学校教师和学生只是被动的执行者。按照目标模式设计的产物只能是一种共同的最低课程要求，难以最大限度地满足学生发展的要求。③目标模式中的"目标"难以体现学生丰富多样的发展可能和需求，而且注重对外显目标的评价容易使人们忽视一些无法测量的、有可能是最有价值的学习成果。斯滕豪斯在对目标模式进行反思的基础上提出了课程开发的过程模式。

（1）过程模式的核心思想

课程的设计并不一定从确立目标开始，相反，具体的行为目标将会使内容或活动中原本蕴涵的丰富的价值变得狭隘而且固定化，这样不利于学习者实施自由、创造性的探索。课程开发的任务不是先制定一套计划、处方然后予以实施和评价，其着眼点应该放在学习活动和学习环境的设计上。这种设计能够激发学习者的学习兴趣和动机，使学习者主动投入学习，并从内容或活动中获得自己独特的体验。

（2）过程模式的基本特点

1）强调过程本身的育人价值。过程模式重视知识和活动的内在价值，强调通过对知识和教育活动过程的内在价值开发弹性、宽泛的目标，设计一种与该目标逻辑相一致的教学材料和教学过程。教师从事教育活动的各种价值体现在其所从事的教育过程之中，而不是想要达到的结果上。

2）课程开发是研究过程，教师即研究者。斯滕豪斯主张，课程开发是对整个开发过程所涉及的课程要素及相互关系的不断评价和修正，是课程研究、开发、评价为一体的连续过程。因此，过程模式更重视课堂教学过程中的形成性评价和诊断结果。在学生学习过程中，教师应是诊断者而不是打分者。成绩评定应通过反映学生所做的工作来了解学生的进步情况，因此教师要成为课程的研究者。

　　3）强调师生的互动生成和创造性。过程模式需要教师关注学生在真实课堂情境中的精彩想法和观念。教师在教学过程中可以脱离预定的目标，更多地去聆听那些在课堂中产生的"不同声音"，让学生的思维品质和学习态度都能得到充分发展。因此，过程模式的关键在于教师对自己课堂环境和学生特点的理解及创造性的工作。

　　过程模式强调教育的方式而非教育的内容，重视学习者主动学习；重心放在教学的环境和经验的重组上。斯滕豪斯鼓励教师对课程实践进行反思批判和创造，认为没有教师的发展，就没有课程开发，特别强调课程设计与教师发展之间的紧密关系。

3. 实践性课程开发模式

　　美国课程论专家、生物学家施瓦布于 20 世纪 60 年代末提出了实践性课程开发模式。施瓦布对泰勒的目标模式和斯滕豪斯的过程模式都进行了批判。他认为目标模式和过程模式有以下弊端：①课程开发过于强调理论的指导作用，容易与课程实践脱节，不能指导实践中出现的种种困难和问题；②没有把课程开发当作一个动态的过程，忽略了学生学习过程本身的特点；③在目标模式和过程模式下，课程的开发、实施、评价具有很强的一致性和普遍性，不能体现学生的个性和对学生的创造性培养；④课程的开发权都在上级部门，教师和学生被排斥在课程开发过程之外，忽视了教师和学生作为课程开发主体的重要性。[①]

　　施瓦布主张课程开发只有在总体上从"理论"模式转向"实践"模式，课程领域才会有新的发展，这种新的开发方式即"集体审议"。

　　（1）课程开发的主体是课程集体

　　课程开发应该在实践情境中进行，主要由生活在具体的教育情境中的人对问题情境进行反复权衡而做出行动决策。该集体由校长、社区代表、教师、学生、教材专家、课程专家、心理学家和社会学家等组成，只有他们才能深刻而充分地理解、恰切而全面地诊断具体的教学情境及问题。上述成员集体参与课程审议，不仅是做出合理行动决定所必需的，而且是参与者彼此互动、相互启发的教育过程。

　　（2）作为一种艺术的课程审议

　　课程审议是指课程开发的主体对具体教育实践情境中的问题反复谈论、权衡，以获得一致性的理解与解释，最终做出恰当、一致性的课程变革决定及相应策略的过程。施瓦布在不同的文章中论述了课程审议的艺术，提出了"实践的艺术""择宜的艺术""准实践的艺术"等，其中，他特别重视"实践的艺术"和"择宜的艺术"。"实践的艺术"包括观察的艺术和问题形成的艺术；"择宜的艺术"指针对具体教育情境的特殊性，对不同理论进行选择、修改和超越，使之适合实践性课程开发具体需要的艺术。

　　（3）学校本位的课程开发

　　课程由教师、学生、课程内容、环境四个基本要素构成，课程开发是四个要素独特而永远变化的整体结构和生态系统，课程审议是对这些基本要素的协调与平衡。教师是课程实践的主体与课程的探究者和创造者；学生既是课程的学习者也是课程的创造者之一；教材是课程的有机组成部分，是由课程政策文件、课本和其他教学资料所构成的，但是教材只有在成为相互作用过程的积极因素，满足特定学习情境的问题、需要和兴趣时，才具有

---

① 史学正，徐来群. 施瓦布的课程理论述评[J]. 外国教育研究，2005，32（1）：68-70.

课程的意义。课程环境是由除教师、学生、教材之外的物质、心理、社会、文化的因素构成的。与教材相比，学习情境的问题、学生的需要和兴趣具有优先性。[①]

实践性课程开发模式以具体实践情境中教师和学生的需要为核心，教师和学生直接参与课程开发，因此，它必然根植于学校集体的实践情境，课程开发基地是每所特殊的学校，这种课程开发模式因而被称为"学校本位的课程开发"模式。

施瓦布的实践性课程开发模式反对通过课程控制教师与学生，充分重视教师和学生在课程开发中的主体地位；认为课程开发应该是一种"自下而上"的过程，反对过分依赖外来的理论，主张课程问题的解决要依靠实践的推断。这些观点对课程实践的改进都具有重要意义。这一开发模式的不足在于课程审议的艺术不清晰，可操作性还不强，实践性课程开发模式只是一种理想，在现实中很难做到。集体审议要求所有成员在共同的理论基础上取得一致，但实际情况是专家、教师、学生、家长、社区代表等开发主体往往在很多课程问题上难以取得一致的看法，产生的课程开发成果往往是多方折中的产物，会降低开发的预期质量。

4. 文化分析模式

文化分析模式是英国的劳顿（D. Lawvton）和斯基尔贝克（M. Skilbeck）于20世纪80年代提出来的。劳顿在1983年的《课程研究与教育规划》一书中提出了基于文化分析的课程开发模式。他认为课程开发的重要任务是在人类文化中选择那些能够传播和发扬优秀文化之精华、维护大众文化之精髓的公共文化作为课程内容。由于学校时间和资源的有限性，我们必须对文化进行适当、合理的选择，以将文化中最有价值的部分传授给下一代。文化选择与课程编制要坚持两条原则：一是关注公共基础文化，将不同地区、不同民族、不同社会形态的文化传统中共同的文化内容、形式进行统合、整理，建立起有组织、有系统的学科体系；二是要达成学科间的平衡，关注学科范畴的全面性和不同学科之间的关联性。[②]

文化模式主张将社会文化作为课程开发的逻辑起点，用系统的思想进行课程开发，将课程开发深入和具体化到学校的具体情境和文化结构之中，把课程开发视为一种使师生通过理解文化、传播文化而不断修正和改造自己经验的手段。

（二）课程开发的取向

从课程开发的发展历史与现实的角度看，主要有学科本位、学习者本位、社会本位三种基本取向。

1. 学科本位的课程开发取向

学科本位的课程开发取向强调以分门别类的学科知识为中心设计开发课程。这一取向以主知主义、永恒主义、要素主义、结构主义等课程理论流派为代表。

主知主义的代表人物是斯宾塞和赫尔巴特。他们认为课程的主要价值是向学习者传授人类长期积累起来的科学文化知识，因此课程开发应以学科知识为主干。斯宾塞提出科学知识最有价值的命题，主张以科学教育取代古典人文教育。他认为教育的目的是为青少年

① 张华. 课程与教学论[M]. 上海：上海教育出版社，2000：23.
② 郝德永. 课程研制方法论[M]. 北京：教育科学出版社，2000：182.

未来的"完美生活"做准备，科学知识则是完美生活必不可少的而且是最重要的组成部分。为此他将学校课程的价值顺序分为五个层级：①生理和解剖学；②语言、文学、算术、逻辑学、几何学、力学、物理、化学、天文学、地质学、社会学；③心理学和教育学；④历史学；⑤自然文化和艺术。

赫尔巴特在他的观念心理学和实践哲学基础上，提出课程内容开发应该与儿童的经验和兴趣相一致。他认为儿童的兴趣包括经验和同情两类，经验的兴趣主要是经验、思辨和审美；同情的兴趣是同情、社会和宗教。以这六种经验为基础，赫尔巴特提出开发以下课程：根据经验的兴趣设立自然、地理、物理、化学等学科；根据思辨的兴趣设立数学、逻辑学和文法等学科；根据审美的兴趣设立文学、唱歌和绘画等学科；根据同情的兴趣设立外国语、本国语等学科；根据社会的兴趣设立历史、政治和法律等学科；根据宗教的兴趣设立神学。

永恒主义产生于20世纪30年代的美国，后来发展到英国、法国等国家，其主要代表人物是美国的赫钦斯（R. M. Hutchins）、阿德勒（M. J. Adler），英国的利文斯通（A. Livingstone）等。永恒主义者认为人类的理性、道德和精神具有永恒的价值，而体现人类理性的永恒学科则是古典文学名著，从这些古典著作中学生可以学到适应各时代的永恒的东西。

要素主义是20世纪30年代末作为实用主义教育和进步教育的对立面出现的。巴格莱（W. C. Bagley）被视为要素主义教育的主要代表人物。要素主义教育的主要观点在于：①人类有着共同的文化要素，课程开发应该以这些共同文化要素为核心训练学生的理智和道德，把经过世代筛选而提炼和固化的知识传递下去；②文化和技术能够分门别类地以要素的方式传递；③教师的作用在于传递这些文化技术要素，并激发学生的学习兴趣；④课程评价应该是以严格的学业成绩为标准，使学生在教师的管束下接受严格的训练和刻苦钻研的过程。为此，要素主义强调基础知识和基本技能的学习，主张以读写算为主，开设语文、数学、物理、化学、历史、地理、现代外语和古代外语等基础学科。

产生于20世纪的结构主义课程理论因为强调学科知识要素，又被称为新要素主义，这一理论主要是通过20世纪60年代美国的学科结构运动体现的。学科结构运动的代表人物是美国的布鲁纳和后来提出实践性课程开发理论的施瓦布。在这次课程改革运动中，他们提出了"学术中心课程"的思想。他们认为，学科结构是构成一门学科所必需的基本概念、原理和学习过程。为使学生有效地掌握这些学科知识，应该通过编制不断重复递进的"螺旋式"课程和组织学生开展探究学习，使学生掌握学科的基本结构和方法。这一课程改革运动后期遭遇失败。

综上，经过若干年的研究与实践改进，学科本位成为学校教育中占主流的课程开发取向。其优势在于它有助于通过系统、有效的设计方式，以简洁、经济的方式使学生熟知和掌握人类文化遗产。其不足在于，它以分门别类的知识为课程组织的主干，导致整体性的知识被割裂，不能体现当代科技革命带来的知识综合化的发展趋势，而且学科本位的课程开发具有一定的滞后性，不能及时反映社会现实生活的发展变化，也不能充分满足学生的兴趣和需求，会削弱学生的学习动机。

2. 学习者本位的课程开发取向

学习者本位的课程开发取向强调应该以学生的兴趣和需要而不是按照学科知识内容的逻辑体系去组织和开发课程。这一取向强调学生的个性发展，关注学生的兴趣需要和目的。这一思想最早源于18世纪法国卢梭提出的儿童中心主义思想，但作为一种课程开发模式，其主要流派是以美国的杜威为代表的经验自然主义课程开发理论和以马斯洛（A. H. Maslow）、罗杰斯为代表的人本主义课程开发理论。

杜威强调儿童与知识社会的密切关联，认为课程开发应该从儿童当前的生活经验中去寻找，以确保知识和社会在儿童的发展中真正起作用，使儿童在真实的社会环境中，通过经验的不断改造获得发展。为此，杜威提出了"主动作业"和"问题解决"的学习方式。"主动作业"是对社会生活中的典型职业进行分析归纳，提炼相应的学生学习活动方式，主要包括游戏和工作两大类；问题解决是指学校应鼓励儿童在生活实践中通过解决问题求得知识。杜威倡导问题教学法，认为学生学习的过程类似于科学家解决问题的过程，在本质上都是一个不断做出理智决定的过程，因此，要以问题为中心进行课程开发，让学生在问题解决过程中学会学习、喜欢学习。

人文主义课程开发理论源于20世纪70年代的美国，是在批判"学术中心课程"的基础上提出的。马斯洛和罗杰斯认为，发展人的潜能和价值、追求自我实现是教育的根本目的，要开发能满足学生自我发展和自我实现需求的课程，建立包括学术性课程、社会体验性课程和自我实现课程的课程体系。人本主义课程开发理论还批判了传统的"教师中心"的教学，强调教师作为"非指导者"而非控制者，帮助学生在自然情境和放松的状态中实现意义学习。

综上，学习者本位的课程开发取向将学生的兴趣和爱好作为开发的核心，重视学生的学习动机和兴趣，凸显学生的主体性。但是这一取向过于强调以学生为中心，在一定程度上会削弱教师的地位和作用，容易形成学生的放任自流和课程开发的碎片化，导致教育质量的下降。

3. 社会本位的课程开发取向

社会本位的课程开发取向强调打破传统学科课程的界限，以生活领域和社会领域的问题为中心整合课程内容，这一取向以社会改造主义课程理论流派为代表。

社会改造主义课程理论流派产生于20世纪30年代的美国，其主要代表人物是美国的康茨、拉格和布拉梅尔德等。他们主张社会改造是课程开发的终极目的，因此要打破原有的学科课程的界限，以社会问题为中心对学校课程进行组织。教师应该成为联系社会与学校的桥梁，不仅要关心学校的事情，还要参与社会政治承担社会改造的责任，要向学生和社会阐明社会发展的前景并鼓励学生积极去实现这种前景。为此，布拉梅尔德提出了"劝说法"这一教学方法，即通过劝说使学生清楚地了解社会改造的重要意义和必要性，培养学生理解问题、分析问题和解决问题的技能。

综上，社会本位的课程开发取向强调课程的社会价值，主张加强课程与社会的密切联系，要求教师和学生承担起教育促进社会发展的责任，这些都具有一定的积极意义，但这一取向夸大了学校课程的社会改造功能，在一定程度上弱化了系统知识的学习和传播以及课程促进个体发展的功能。

三、学校课程建设

学校课程建设是学校将国家课程、地方课程进行校本化实施，同时组织开发校本课程的活动，学校课程建设是深化国家课程改革与学校内涵式发展的重要途径。我国基础教育已经进入核心素养时代，中小学校需要深刻理解新课程标准提出的核心素养及其内涵，研究制定符合学校自身特点和学生发展需求、切实反映学校人才培养目标的学校规划及其课程建设方案。由于学校课程建设能够凸显办学理念和特色，中小学校纷纷从自己的育人理念出发开展学校课程建设，但是也出现了"国家课程校本化不充分、校本课程的过度开发与随意开设、课程整合的形式主义倾向明显、课程整体规划的实效性不高"[①]等问题，导致这些问题的原因既包括学校建设、开发课程的能力不足，也包括建设者对学校课程建设的认识存在误区。

学校课程建设者的认识误区，源于对"课程"概念的理解混乱，未理清学校课程建设与其他相关概念之间的关系，其中主要涉及学校课程建设与校本课程开发的关系、校本课程与学科课程、综合实践活动课程之间的关系。

（一）学校课程建设与校本课程开发的关系

1996 年颁布的《中共中央关于深化教育改革全面推进素质教育的决定》指出，"要调整和改革课程体系、结构、内容，建立新的基础教育课程体系，试行国家课程、地方课程和学校课程"，"学校课程"一词首次被提出。这里的"学校课程"与"国家课程""地方课程"构成了一组概念。随着课程研究的发展和第八次基础教育课程改革的推进，三级课程管理框架下的"校本课程"概念开始广泛进入人们的视野。但是校本课程的过度开发导致学校课程数量庞大、课程结构模糊、课程质量不高，使学校课程无法形成良好的内部结构和高效的功能系统，学校的课程投入与产出严重失衡。在这样的背景下，人们开始用"学校课程建设"讨论国家课程、地方课程和校本课程的"打通"与"整合"问题，许多中小学校也开始使用"学校特色课程"讨论学校的课程建设问题。学校课程建设这一概念既涵盖"课程规划""课程开发""课程管理""课程实施""课程评价"等多种课程行为，也将校本课程作为学校课程建设的内容之一，以谋求整体化的学校课程开发。

当前对"学校课程建设"一词的理解具有多样化特征，有的将其视为静态的课程规划，如"课程建设是学校管理层面的课程规划，是以'人'作为课程建设的基点，通过学校的内生动力系统，对学校课程进行系统思考并做好整体规划，以发挥课程体系的整体育人功能"[②]。有的将其视为动态的、学校为主体开展全部课程的实践活动，如"学校课程建设是在重组、整合国家课程、地方课程与学校课程的基础上，建构适合学生发展需求、反映学校特色的课程体系的过程"[③]。《义务教育课程方案（2022 年版）》在"课程类别"部分明确了国家课程、地方课程与校本课程是三类课程，即"义务教育课程包括国家课程、地方课程和校本课程三类。以国家课程为主体，奠定共同基础；以地方课程和校本课程为拓展补充，兼顾差异"。因此，学校课程并不是一种课程类型，而是一种课程现象，

指代在学校内实施、存在、发展的课程范畴，学校课程建设则是学校按照国家课程方案，依据学校的培养目标、学生需要、利用校内外教育资源，对现行国家课程、地方课程和校本课程进行整合重组，构建适应学生发展的、高效的、具有学校特色的课程体系的过程。在学校课程建设框架下的校本课程则是指学校在实施国家课程和地方课程的前提下，根据自己的办学思想，结合本校的教育教学实际自主开发的学校特有课程。因此，本教材所指的"校本课程开发"只是学校课程建设的一部分，学校课程建设不只针对校本课程，还对国家课程和地方课程的校本化实施进行系统规划和整体推进。

（二）校本课程与学科课程的关系

尽管学校课程建设包含校本课程的开发，但是校本课程依然有其独立存在的价值和意义。首先，校本课程设置的初衷是开发能够体现学校办学特色、具有实践性和综合性的学校特有课程，以弥补国家课程难以兼顾多样化学生需求的不足。所谓校本，一是为了学校，二是在学校中，三是基于学校。"为了学校"是指要以改进学校实践、解决学校所面临的问题为指向；"在学校中"是指要树立这样一种观念，即学校自身的问题，要由学校中的人来解决，要经过学校校长、教师的共同探讨和分析来解决，所形成解决问题的诸种方案要在学校中加以有效实施；"基于学校"意指要从学校的实际出发，所组织的各种培训、所展开的各类研究、所设计的各门课程等都应充分考虑学校的实际，挖掘学校所存在的种种潜力，将学校资源更充分地利用起来，让学校的生命活力释放得更彻底。[①]

校本课程开发注重学生在实践活动中的直接体验和经验积累，让学生在问题解决和行为参与中得到发展。我国以学科课程为主的课程结构现状，使得在现实的校本课程开发过程中，许多教师将校本课程"嫁接"或者"依托"学科课程去开发校本课程，形成了若干"××学科校本课程"。由此引发了一个新的问题：校本课程开发能否和与学科课程相结合？

关于这一问题，目前学者有不同的观点。有学者提出，校本课程的课程应该属于实践性课程，不应该属于学科类课程。[②]也有学者认为学科课程与活动课程是学校课程的两种基本类型。既然校本课程属于学校课程的组成部分，那么它可以兼有学科课程和活动课程的属性。虽然校本课程更多地属于活动课程的范畴，但并不能排斥学科课程，也可以在学科课程的基础上开发特色校本课程。[③]尽管从逻辑上讲，校本课程可以在活动课程和学科课程的基础上"生发"出来，但鉴于我国以学科课程为主导的课程结构以及重知识、轻活动的课程传统，我们对这一倾向要保持理性的认识。对校本课程的关注点应该侧重于对学生的兴趣和需要的满足，将活动课、选修课和兴趣小组活动等作为开发的主要内容，不倡导以学科知识为基础开发校本课程，以避免误导实践、失去校本课程的设置意义。校本课程开发要遵循"以学生为中心"的指导思想，使学生通过此类课程获得更多的课外知识或技能，接触更多、更广阔的事物，拓宽视野，而不是以校本课程之名对学科知识进行深挖和细化。

① 郑金洲. 走向"校本"[J]. 教育理论与实践，2000（6）：11-14.
② 廖哲勋. 关于校本课程开发的理论思考[J]. 课程·教材·教法，2004（8）：11-18.
③ 李臣之. 校本课程开发[M]. 北京：北京师范大学出版社，2015：48.

（三）校本课程是否需要编写出版教材

校本课程是基于不同学校的办学特色、由所在学校的教师为主体开发的课程。不同于国家课程和地方课程有可以选用的教材，校本课程开发需要教师们自主设计、研制所需要的课程内容。为了体现开发的思路、呈现开发的成果，在中小学实践中一度出现了热衷于编写校本课程教材的现象，认为编写出好的教材就是进行了校本课程开发，有教材也容易对校本课程的开发成效进行宣传和评价。那么，校本课程开发需要编写出版教材吗？

第一，校本课程开发原则上不编写出版教材。

教材是课程的具体表现，其编写不仅要体现课程目标、符合课程性质、承载课程任务，还要具有准确性、系统性，符合国家的相关政策要求。为加强中小学教材管理，2019年，教育部印发《中小学教材管理办法》。该办法指出，国务院教育行政部门组织开展国家课程教材的编写指导和审核，组织编写国家统编教材；省级教育行政部门负责地方课程教材规划、开发、审核和管理。中小学校要严格执行国家和地方关于教材管理的政策规定，选好用好国家课程和地方课程的教材。校本课程开发以学校为主体，要立足学校特色教学资源，以多种呈现方式服务学生个性化学习需求，原则上不编写出版教材，确需编写出版的应报主管部门备案，按照国家和地方有关规定进行严格审核。①由此可见，"教材编写出版"是一个政策性很强的概念，校本课程可以有"教材"这一开发成果，但原则上不编写能够出版的校本课程教材。校本课程开发的成果形式以学校课程方案、课程纲要、教学设计方案为主，课程教材的主要形式可以是课程纲要集锦、专题读本或者课程实施活页等，是在开发学校范围内使用的、没有书号的非正式印刷品。

第二，校本课程的开发特点决定了不能追求编写出版教材。

校本课程是以学校为本位、由学校根据自身资源优势及学生实际需要而研发的课程，在内容安排上具有开放性、课程设置上具有选择性、教学过程具有生成性。相较于国家课程的稳定性和通用性，可变性和个性化是校本课程的突出特点，针对校本课程而进行的教材研发并不是必需的环节，过度追求教材编写出版甚至会制约校本课程开发的灵活性和创造性。

校本课程对中小学教师的课程开发素养而非教材编写能力提出了更直接、现实的要求。我们虽然不倡导校本课程编写出版教材，但是成功的校本课程开发离不开明确的课程规划与实施思路，需要教师创造性地进行学情调研、课程主题规划、资源搜集与加工、课程方案设计和教学实施。参与课程开发的教师要充分了解学校课程建设的基本理念与思路、能够编写具体、规范的课程纲要和进行系统的教学设计，这也是一线教师应该具有的基本课程素养。

近几年，各地通过优秀校本课程设计征集活动、专题培训等活动对校本课程开发活动进行有效组织与指导，如教育部基础教育课程研究华东师范大学中心、教育部人文社会科学重点研究基地华东师范大学课程与教学研究所、上海真爱梦想公益基金会主办的"真爱梦想杯"全国校本课程设计大赛已经举办多届，极大地提高了各地中小学教师进行校本课

---

① 中小学教材管理办法[EB/OL]. http://www.gov.cn/zhengce/zhengceku/2020-01/07/content_5467235.htm. （2020-01-07）[2022-12-25].

程开发的规范程度和专业化水平。

（四）校本课程和综合实践活动课程的关系

【案例链接】课程开发实践引发的思考

课程督导小组在去一所学校检查评估课程实施情况时，在场的教师提出了自己的疑问：你们把综合实践活动课程和校本课程这两类课程装在一个口袋里，要校本课程材料从里面拿，再要综合实践活动课程材料也从里面拿，岂不成了一回事？学校领导对此突然诘问十分茫然，难以应答；检查组的老师置评不一，出现了可与否两种不同的争论。难道一开始课程设计者对这一问题未予以诠释界定吗？两类课程到底是一回事吗？

综合实践活动课程设计专家郭元祥教授认为，综合实践活动课程属于国家课程，是国家规定学校必须开设的一门必修课程，它不是一门校本课程。校本课程是学校自主开发设计的课程。但基层工作者并不认同这一观点，普遍强调它们之间的联系，甚至认为在实践中可以不加区分。[①]

【思考】你认为到底如何看待校本课程和综合实践活动课程的关系呢？

校本课程与综合实践活动课程虽然是从课程管理与课程组织方式的不同角度分别提出的概念，但是这两种课程在实践实施过程中具有许多方面的相似性，在内容选择、资源利用、实施方式等方面都存在相互包含的关系。一味地强调二者的区别并不利于校本课程的深入发展；将二者混同在一起，又有悖于基础教育课程整体设计的初衷和理念。在厘清二者区别的基础上实现有限范围内的整合，是将课程理论与课程开发实践有机结合的一个有效途径。

校本课程和综合实践活动课程有很多相似的地方，比如都没有统一的指定教材，学校在两类课程开发中都具有很大的自主权，开发过程都要考虑到学校的办学特色和学生的具体情况等。但二者又有着很大的区别，在实践和探索过程中，往往容易把校本课程与综合实践活动课程相混淆，出现对二者的概念理解模糊、混用的现象，如在网络上可以很容易看到"综合实践活动校本课程的开发""基于学校特色发展的综合实践活动校本课程开发与实施"等表述方式，说明很多人对于综合实践活动课程和校本课程是一种什么样的关系，其认知不仅是模糊的甚至是存在理解误区。这样容易导致开发实践中的混沌盲目、思路不清的现象，不利于发挥两类课程各自独有的价值，无法形成学校课程开发的理念共识。那么，校本课程与综合实践活动课程到底是一种什么样的关系？

1. 综合实践活动课程与校本课程的区别

（1）二者不属于同一层面的课程范畴

从课程结构看，综合实践活动课程属于国家课程，与学科课程并列设置，是学校必须开设的必修课程之一。校本课程属于"国家课程—地方课程—校本课程"这三类课程中的一类，而不是一门具体的课程，它是国家三级课程管理制度中属于学校自主管理的那部分课程。2001年开展第八次基础教育课程改革时，国家将部分课程开发权赋予中小学校，使课程开发体现学校办学理念和特色，以弥补国家课程的不足。

---

① 马玉琪. 综合实践活动课程与校本课程的关系探析[J]. 教育理论与实践，2012（8）：7-10.

（2）二者有着不同的课程目标

综合实践活动课程设置的目的是弥补学科课程的不足，其课程目标是让学生从科学世界回归到生活实践，以学生的兴趣和直接经验、体验为基础，通过学生在真实的生活中学习、探究，培养学生的创新精神、合作与实践等综合能力。校本课程设置的目的是发挥地方和学校资源优势，以学校为主体开发体现学校特色的课程，满足学生发展的多样化和个性化发展的需求。校本课程的内容和学习方式可以是以实践为主的课程，也可以是知识取向的课程。如果把校本课程的内容同时设定为综合实践活动课程，那么校本课程的内容设计和学习方式就要符合综合实践活动课程的理念；反之，就是错误地套用。例如，有的学校开设了围棋、书法、国学诵读等传统文化知识取向的校本课程，如果将这些课程同时作为综合实践活动课程的内容，就有悖于综合实践活动课程作为实践性课程的要求。①

2. 开发主体的作用不同

按照 2017 年教育部印发的《中小学综合实践活动课程纲要》的规定，教师和学生既是综合实践活动方案的开发者，又是活动方案的实施者。在这一过程中，两类主体的作用是不一样的。教师是学生活动的组织者、参与者和促进者，学生则是活动的选择者、参与者和设计者。教师作为活动指导者的作用是更好地促进学生主体作用的发挥。无论是开发还是实施过程都要体现学生的自主性、探究性，由学生来设计或选择主题、发现问题、学会探究，提高问题解决能力。校本课程的开发主体是学校及其教师。虽然校本课程实施也要考虑到学生的兴趣、需要和主体性，但是在校本课程开发主题的选择方面主要由教师确定，校本课程开发要考虑到学校师资力量和学校具有的课程资源，主要以学校教师为主体进行开发。虽然二者都强调了教师作为课程开发的主体地位，但是对学生主体地位的确认又有所不同。

3. 综合实践活动课程与校本课程的联系

综合实践活动课程属于学校负责开发的国家课程，在实施过程中难免出现与校本课程部分交叉的问题，说明二者有内在联系。

（1）课程形态的来源相同

虽然校本课程与综合实践活动课程是分别从不同角度提出的课程形态，但两种课程形态主要源自以前的选修课或活动课。20 世纪 90 年代，为改变我国课程结构单一的状况，国家将选修课与活动课纳入义务教育课程计划中。将选修课和活动课转变为校本课程，体现了课程权力再分配、学校与教师参与课程决策、学生有权选择课程的育人理念。校本课程大多属于实践性课程，它不以系统知识为基本内容，也不以读书、听讲为主要学习方式，而是围绕学生需要研讨和解决的问题来组织具有多样性、动态性的课程资源，引导学生在调查研究、讨论探究等活动中进行生动活泼的学习。②综合实践活动课程的定位为跨学科、实践性课程。课程开发主体主要是中小学校，学校往往在原有的选修课与活动课的基础上，通过加工、重整来构建综合实践活动课程。

---

① 刘玲. 综合实践活动课程：对几个关键问题的思考[J]. 中小学管理，2011（8）：4-7.
② 廖哲勋. 关于校本课程开发的理论思考[J]. 课程·教材·教法，2004（8）：11-18.

（2）开发内容的交叉

综合实践活动课程依赖于学校开发，也依赖于地方管理，是国家出台课程纲要、由地方和学校在课程纲要的指导下，根据地方和学校办学实际规划的课程领域。虽然2017年教育部印发的《中小学综合实践活动课程纲要》提出了考察探究、设计制作、社会服务和职业体验为主的活动方式，以指导中小学校开展活动，但这一课程形态没有固定的教材，需要教师依据学生的兴趣、要求以及学校的环境和社区资源，让学生自主选择活动主题，主动探索研究。主题的选择范围既可以是政治、经济方面的，也可以是历史、文化方面的；既可以基于学生学校生活进行，也可以拓展到校外社会生活。与之相似，校本课程开发的内容也很宽泛，开发范围涉及所有课程类型。在综合实践活动课程内容选择、组织实施过程中，与校本课程的开发就出现了一定程度的交叉乃至重叠。

（3）管理机构的交叉

综合实践活动课程和校本课程的实施管理主体都是中小学校。虽然综合实践活动课程属于国家必修课程，但它是由地方统筹和指导的，具体内容以学校开发为主。学校既承担着国家课程的实施任务，也组织校本课程的开发。学校往往将综合实践活动和校本课程纳入学校课程建设的体系，整体进行资源统筹和组织管理。

【实践活动】请深入一所中小学，调查该校的学校课程建设情况，在调查的基础上进行质性描述或者对数据进行统计分析，评价所了解到的学校课程开发的特色及开发机制。

（五）中小学校如何开展课程建设

当前中小学校的课程建设已经成为新时期学校教育改革的重点之一。正确理解学校课程建设的理念，对课程实践改进具有重要作用。

1. 核心素养本位的学校课程建设

学校课程体系是落实学生核心素养的重要途径，学校要基于学生核心素养的发展整体规划课程。第一，澄清学校教育理念，确立学校课程建设的核心素养取向。学校教育理念的确定、凝练与更新应该遵循教育和时代的发展趋势，做到以学校为本、以学生为本、以素养为本，让教育理念成为学生本位和素养本位的核心表达。第二，创新学校课程制度。素养本位的学校课程建设依赖于合理、有效的学校课程制度的保障。学校课程制度内在地包含学校课程建设过程中各种规程和行为准则的价值导向问题，能够对素养为本的学校课程进行价值的澄明；对课程建设多元主体的行为进行价值取向的引导与规范；能够促进学校组成成员对素养本位的集体认同和价值确认。第三，构建整合型的学校课程体系。学校课程体系能否真正地实现发展学生核心素养的价值是由课程体系的规划与实施效果来决定的。课程整合应该以学生的核心素养为基点，以学科目标、学科内容、学科思想、学科经验整合为标准，以学科内、学科间以及跨学科的整合为手段。①

2. 基于学校办学特色和课程资源，统筹学校课程建设

第一，学校课程开发要体现学习借鉴和特色创新之间的关系。校情、学情是学校课程建设的根本立足点：要考虑到学校自己的发展传统，这些学校教育传统为学校课程建设提

---

① 容翠. 论素养本位的学校课程建设[J]. 教学与管理，2017（6）：37-40.

供了必要的基础性条件；还要了解本校现状，评估本校课程开发的现实问题，从本校办学特色和既有的课程资源出发。中小学校要统筹规划、合理开发体现本校特色的学校课程体系，而不是盲目地照搬他人成果或者不顾自身条件地盲目求大、求全。

第二，学校课程开发要处理好基础性开发和拓展性开发的关系。学校课程建设要体现新的教育改革理念，使学校课程开发与时俱进。在目标制定、课程内容和课程资源的选择，课程结构的设置，课程评价等诸多方面，既要考虑学生群体发展的共性目标，又要体现学生个体的差异性和特殊性，为因材施教最大限度地创造机会和条件；既要保证国家课程的开足开全，又要保证地方课程和校本课程的有效开发。

3. 遵循课程开发的专业要求，优化学校课程结构

学校课程结构是指各类课程之间的有机组成及其相互关系，课程结构是否合理直接决定着学校课程建设质量。学校课程建设不能盲目地从经验出发，要基于课程开发的基本原理和建设目标，规范、专业地进行开发。第一，要实现学校课程建设的目标与办学定位之间的优化。学校课程建设的整体规划与结构设计既要考虑国家对青少年核心素养的界定和各学科核心素养的具体要求，又要结合社会对人才培养的要求以及学校自身对人才规格的思考，来确定体现本校办学特色和办学定位的课程目标。第二，要实现三类课程之间的结构优化。学校课程结构涵盖国家课程、地方课程与校本课程，学校课程建设要处理好它们之间的关系，使这三个类型的课程成为一个有序、相互促进的整体。第三，要实现课程结构与课程功能之间的统筹。学校课程建设不能是一个个课程的堆积，要实现学校课程的育人目标，需要将课程结构与课程功能的定位结合起来。如上海市在课程改革过程中推行过的"三维"课程结构即基础型课程、拓展型课程和研究型课程，就体现了课程结构与课程功能之间的有机结合。其中，基础型课程注重学生基础学力的培养，即培养学生作为公民所必需的基础教养、基本学力，以所有学生的全面发展和价值观的同质性塑造为目标；拓展型课程以科学素养与人文素养的和谐发展为目标，注重拓展学生的知识与能力，开阔学生的知识视野；研究型课程注重培养学生的探究态度和能力，促进学生个性化发展为目标。三类课程之间是一种相互关联、彼此渗透的关系。

除了以国家课程、地方课程与校本课程的整合为目标的学校课程建设外，还有学者提出了另外一种学校课程建设的思路，即包括"基本课程、强化课程、微型课程和自由学习"的学校课程结构框架。其中，基本课程是学校课程中的基本部分，以必修的全国统一课程为主。强化课程是在基本课程的基础上，对学生某个或某几个方面的素质发展加以强化而形成的课程。"强化"的内容，一是强化学生的专长发展，二是强化特定学校的学科特色。一般来说，强化课程以校本课程为主。微型课程即容量小、持续学习时间短的课程，也是一种非常灵活的课程类型，它在发展学生的兴趣和爱好、充分挖掘利用学校和社区的课程资源，尤其是教师的专长、灵活多样地开展和调适课程试验等方面，具有显著优势。"自由学习"不以固定的课程形式规定学习目标、领域和内容而是由学生自由决定。只是在课程规划中做出明确的时间规定。学生可以根据自己的情况选择加强基本课程、强化课程或微型课程的学习或者新辟其他学习领域或科目的学习。①这样的课程结构框架既

---

① 丁念金. 学校课程统整中的课程结构设计[J]. 课程·教材·教法，2008（11）：3-7.

保证了全体学生对必修的、共性知识和技能的习得，也满足了学生个性化、有特色的发展需求，对中小学校的课程建设实践也有一定的指导意义。

四、教学设计的概念与特点

教学设计是课程开发进入教学过程的微观延伸和深入，是课程开发与课程实施的中间环节。凡事预则立，不预则废，好的教学设计既能够对教学实践形成宏观指导，又不会束缚动态生成的教学过程。

（一）教学设计的概念

对教学设计（instructional design，也称教学系统设计）的研究主要集中在教育技术学和教学论两大学科。教育技术学的代表人物何克抗教授和教学论的代表人物李秉德教授还曾围绕教学设计究竟归属哪个学科、两个学科是否在做重复性的研究、是否带来了名词概念间的混同等问题展开了辩论。[①]这场争论丰富了我国学术界对教学设计的相关认识，也引发了对"教学设计究竟是什么"的本体论思考。

与对设计的解释多样性相关联，对教学设计的解释也没有统一的结论，有的解释侧重教学系统，有的解释侧重技术运用，有的解释偏重教学方法和教学理念改革。

1. 作为系统的教学设计

作为系统科学基础上的教学设计理论，是在系统科学方法论基础上，将教学设计视为联结学习心理的基础研究与具体教学问题解决的"处方"，这源于加涅对教学设计的经典解释。加涅在其《教学设计原理》一书中，对教学设计所下的定义是，教学系统设计是对教学系统进行具体计划的系统化过程。我国学者何克抗认为，"教学设计是运用系统方法，将学习理论与教学理论的原理转换成对教学目标（或教学目的）、教学条件、教学方法、教学评价等教学环节进行具体计划的系统化过程"[②]。上述定义赋予教学设计系统性、计划性和技术性等特征。

根据系统论的有关观点，按照其涉及的范围，可以将教学设计划分为四个层次：以教学系统为中心的层次——教学系统设计；以一门课程为中心的层次——课程教学设计；以一堂课为中心的层次——课堂教学设计；以教学媒体为中心的层次——教学媒体设计。[③]随着对系统科学的深入认识，全局性、联系性、动态性、开放性、不确定性等复杂系统思维也成为教学设计的新理念。与之相适应，教学设计的主体也在不断发生变化。由20世纪60年代的设计专家、学科专家、教学媒体专业人员等专家控制的"权威性设计"到70年代的专家介入与指导的"参与性设计"再到80年代末教师作为主体的"使用者设计"。[④]教学设计力图实现"支配型设计"到"民主型设计"的转换，教学设计不仅是系统计划教学的探究过程，更是设计群体的人际交流过程。

---

① 上述争论见以下论文：李秉德. "教学设计"与教学论[J]. 电化教育研究，2000（10）：11-13；何克抗. 也论教学设计与教学论——与李秉德先生商榷[J]. 电化教育研究，2001（4）：3-10.

② 何克抗. 也论教学设计与教学论——与李秉德先生商榷[J]. 电化教育研究，2001（4）：3-10.

③ 沈建民. 课堂教学设计要关注并渗透学习策略[J]. 课程·教材·教法，2002（3）：33-36.

④ 钟志贤. 走向使用者设计：兴起、定义、意义与理由[J]. 中国电化教育，2005（7）：9-15.

2. 作为技术的教学设计

作为技术的教学设计侧重于将技术手段运用于教学设计过程中，特别是重视计算机、多媒体、网络、大数据等现代信息技术对提高学生学习能力的重要作用，将教学设计定义为教学的方法、步骤和技术。例如，教学设计是以教学过程为研究对象，用系统方法分析和研究教学需要，设计解决教学问题的方法和步骤，并对教学效果作出价值判断的计划过程和操作程序。[①]教学设计是一种旨在促进教学活动程序化、精确化和合理化的现代教学技术。[②]当前核心素养背景下，教师要基于核心素养总目标和学科素养目标的基本要求，结合学生的需要以及一定的教学任务进行设计，这也是教学设计的前提。

3. 作为问题解决的教学设计

作为问题解决的教学设计将教学问题的发现、分析和解决作为设计的核心，教学设计重视"怎么教"这一问题。例如，教学设计是依据对学习需求的分析，提出解决问题的最佳方案，使教学效果达到最优化的系统决策过程[③]；教学设计以计划和布局安排的形式，对怎样才能达到教学目标进行创造性的决策，以解决怎样教的问题[④]；教学设计是一个分析教学问题、设计解决方法、对解决方法进行试行、评价试行结果，并在评价基础上修改方法，直至获得解决问题的最优方法的过程[⑤]；教学设计是实现教学目标的计划性和决策性……以解决怎样教的问题解决过程[⑥]。由此可见，不同学科的学者都注重教学设计的问题取向。

4. 走向学科育人的教学设计

侧重学科育人的教学设计，是基于教学改革的新理念，聚焦教学设计的目标维度进行的界定。从"双基目标"到"三维目标"再到"核心素养"的演变，为教学设计价值取向的转变和内涵的丰富提供了基础和方向。教学设计价值取向的变迁带动教学理念的变革，并孕育了学科教学模式和学习方式的根本转向，确认了教学设计向"学科育人"的价值回归，以实现学科教学以学生发展性价值为追求。学科育人的教学设计不同于学科知识的教学设计，要求教师在进行教学设计之前须具备系统化、结构化的有关学科本质及其知识体系的理性认知，获得对学科与知识、学科与人的发展之基本关系的整体性认识，才能真正明确学科育人机制。[⑦]

总之，教学设计是为了实现一定的教学目标，围绕学生发展的关键问题，根据课程标准、课程内容、学生特征和环境条件，将教学诸要素有序安排，确定合适的教学方案的过程。

（二）教学设计的特点

作为一种特殊的专业活动，中小学教学设计有其独特性。

① 张筱兰. 论教学设计[J]. 电化教育研究，1998（1）：24-26.
② 鲍嵘. 教学设计理性及其限制[J]. 教育评论，1998（3）：34-36.
③ 李龙. 教学过程设计的理论与实践[J]. 电化教育研究，1999（4）：20-26.
④ 林宪生. 教学设计的概念、对象和理论基础[J]. 电化教育研究，2000（4）：3-6.
⑤ 张祖忻，等. 教学设计——基本原理与方法[M]. 上海：上海外语教育出版社，1992：2.
⑥ 李定仁，徐继存. 教学论研究 20 年[M]. 北京：人民教育出版社，2001：236.
⑦ 郭元祥，刘艳. 我国教学设计发展 20 年：演进、逻辑与趋势[J]. 全球教育展望，2021（8）：3-14.

1. 预设性

教学设计以系统理论为依托，在一定的教学目标指导下，对教学要素进行统筹安排，从而使整个教学过程达到最优化。教学设计是在分析教学背景的基础上形成的学生学习方案，这一过程并非直接面对具体的教育情境，而是针对学生发展问题、依据相关理论形成的预案，因此具有明显的预设性。同时，作为教学行为前的系统计划，教学设计不能仅凭借直觉和冲动，应把要完成的事情或活动的结果写下来，以保证教学过程的规范有序。

2. 生成性

教学设计的目的主要是帮助教师解决怎么教的问题，教学过程具有生成性、开放性，因此，教学设计不仅表现为教学开始前的计划，也包含对教学情境的创设。教师在课堂中的教学设计更多地依赖师生互动过程中不断形成的新资源、新问题做出创造性的教学决策，而不是机械、僵化地执行预设计划。教师作为教学设计者，不仅可以采用一般的规则和程序，而且在独特、复杂和变化的情境中，还可以凭借直觉性、悟性和丰富的思想性对影响教学设计的因素进行归并或简化，凸显设计的动态生成和创造性。

教学设计的预设与生成之间是辩证统一的关系。预设是生成的前提，生成是预设的优化，但教学设计的生成性并不等于教学实施。教学设计的生成性追求实施过程中，教学设计的不断更新和螺旋上升，是教学设计的简洁版与情境化的反映。从教学设计的本质属性看，生成性的教学设计也是对教学各要素的系统加工，它与教学设计的实施过程有着性质上的不同。生成性的教学设计虽然是简约的计划，依然具有设计活动的本质和共性，是对预设好的教学设计进行即时性的再计划。[①]

3. 层次性

教学系统设计是一个问题解决的过程，根据教学中问题的范围、大小的不同，教学系统设计也相应地具有不同的层次。①以"产品"为中心的层次。教学系统设计的最初发展是从以"产品"为中心的层次开始的，它把教学中需要使用的媒体、材料、教学包等当作产品来进行设计。教学产品的类型、内容和教学功能常常由教学系统设计人员和教师、学科专家共同确定，有时还吸收媒体专家和媒体技术人员参加，对产品进行设计、开发和测试、评价。②以"课堂"为中心的层次。这个层次的设计范围是课堂教学，它是根据教学大纲的要求，针对一个班级的学生，在固定的教学设施和教学资源的条件下进行的教学系统设计。其设计工作的重点是充分利用已有的资源，选择或编辑现有的教学材料来完成目标，而不是开发新的教学材料。如果教师掌握教学系统设计的有关知识与技能，整个课堂层次的教学系统设计就完全可由教师自己来完成，在必要时也可由教学系统设计人员辅助进行。③以"系统"为中心的层次。按照系统观点，上面两个层次中的课堂教学和教学产品都可被视为教学系统，但这里所指的系统是特指比较大、比较综合和复杂的教学系统，如一所学校的课程规划与设置、整体教学方案的制定等。这一层次的设计通常包括教学系统目标的确定、实现目标方案的建立、试行和评价、修改等，不仅涉及内容面广，而且系统设计一旦完成就要投入范围很大的场合去使用和推广。因此，这一层次的设计需要由教学系统设计人员、学科专家、教师、行政管理人员共同完成。[②]

① 张朝珍. 论教师教学决策的内涵——兼谈教学决策与教学设计的关系[J]. 辽宁教育研究，2008（11）：70-73.
② 何克抗，林君芬，张文兰. 教学系统设计[M]. 2 版. 北京：高等教育出版社，2016：10-11.

以上三个层次是教学系统设计发展过程中逐渐形成的。以"系统"为中心的层次属于宏观层次的教学系统设计，而对一门具体课程、一个单元、一堂课的设计都属于微观层次的教学系统设计。产品、课堂、系统三个层次都有相应的教学系统设计模式，在具体设计实践中，教师可以按照需要解决的教学问题的层次，选用相应的设计模式。

4. 现代性

现代性是指教学设计观念的现代性和技术手段的现代性。教学设计观念的现代性要求设计者在设计过程中要以现代的学生观、知识观和教学观为设计理念，关注教学过程，强调民主平等的师生关系，突出学生学习的创造性和个性化表现。教学设计技术的现代性是指教学设计中要充分利用计算机、多媒体、网络等多种现代信息技术手段，准确地获取和把握教学设计所需要的各种资源，利用各种技术手段生动灵活地创设线上线下相结合的混合式学习情境，以实现教学的网络化、虚拟化、个性化。

5. 协同性

尽管教师个体能够独立完成一个教学设计项目，但教学设计的开放性和现代性要求教师团队协同完成教学设计。首先，单元教学、主题教学等内容组织形式已经成为青少年核心素养指引下课程组织的主要形式。教师针对学生的发展需要，对学科课程进行综合化的二次加工、实施跨学科的教学活动也涉及多学科教师之间的合作。其次，现代信息技术手段与教学设计的融合已成为当前教育教学改革的主流，需要不同专业背景的教师协同开发相应的教学活动。学科交叉与跨界融合的不断发展也推动着人才培养模式的变革，它要求课程设计者改变传统的以教师个体为主的教学设计观念，通过教师团队的共同参与、集体努力，更好地开展教学设计。

五、教学设计的基本模式与步骤

虽然教学设计具有其个性化和创造性的特征，但也具有基本的、共性的操作模式与步骤。

（一）教学设计的基本模式

教学设计模式是指运用系统方法对不同教学系统进行教学设计的各种范式。根据教学设计的理论基础和基本取向的差异，主要可以分为行为主义教学设计模式、认知主义教学设计模式和建构主义教学设计模式。

1. 行为主义教学设计模式

作为一种新兴的理论和学科，教学设计诞生于第二次世界大战时期的美国，到20世纪60世纪末对教学设计的研究渐成规模。在这一过程中，早期的行为主义心理学理论对教学设计的产生和发展起到了重要的推动作用，其中最著名的人物是美国的斯金纳和加涅，他们当时依据行为主义心理学的研究成果提出了相应的教学设计理论。

行为主义者认为，教学是运用适当的强化作用使学习者产生相应的行为，有效的学习取决于教学强化作用的设计与安排。设计者在进行教学设计时，要预先设计学习者的预期行为，根据学习者的行为选择拟定增强策略，通过分析学习者的反应达到学习效果。影响最大、最具有代表性的行为主义教学设计模式是斯金纳的程序教学模式。

根据斯金纳的设计程序，教学的过程是把教学内容根据学习过程分解成许多小的项目，并按一定的顺序排列好。对每个项目都要事先做出说明或解释，然后提出要求学生回答问题，每个问题都要提供相应的答案。学生回答问题后，通过出示正确答案确认其回答的正确或错误。如果学生的反应正确，就进入下一个项目的学习。程序教学的设计有一些基本的原则：①积极反应。为了提高学习的主动性，学生要始终处于忙碌和活跃的状态，对问题做出积极的反应。②小步子。学习内容的出现是按照学习步骤逐步依序排列，通过循序渐进的学习，让学生接近所要完成的学习目标。③及时强化。学生对每个问题做出反应后，应及时了解学习的成果，有效强化行为，调动学习的积极性。④自定步调。在学习速度上允许学生按照自己的能力和水平自定步调学习，这样学生可以根据自己的情况选择最适合自己的学习进度。

虽然有学者批评斯金纳的程序教学模式对学生进行的行为塑造像训练动物一样机械，而且缺乏学生之间的社会联系，但这一模式的优点也很明显：它能够使学生在教学过程中得到及时反馈，较好地适应了学生的个别差异和多元化的个体需求，重视对学生学习积极性的调动等。

2. 认知主义教学设计模式

行为主义心理学只重视人类学习的外在表现，忽略了人在学习过程中的内在思维过程，因此，从20世纪50年代开始，行为主义在心理学领域的主导地位逐渐被认知心理学取代，以认知心理学为基础的认知主义教学设计理论开始形成。

认知主义心理学将人的心理活动看作信息加工系统，教学的目的在于教师借助于学生已有的知识结构，通过新旧信息之间的交互作用帮助学生建立有机联系的认知结构。认知主义教学设计视教学为问题解决的过程，教学策略的选择与应用重点在于引导学习者面对问题情境时采取最适当的策略与方法。教学过程的设计不能以固定不变的情境为导向，而应依据不同的对象、领域、目标进行情景化的教学设计。认知主义教学设计模式的代表理论有加涅的学习层级理论、布鲁纳的探究教学理论、奥苏贝尔（D. P. Ausdriel）的有意义教学理论、瓦根舍因的范例教学理论、赞可夫的发展性教学理论等，这里主要介绍布鲁纳的探究教学理论。

布鲁纳是20世纪60年代学科结构运动的倡导者。为了解决所提倡的"学术中心课程"的学习问题，布鲁纳提出了探究教学理论，形成了独特的教学设计模式。布鲁纳认为教学过程不能把知识作为现成的结论交给学生，而应当让学生通过探究发现知识，学生不仅可以得到知识，还能得到探究的态度和方法。发现是一种高级的心理过程，是一种问题解决的学习过程。这种学习有四个特征：①注重学习过程的探究性。一切真知都是学习者自己发现的，教育要培养智力的卓越性，实际上就是培养发现知识的能力。②注重直觉思维。布鲁纳在其著作《教育过程》中提出直觉思维与分析思维相互补充的观点。直觉思维能够体现创造性的品质，发现学习中充满尝试、猜想和领悟，这些都有助于直觉思维能力的培养。③注重内部动机。教师要重视学生由于发现以前未曾认识的观念之间的关系和相似性的规律而产生对本身能力的自信，激发学生学习的内驱力。④注重信息的灵活提取。布鲁纳认为人类记忆的首要问题不是储存而是检索。从检索的角度看，记忆过程也是一个问题解决的过程、发现的过程。发现行为能够促进学习记忆的保持。[①]学生的认知发展是由三类具有结构性的表征系统及其相互作用形成的质的飞跃，这三类表征系统包括行为表征、图像表征和符号表征。三类表征系统的相互作用是认知生长或智慧生长的核心，教师的教学设计必须与特定阶段学生的表征系统特征相适应。

布鲁纳的探究教学理论是在知识激增背景下提高教育质量的一种有效措施。这一理论注重学生的兴趣和认知结构的丰富，有助于调动学生参与学习的积极性。但是发现学习有着费时、效率低的局限性，有其特定的适用范围，并不能完全取代其他学习方式。

3. 建构主义教学设计模式

建构主义教学设计模式以建构主义认识论和学习理论为基础。建构主义认为，世界是客观存在的，但是对于世界的理解和赋予的意义都是每个人自己决定的。我们是以自己的经验为基础来解释现实、构建现实的。由于既有经验性质以及对经验的信念不同，我们对外界世界的理解也是各不相同的，所以建构主义更关心如何以原有的经验、心理结构和信念为基础来构建知识。建构主义认为学习是建构内在心理表征的过程，学习者并不是把知识从外界搬到记忆中，而是以已有的经验为基础通过与外界的相互作用来获取、建构新知识的过程。[②]

建构主义倡导在教师指导下的、以学习者为中心的学习，既重视学习者的认知主体作用，又不忽视教师的指导作用。教师不是知识的灌输者，而是意义建构的帮助者和促进者；学生也不是外部刺激的被动接受者，而是信息加工的主体和意义的主动建构者。建构主义的教学设计模式强调教师指导下的以学习者为中心的设计。教学设计主要包括情境创设和协作学习两大要素，在此基础上由学习者自身实现对所学知识的意义建构。

目前有代表性的建构主义教学设计模式主要有抛锚式教学、支架式教学和随机进入教学三种。下面主要介绍抛锚式教学设计模式。

抛锚式教学设计模式要求教学建立在有感染力的真实事件或真实问题的基础上。确定这类真实事件或真实问题的过程被形象地比喻为"抛锚"，因为一旦这类事件或问题被确定，整个教学内容和教学进程也就被确定（就像轮船被锚固定一样）。由于抛锚式教学要以真实事例或问题为基础（作为"锚"），所以有时也被称为"实例式教学"或"基于问题的教学"。

抛锚式教学由这样几个环节组成。①创设情境：使学习能在和现实情况基本一致或相类似的情境中发生。②确定问题：在上述情境下，选择出与当前学习主题密切相关的真实性事件或问题作为学习的中心内容，让学生面临一个需要立即去解决的现实任务。选出的事件或问题就是"锚"，这一环节的作用就是"抛锚"。③自主学习：不是由教师直接告诉学生应当如何解决面临的问题，而是由教师为学生提供解决该问题的有关线索，并要特别注意发展学生的"自主学习"能力。这些自主学习能力包括：确定学习内容表的能力，获取有关信息与资料的能力，利用、评价有关信息与资料的能力。④协作学习：讨论、交流，通过不同观点的交锋，补充、修正、加深每个学生对当前问题的理解。⑤效果评价：由于抛锚式教学要求学生解决面临的现实问题，学习过程就是解决问题的过程，即由该过

① 张华. 课程与教学论[M]. 上海：上海教育出版社，2000：123-125.
② 余胜泉，杨晓娟，何克抗. 基于建构主义的教学设计模式[J]. 电化教育研究，2000（12）：7-13.

程可以直接反映出学生的学习效果，因此，对这种教学效果的评价往往不需要进行独立于教学过程的专门测验，只需在学习过程中随时观察并记录学生的表现即可。①

行为主义、认知主义和建构主义这三种教学设计模式并不是截然分开的，而是相互联系的。对于同一类型的学习任务，可以在给定的学习任务、学习者和学习环境下，采用不同的教学设计模式。行为主义教学设计模式能够有效提高规则记忆、事物关联、匹配区分等仅需简单认知加工的任务水平，通过有效的刺激与反应、连续的反馈会大大提高这类知识的学习效率。因此，对于客观事实的介绍，比如概念的形成、事实的获取等，采用行为主义方法是比较适合的。认知主义教学设计模式比较适合问题教学，也就是通过给定一些事实和规则，指导学生解决新情景中的问题。它对学习者的认知加工能力有较高的要求，不仅要求学习者知道是什么，还要知道为什么，比较适合那些需要较高认知加工要求的任务，如归类、规则的推导、程序的建立等。建构主义教学设计模式最适合一些非良构领域的复杂知识的学习和掌握，它要求学习者有很强的认知技能及自我控制能力，对于一些需要很高认知加工的任务，如复杂问题的解决、认知策略的选择与调控等，则需要采用基于建构主义的学习策略，如情景学习、认知学徒制、社会协商等。另外，建构主义学习强调情景、协作、会话等，对学习环境有较高的要求，要求学习环境能够充分展示问题的复杂性，提供足够的材料，提供数据分析与操纵的工具等。②

（二）教学设计的主要步骤

教学设计是一项系统工程，需要按照一定的程序和步骤进行。完整的教学设计包括教学背景分析、教学目标设计、教学过程设计、教学方法和教学媒体选择、教学评价设计等环节（图 2-1）。

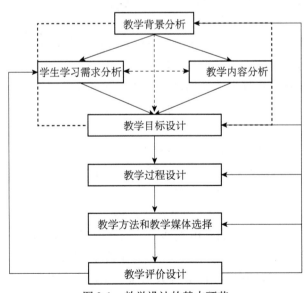

图 2-1　教学设计的基本环节

① 何克抗. 建构主义的教学模式、教学方法与教学设计[J]. 北京师范大学学报（社会科学版），1997（5）：74-81.
② 余胜泉，杨晓娟，何克抗. 基于建构主义的教学设计模式[J]. 电化教育研究，2000（12）：7-13.

1. 教学背景分析

教学背景分析是对教学活动展开的前提条件进行分析，主要包括学生学习需求分析和教学内容分析。

首先，对学生的学习需求加以分析。学情分析通常包括两个方面：一是学生当前的学习准备状态，二是学生的发展目标。当前的准备状态和发展目标之间的差距构成学生的学习需求。学习需求是学生的主观学习需求和社会客观的学习需求的结合，前者是学生作为个体所具有的发展需要，包括个体健康成长和参与社会生活的基本需求；后者是社会发展对人才的基本素质要求。学生的学习需求还包括特定学段学生的群体共性需求和不同学生的个别化需求。个性特征是学生多种身心特征的独特结合，教师只有了解不同学生的素养发展需求，才能为其提供个性化的学习支持。

学生学习的起点和准备状态是确定教学起点的基本依据。学生的准备状态包括认知准备状态、心理准备状态与情感准备状态。认知准备状态是学生既有的认知基础，心理准备状态是学生参与到当下学习活动中的自觉性和关注度，情感准备状态是学生学习的兴趣、态度。苏联学者维果茨基提出的"最近发展区"理论很好地解释了学生的准备状态。他认为学生的发展有两种水平：一种是学生的现有水平，指独立活动时所能达到的解决问题的水平；另一种是学生可能的发展水平，也就是通过教学所获得的潜力。二者之间的差异就是"最近发展区"。教学设计应着眼于学生的"最近发展区"，为学生提供带有一定难度的内容，调动学生的积极性，发挥其潜能，超越其"最近发展区"而达到下一发展阶段的水平，然后在此基础上开始下一阶段的学习。

学习者的特征包括年龄、性别、认知成熟程度、学习动机、学习期待、学习风格、经验背景、社会文化背景等方面。中小学教师要了解所教学生群体的认知特点。比如，研究表明小学生的认知特点有如下特征：①随着年龄的增长，小学生的认知特点是从无意识注意占优势逐渐发展到有意识注意占主导地位；②小学生的思维同时具有具体形象和抽象概括的成分，四年级（10—11岁）是思维发展的关键时期；③低年级学生的注意分配和转移能力差，集中性和稳定性差，但随着年龄增长，思维的深刻性、灵活性、敏捷性和独创性都不断增强。教师在进行教学设计的时候，要充分考虑到不同学段学生的身心发展特点。

其次，对教学内容进行分析。教学内容分析是教师对教学内容进行选择、组织、加工的一系列活动。科学的教学内容分析可以帮助教师全面、深入地理解学科课程标准和具体的单元内容，通过结构化的内容加工，激发学生学习兴趣，帮助学生更好地理解学习内容。教学内容分析主要包括以下几个方面：①对学科课程性质和课程标准进行分析与解读。这既是确定教学目标的指导思想，也是对内容进行加工的依据。②对教材进行分析。教材是在课程标准的指导下编写、系统反映学科内容的教学用书，是课程标准的具体化，也是学科知识的主要载体。教师不仅要掌握教材的主干内容之间的前后联系和深广程度，而且要理解教材的编排方式和教材编写背后的教育理念，以培养学生综合运用知识、创造性地解决实践问题的能力。③对教学内容的相关资源分析。教师要"用教材教"而不是"教教材"，就要拓展和开发相应的课程资源，特别是2022年版课程标准要求的跨学科、大单元、主题式的教学，更需要教师对相关课程资源进行全面分析。

2. 教学目标设计

教学目标是整个教学活动的出发点和归宿，它指导、调节、控制着整个教学过程，也是评价教学效果的主要根据。素养本位的教学目标具有三方面的特征：①跨领域。教学目标不直接与某个特别学科领域相关，而是跨越多个学科领域。②多维度。教学目标是知识、技能、态度等多种素养的综合。③与高阶技能和行为相关，用于表达处理复杂问题和不可预测情景的能力。

根据上述特征，教师可以围绕"确定目标内容、组织目标和表述目标"三个方面进行教学目标设计。①依据一定的价值取向，结合具体的教学内容确定教学目标的内容。与教学设计的三大取向相一致，教学目标的选择主要有社会取向、学生取向和学科取向三种。社会取向是指教学目标忠实于社会发展的需要；学生取向是指教学目标指向学生的需要，致力于学生经验的不断丰富；学科取向重视学科内容的基本性和学科体系的完整性。②对教学目标进行组织。教学目标具有层次性和系统性的特点，在明确目标内容的基础上，要理清不同教学目标之间的关系，如上下位关系、平行关系或递进关系，按照目标之间的关系将其组织为一个整体。教师在对教学目标进行组织时，可以在"教育目的—培养目标—学科课程目标—单元教学目标—课时教学目标"的逻辑关系中，对特定教学单元或课时的教学目标进行设计。③表述目标。具体的教学目标应该体现学生学习行为发生之后的学习结果，因此表述是否得当直接影响着师生对教学目标的把握与转化程度。建立在不同理论基础之上的教学目标，其表述有着不同的特点。行为性目标的表述主要以感官可见、可操作的行为动词为表现形式，表现性目标则重在学生的体验过程，重视学生个性化的创造性表现。

3. 教学过程设计

教学过程设计是对具体的教学活动如何展开的设计，它是对师生两类主体在一定时空中的互动和活动步骤的预设。教师虽然可以根据不同单元教学的目标、学生群体的特征和具体的教学内容对教学过程进行个性化设计，但该设计也有其基本原则：①以学生为主体。教学过程设计要避免教师为中心的灌输式教学，通过不同性质、不同类别的学生活动设计，给予学生自主学习的空间，激发学生学习的主动性。②探究性。教学过程设计不仅要重视知识和技能的训练，更要培养学生的学科思维，帮助其掌握一定的学科方法。因此，教师在教学过程设计中要设置各种问题情境或项目单元，使学生在问题的发现与解决中不断培养创造能力。③合作性。学生学习是一个生动活泼、主动和富有个性的过程，除接受学习外，动手实践、自主探索与合作交流也是学习的重要方式。教学过程的设计要组织学生开展小组合作学习，让学生在分工协作中获得学习的成就感，体会到合作学习的愉快和成功。

4. 教学方法和教学媒体选择

教学方法是教学活动的基本组成要素，对方法的设计与选择影响着一节课的质量和效率。"教学方法是完成教学任务所使用的方法。它包括教师教的方法和学生学的方法。在确定了教学任务，具备了相应的教学内容之后，教学方法的解决就成为一个很重要的问题。"①当前中小学常用的教学方法有讲授法、问答法、讨论法、演示法、读书指导法、情境法、操作法、实验法等。随着教学改革的深入，问题导向教学法、项目学习法、探究教学法等新的教学方法不断涌现。"教无定法，贵在得法"，教师在教学方法设计时要根据不同学生的学情特点，结合特定的教学目标和内容，灵活地加以设计和选择。

教学媒体是传递教学信息的工具，其含义比较广泛，既包括传统的语言、文字、粉笔、黑板等传统媒体，也包括电视、交互式电子白板、计算机多媒体技术、人工智能技术、互联网通信技术、虚拟现实仿真技术等现在电子媒体。选择教学媒体时，设计者需要考虑以下因素：①学习情境的特征。所选的教学媒体是否满足特定学习情境的需要，是否能够有效地支持学生学习。②媒体本身的属性。各种媒体都具有各自的技术特色和优势，并非越先进越好。教师在教学设计过程中要依据教学媒体自身的物质属性，有选择地加以采用。③学生的实际情况。在选择教学媒体时，要始终把学生的发展需求、学习准备状况作为设计的中心，通过教学媒体进一步调动学生参与学习的积极性和主动性。

5. 教学评价设计

评价是调整教学过程、检验教学效果的重要手段，它贯穿于教学活动的全过程，既包括对教师"教"的评价设计，也包括对学生"学"的评价设计。教学设计中对"教"的评价一般以教师的自我反思来完成，是对整个教学设计方案的评价；对"学"的评价主要是对教学效果的诊断。2022年版课程标准要求的表现性评价强调评价不应在虚拟的、脱离现实的状况下进行，而是基于一个真实的问题情境开展的。评价要关注教学是否体现学生对高阶思维能力的培养。其他评价手段还包括量化评价和质性评价、过程性评价和终结性评价、甄别性评价和发展性评价等若干类别。教师要根据特定教学目标和任务，选择适当的教学评价手段。

在对上述各环节进行设计的基础上，最终形成教学设计方案，以此作为教学的实施依据。

【案例链接】部编本小学语文三年级上册第八单元《司马光》教学设计②

《司马光》所属课程单元的目标：1. 学习带着问题默读，理解课文的意思；2. 学写一件简单的事。

《司马光》一课的学习目标：1. 借助注释，用自己的话讲一讲这个故事；2. 理解文言文和现代文的区别。

基于对以上目标的分析，教师首先设计了三个课堂小任务和课后总任务（表1）；其次设计了一系列学习成效评价方式和标准，完成与学习目标的呼应（表2）；最后设计了教学方案初稿（表3）。

表1　《司马光》学习任务

大任务	给一个三岁的小弟弟讲司马光砸缸的故事
分解任务一	默读课文后，同桌间用自己的话讲讲司马光砸缸的故事

① 王策三. 教学论稿[M]. 北京：人民教育出版社，1985：244-245.
② 张倩，陈俏玲，王红. 基于"输出为本"教学范式的小学语文教学设计与实施反思——以《司马光》一课为例[J]. 语文建设，2022（18）：23-27.

续表

分解任务二	根据"落水前、落水时、得救后"的故事逻辑分组梳理司马光、落水小孩、旁观小孩的神情和动作变化
分解任务三	想象小弟弟就在面前,从《司马光》一文中选取其中一个片段,并运用比喻、拟人、排比等修辞手法和合理预测、细致观察等方法,扩述故事
总任务(课后作业)	综合运用比喻、拟人、排比等修辞手法和合理预测、细致观察等方法,结合"落水前、落水时、得救后"的故事逻辑,扩写司马光砸缸的故事

表 2 《司马光》学习成效评价

大任务	给一个三岁的小弟弟讲司马光砸缸的故事	
	输出评价方式	输出评价标准
分解任务一	同桌间用自己的话完整地讲故事	用自己的话,完整性
分解任务二	填写任务单,梳理不同角色在"落水前、落水时、得救后"的神情和行为	写出不同角色的神情和变化行为
分解任务三	小组内扩述故事片段	运用至少 1 个修辞方法,丰富个人讲述
课后总任务(大任务)	独立扩写故事	运用 2~3 个修辞方法,丰富文字表述

表 3 《司马光》教学设计第一稿

项目	具体内容
学习目标	1. 学生理解课文大意,能够用自己的话讲述故事; 2. 学生理解故事中不同人物的思想动态,能够站在不同角色的角度讲述故事; 3. 学生掌握排比、拟人、比喻等方法,动作、神情等细节描写,能够运用各种写作手法扩写故事
学习内容	《司马光》故事、人物思想变化、各种写作手法
学习任务	任务一:在小组内用自己的话讲述司马光砸缸的故事; 任务二:分组讨论 (1)司马光看到有小孩落水时,是怎么想的? (2)其他孩子看到有小孩落水时,是怎么想的? (3)落水小孩被救出来后,心里在想什么? 任务三:以不同角色身份,运用已学过的写作手法,生动形象地讲述司马光砸缸的故事; 任务四:迁移应用,讲述"遇事冷静,机智救人"的类似事件
学习评价	输出一:用自己的话讲故事; 输出二:描述不同角色的心理变化; 输出三:以不同的身份讲故事; 输出四:讲述类似故事

根据教学设计第一稿授课后,教师发现了以下问题。第一,学习目标不符合学情。第二,学习内容碎片化。第三,任务迁移应用难度过大。针对以上问题,对教学设计进行了修改和调整。第一,将第一稿的目标 1 和目标 2 合并成"学生理解故事中不同人物的心理变化,能够站在不同角色的角度讲述故事",同时新增目标 3"学生能领悟司马光遇事冷静、善于思考的品质,尝试将自己代入司马光的角色思考救出落水小孩的替代方法"。第二,整合学习内容。第三,新增前置性任务"给一个三岁的小弟弟讲司马光砸缸的故事"。第四,任务四修改为"尝试将自己代入司马光的角色,思考救出落水小孩的替代办法",降低迁移应用难度。

按照教学设计第二稿授课后仍存在如下问题:完成任务二的时候学生容易出现认知混乱;学习目标要求学生能站在不同角度去讲述故事,而后期又要求从司马光的角度去思考其他救人的办法,容易造成学生的角色混乱。于是教师又对教学方案进行了优化调整。第一，将目标1修改为"学生能描述出不同人物在事件过程中的神情、动作变化"。第二，将任务四的迁移应用删除。第三，增加课后写作任务，让学生以三岁小弟弟为对象完整撰写司马光砸缸的故事。

【讨论】结合案例回答以下问题：

1. 该方案体现了教学设计的哪些特征？
2. 这一过程体现了怎样的教学设计理念？

思 考 题

1. 怎么理解校本课程的"本"？
2. 如何理解学校课程建设？
3. 教学设计的本质是什么？
4. 一个好的教学设计的标准是什么？

拓 展 阅 读

王锋. 例谈核心素养视域下教材单元整体备课[J]. 中小学教师培训，2020（2）：32-36.

吴刚平. 校本课程开发的定性思考[J]. 课程·教材·教法，2000（7）：1-5.

张雪，罗生全. 基于核心素养的教学设计：意义、特征与实践策略[J]. 教育探索，2020（6）：30-34.

钟启泉. 基于核心素养的课程发展：挑战与课题[J]. 全球教育展望，2016（1）：3-25.

参 考 文 献

丁念金. 课程论[M]. 福州：福建教育出版社，2007.

格兰特·威金斯，杰伊·麦克泰格. 追求理解的教学设计[M]. 2版. 闫寒冰，等译. 上海：华东师范大学出版社，2017.

莎娜·皮普斯. 深度教学：运用苏格拉底式提问法有效开展备课设计和课堂教学[M]. 张春依，田晋芳译. 北京：中国青年出版社，2020.

邢至晖. 特色课程开发的7项核心技术[M]. 上海：华东师范大学出版社，2016.

詹姆斯·M. 朗. 如何设计教学细节：好课堂是设计出来的[M]. 黄程雅淑译. 北京：中国青年出版社，2018.

专题三　课程与教学目标

【知识点导图】

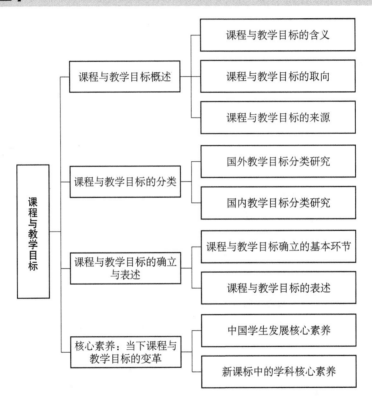

【学习目标】

1. 理解课程与教学目标的含义，了解课程与教学目标的来源。
2. 合理评价课程与教学目标的不同取向。
3. 掌握课程与教学目标确立的基本环节和表述方式。
4. 了解当下教学目标变革与发展的趋势。

课程与教学目标问题是课程与教学论的基本问题，是课程与教学价值理性的集中体现，它规定着一切课程与教学活动的方向，影响和制约着课程与教学活动的诸因素。什么是课程与教学目标？课程与教学目标有哪些基本取向？其来源有哪些？如何确立课程与教学目标？这是本章将要讨论的问题。

一、课程与教学目标概述

（一）课程与教学目标的含义

在课程与教学论领域，对于课程与教学目标的讨论，经常会涉及与之紧密相关的一组概念，如教育目的、教育方针、教育目标等。

教育目的是一个国家对本国教育培养的人才质量和规格的总要求和质量标准。它包括两个方面，一是培养为什么社会服务的人，二是培养具备什么素质的人。教育目的是普遍的、总体的、终极的教育价值，具体体现在国家、地方、学校的教育哲学中，体现在宪法、教育基本法、教育方针中。如《中华人民共和国教育法（2021 修订版）》第五条提出，教育必须为社会主义现代化建设服务、为人民服务，必须与生产劳动和社会实践相结合，培养德智体美劳全面发展的社会主义建设者和接班人。其中，社会主义建设者和接班人的定位体现了我国培养人才的社会性质，德智体美劳全面发展的内容则体现了我国人才培养的素质要求。

教育方针是指国家或政党在一定历史阶段提出的有关教育事业的指导原则，是教育基本政策的总概括，它是确定教育事业发展方向，指导整个教育事业发展的战略原则和行动纲领。内容包括教育的性质、地位、目的和基本途径等。不同的历史时期有不同的教育方针。2012 年，党的十八大报告确定的教育方针是：教育为社会主义现代化建设服务、为人民服务，把立德树人作为教育的根本任务，培养德智体美全面发展的社会主义建设者和接班人。2017 年，党的十九大报告提出：要全面贯彻党的教育方针，落实立德树人根本任务，发展素质教育，推进教育公平，培养德智体美全面发展的社会主义建设者和接班人。2022 年，党的二十大报告提出，办好人民满意的教育，全面贯彻党的教育方针，落实立德树人根本任务，培养德智体美劳全面发展的社会主义建设者和接班人，加快建设高质量教育体系，发展素质教育，促进教育公平。

教育目的和教育方针都体现了国家对教育的要求，但二者的着眼点不同。首先，教育方针是国家政府部门为了发展教育事业，根据社会和个人两方面发展的需要与可能而制定的具有战略意义的总政策或总的指导思想，具有行政性、权威性的特点。其次，教育方针要及时反映特定时期的社会政治、经济要求，与相对稳定的教育目的相比，教育方针具有阶段性、易变性的特点。

教育目标也称培养目标，是根据教育目的和各级各类学校的性质和任务，制定的具体培养目标。教育目标是教育目的的具体化。比如，教育部于 2001 年印发的《基础教育课程改革纲要（试行）》规定，我国基础教育的培养目标是：要使学生具有爱国主义、集体主义精神，热爱社会主义，继承和发扬中华民族的优秀传统和革命传统；具有社会主义民主法治意识，遵守国家法律和社会公德；逐步形成正确的世界观、人生观、价值观；具有社会责任感，努力为人民服务；具有初步的创新精神、实践能力、科学和人文素养以及环境意识；具有适应终身学习的基础知识、基本技能和方法；具有健壮的体魄和良好的心理素质，养成健康的审美情趣和生活方式，成为有理想、有道德、有文化、有纪律的一代新人。《义务教育课程方案和课程标准（2022 年版）》则把培养目标调整为：义务教育要在坚定理想信念、厚植爱国主义情怀、加强品德修养、增长知识见识、培养奋斗精神、增强综合素质上下功夫，使学生有理想、有本领、有担当，培养德智体美劳全面发展的社会主义建设者和接班人。

课程目标是教育目标的下位概念，它是学校培养目标的细化。学科课程目标是学校培养目标在特定学科领域里的反映和体现。教学目标通常是对某一学科的课程目标进行分解、具体化，是针对具体课程内的某一单元或某一课时设置的教学要求。另外，由于教学目标总以一定的课程内容为媒介，其确定与课程内容的选择和组织紧密地联系在一起，因此，教学目标与课程目标是不可分割的。从教师与学生的角度看，或从课程的实施过程看，课程目标也就是教学目标，两者是一致的。[①]

综上，教育目的、教育方针是这些概念体系中的上位概念，教育目标、课程目标和教学目标是教育目的、教育方针的具体化。教育目的起指导作用，是各级各类学校制订培养目标、课程目标和教学目标的依据。教育目的和教育方针的最终实现需要从教学目标做起，自下而上地逐一达成。

（二）课程与教学目标的取向

课程与教学目标是一定教育目的或者教育宗旨在课程与教学领域的具体化，因此，任何课程与教学目标总有一定的价值取向。从课程发展史来看，不同学者对课程目标的价值取向做了不同的归纳和分类。其中最有影响的是美国课程理论专家舒伯特（W. H. Schubert）的分类方法，他把课程目标按照价值取向划分为普遍性目标、行为目标、生成性目标和表现性目标。[②]

1. 普遍性目标取向

普遍性目标（global purpose）是课程领域一般性、规范性的指导方针，其特点是把一般教育宗旨或原则和课程目标等同起来，具有普遍性、模糊性、指令性，可普遍运用于所有教育实践中，成为课程与教学领域一般性、规范性的指导方针，对各门学科都有普遍的指导价值。中国传统的课程目标是一种社会本位取向，它强调伦理价值，是一种典型的普遍性目标取向。例如，中国古代的经典文献《大学》曾这样论述，"大学之道，在明明德，在亲民，在止于至善……古之欲明明德于天下者，先治其国；欲治其国者，先齐其家；欲齐其家者，先修其身；欲修其身者，先正其心；欲成其意者，先致其知；致知在格物"[③]，形成了我国奴隶社会和封建社会"格物、致知、诚意、修身、齐家治国、平天下"的教育目标。1859 年，英国哲学家、社会学家、教育家斯宾塞确立了为"完美生活"作准备的五个综合性教育目标：自我保全、获得生活必需品、抚养和教育子女、维持适当的社会和政治关系、满足爱好和感情。斯宾塞设置的课程目标即指向德性、心智、身体的全面发展。

普遍性目标取向所给出的课程与教学目标是一般性的宗旨或原则，而不是具体的目标

① 李方. 课程与教学基本理论[M]. 广州：广东高等教育出版社，2002：123.
② Schubert W H. Curriculum：Perspective，Paradigm，and Possibility[M]. New York：Macmillan publishing Company，1986：190-195.
③ 周奉真注析. 大学[M]. 北京：人民文学出版社，2020：2.

菜单，所以教育工作者可以对这些目标创造性地做出解释，以适应各种具体教育实践情境的特殊需要。

2. 行为目标取向

行为目标（behavioral objective）是以具体、可操作的行为的形式陈述的课程与教学目标，它指明课程与教学过程结束后学生身上所发生的行为变化。行为目标的基本特点是目标的精确性、具体性、可操作性。行为目标是随着课程研究领域的独立而出现并逐步发展、完善起来的，这种目标取向一度在课程与教学领域占据主导地位。其代表者泰勒认为，每个课程目标都应该包括行为和内容两个方面，内容是课程工作者最为重视的方面，行为则往往被忽视。他强调以行为方式陈述目标，认为行为目标有助于选择学习经验和指导教学。[①]由于泰勒课程原理的巨大影响，行为目标逐渐成为课程目标的代名词。

20 世纪中叶以后，布鲁姆等继承并发展了泰勒的行为目标思想，首次在教育领域建立起教育目标分类学，把行为目标的研究发展到新阶段。20 世纪六七十年代，美国著名教育学者梅杰（R. F. Mager）、波法姆（W. J. Pophamn）等总结并发展了前人的行为目标理念，领导发动了"行为目标运动"。梅杰在其 1962 年出版的关于"行为目标"的经典著作《准备教学目标》（*Preparing Instructional Objectives*）中指出，教学目标必须包括三个组成部分：①学生外显的行为表现；②能观察到的这种行为表现的条件；③行为表现的公认的准则。梅杰认为，布卢姆等常用的"知道……""理解……"这种形式的目标仍然不够精细，因为它们没有指出行为表现的"条件"。他认为典型的"行为目标"应这样陈述："给学生一篇文章，学生在 5 分钟内，不靠帮助或参考书能够识别出它的风格。"但是如果这样陈述目标："学生将学会正确使用逗号"，这就不是行为目标，因为该目标没有预先具体化、可观察、最终的行为。真正的行为目标应这样表达："学生将通过陈述来证明已掌握了五项逗号规则的知识（具体说出有哪五项规则），并能在逗号被删除的句子中正确插入逗号。"[②]

3. 生成性目标取向

生成性目标（evolving purpose）是在教育情境中随着教育过程的展开而自然生成的课程与教学目标。生成性目标是教育情境的产物和问题解决的结果，它更加注重学生的经验和能力，强调培养学习者的完整人格和自主能力。如果说行为目标关注的是结果，那么生成性目标关注的就是过程，过程性是它最根本的特点。

生成性目标来源于杜威的"教育即生长"的命题。杜威反对把某种外在的目的强加于教育，认为课程与教学目标非但不是对教育经验的预先具体化，反而是教育经验的结果。在杜威看来，良好的课程与教学目标应具备这样几个特征：①它必须根源于受教育者个人特定的固有活动和需要（包括原始的本能和获得的习惯）；②它必须能转化为与受教育者的活动进行合作的方法；③教育者必须警惕所谓一般的和终极的目的；④课程与教学目标不是一种指向遥远的未来的结果，而是引导着现在的、生长和发展的手段，它是从各个特殊的现时状态中自然引发、生长出来的。英国课程论专家斯滕豪斯认为，学校教育是由四个不同的过程构成的：技能的掌握、知识的获得、社会价值和规范的确立、思想体系的

---

① 拉尔夫·泰勒. 课程与教学的基本原理[M]. 罗康，张阅译. 北京：中国轻工业出版社，2008：42-43.

② 张华. 课程与教学论[M]. 上海：上海教育出版社，2000：159.

形成。如果说前两者还能用预设的行为目标的话，对后两者则是不行的。因此，课程不应该以事先规定的目标为中心，而应以过程为中心，即要根据学生在课堂上的实际学习情况展开。

4. 表现性目标取向

表现性目标（expressive objective）由美国课程论专家艾斯纳（E. W. Eisner）提出。该取向关注的是无法事先规定的结果，强调每个学生在与具体教育情境的互动中所产生的个性化表现，它期望促进学生多样化、创新性的反应，而不是同质性的反应。一般来讲，表现性目标只为学生提供活动的领域，结果则是开放的。因此，表现性目标的特点是个性化、开放性。表现性目标可以通过以下形式表达，如"考查和评价《老人与海》的重要意义""在一个星期内读完《红与黑》，讨论并列出你印象最深的五件事"。

总之，行为目标更加侧重的是技术性、追求目标设置的具体性、可操作性，生成性目标与表现性目标更为注重价值性。尽管四种课程目标取向各有其存在的理由和价值，但由普遍性目标发展到行为目标取向，再发展到生成性目标取向，最后到表现性目标取向，体现了这样一种深刻的变化，即从对社会的普遍关注向对人自身的关注，从重共性、重结论到强调个性、过程和创造，彰显了课程与教学领域对人的主体价值和个性解放的不懈探索和执着追求，反映了时代精神的发展方向。当然，生成性目标价值取向和表现性目标价值取向并没有完全否定行为目标价值取向，相反，它吸取了行为目标取向的合理成分，在一定程度上丰富了自己的内核，在更高的价值追求层面上超越了行为目标的价值取向。

（三）课程与教学目标的来源

研制课程目标与教学目标，首先要明确目标的来源。关于这个问题，在整个 20 世纪有许多争论。人们经过长期的实践和探索，提出了各种来源观。杜威在 1902 年发表的《儿童与课程》中论述了教育过程的三个基本要素，即学生、社会、学科（教材），系统阐述了教育与社会、儿童与学科之间的关系。拉格在 1927 年美国教育研究会的《年鉴》中在总结课程发展史上的经验和教训的基础上提出，学生、教材、社会是课程编制中的三个相互依赖的因素。1945 年，塔巴在《课程设计的一般技术》中也论述了课程目标的三个来源：对社会的研究、对学生的研究、对教材内容的研究。泰勒在 1949 年的《课程与教学的基本原理》中，把课程与教学目标的来源总结归纳为三个方面：对学习者本身的研究、对当代校外生活的研究、学科专家的建议。尽管除这三个来源之外还可能有其他来源，但这三个方面是课程与教学目标的基本来源。在这一点上人们已取得了共识，这三个方面已成为课程开发的基本维度。对这三个基本维度的关系的不同认识，集中反映了不同的教育价值观及其理论旨趣，由此产生了"儿童本位课程论""社会本位课程论""学科本位课程论"三种典型的课程观，以及一些具有折中性质的课程观。

1. 学习者的需要

把对学习者本身的研究视为课程与教学目标的基本来源，其理由在于"年轻人日常所处的家庭和社区环境，通常对学生的教育发展起着相当重要的作用。学校没必要重复学生在校外获得的教育经验。学校应将精力集中于学生现阶段发展的严重差距上"①。泰勒认为，"差距"就是一种需要。马斯洛把人的需要分为生理需要、安全需要、归属和爱的需要、自尊的需要和自我实现的需要。②那么，什么是学习者的需要呢？

作为课程与教学目标来源的学习者的需要是完整的人的身心发展的需要，即学习者人格发展的需要。学习者人格发展的需要是动态的，会不断变化、生成、提升。同时，大多数需要是学习者本人能够清晰意识到的，但也有一些需要是他们一时不能清晰意识到的，需要教师或其他成人的帮助和引导，才能真正上升为学习者的自觉需要。学习者身心发展的需要既具有年龄阶段的差异性，又具有个体间的差异性。

那么，怎样确定学习者的需要呢？确定学习者需要的过程本质上是尊重学习者的个性，体现学习者意志，让学习者自由选择的过程。即使教师或其他成人对学习者提供帮助，也是对其发展需要进行引导，使这种发展需要上升为学习者的自觉需要的过程。由于学习者需要的差异性，所以引导学习需要的过程也是一个尊重其个性差异的过程。

在确定学习者需要的过程中，常见的错误是漠视学习者需要的个性差异，并且把成人认为的学习者需要等同于学习者自己的需要。例如，泰勒在谈到研究学习者的需要时敏锐地提出，如果没有一套规范，"需要"的概念就没有意义。他认为，对学习者需要的研究十分必要，它们能为选择教育目标提供基础。这类研究由两部分组成："第一，发现学生的现状；第二，将这种现状与公认的常模做比较，以确定差距或需要。"③比如，对健康问题的研究，可能会详细调查学生在健康方面的习惯，诸如他们的饮食习惯、休闲娱乐习惯、清洁习惯、涉及他人安全和健康保护的行为，现有的健康知识及对健康和卫生现实的误解，引发他们在健康领域内进一步学习的兴趣。这种调查能够提供大量关于青少年学生健康现状的信息。接着将这些信息与一些公认的常模做比较，以确定二者之间的差距，据此提出教育目标。

泰勒关于学习者需要的研究，关注了学生发展目标和发展现状之间的差距所导致的问题，有其积极意义，但也存在两个缺陷：①仅仅通过与常模作比较来确定学习者的需要会导致忽略学习者需要的个性差异；②仅仅根据教师的信仰和价值观来确定学习者的需要，实际上是从根本上否定了学习者的需要。

2. 当代社会生活的需求

学生成长是一个不断社会化的过程，社会生活的需求也必然成为课程与教学目标的基本来源。

什么是当代社会生活的需求？从空间维度看，当代社会生活的需求是指从青少年所在的社区到民族、国家乃至整个人类的发展需求；从时间维度看，当代社会生活的需求不仅指社会生活的当下现实需要，还包括社会生活的变迁趋势和未来需求。教师要将当代社会生活的需求确定为课程与教学的目标，可以从政治环境、经济环境和文化环境等方面分析社会需求不同的方面，将这些需求转化为教学目标，培养适应社会发展需要的人才。

将当代社会生活的需求确定为课程与教学目标应当遵循三个原则：①民主性原则。在

---

① 拉尔夫·泰勒. 课程与教学的基本原理[M]. 罗康，张阅译. 北京：中国轻工业出版社，2008：7.
② 马斯洛，许金声. 动机与人格[M]. 程朝翔译. 北京：华夏出版社，1987：40-68.
③ 拉尔夫·泰勒. 课程与教学的基本原理[M]. 罗康，张阅译. 北京：中国轻工业出版社，2008：8.

这一过程中，我们要考虑这是谁的需求，是优势阶层的需求，还是弱势阶层的需求；课程目标是否体现了社会民主和社会公平。②民族性和国际性统一的原则。确定课程目标要具有国际视野，应把本社区、本民族、本国家的需求与整个国际、整个人类的需求结合在一起。③教育先行原则。联合国教科文组织的报告《学会生存——教育世界的今天和明天》指出，教育在全世界的发展正倾向先于经济的发展，这在人类历史上还是第一次……现在，教育在历史上第一次为一个尚未存在的社会培养着新人。①这说明教育不再只是被动地适应社会的需要，不再只是维持现有的社会状态和再现过去的社会状态，而要预示和指引某些新的社会状态。

3. 学科知识及其发展

学科是知识的最主要载体，人类的知识正是通过学科的方式得到系统、有规律的组织。学科知识及其发展是课程目标的基本来源之一。学科知识包括学科的基本概念和基本原理、学科的探究方式、该学科与相关学科的关系等，典型类型包括数学、自然科学、技术学、社会科学（教育学、语言学）、人文科学（哲学、文艺、艺术）。

将学科发展作为课程目标的依据，需要明确以下几个问题：①知识的价值是什么？我们创造知识是为了更好地理解世界，更好地生活，还是为了控制世界？知识的价值应该指向提升生活的意义，指向理解世界，以与世界更好地和谐共存。②什么知识最有价值？在斯宾塞看来，最有价值的知识是科学。这是一种功利主义课程观。最有价值的知识应整合科学精神与人文精神，课程目标也应整合科学精神和人文精神。③谁的知识最有价值？任何一种知识都是价值的载体，都是在执行意识形态的功能。在课程目标的设置时要考虑到知识所负载的价值观是否可以推进社会民主和公平。

【资料链接】教学目标与学习目标②

多年来，怎样研制教学目标及目标达成度如何等问题备受关注，而"教学目标是否应该及如何转化为学生的学习目标"这一问题却被忽视。事实上，只有"教学目标"转化为"学习目标"，才能深达至学生学习的层面以指引和促进学生的有效学习。从教师维度来看，教师需要明确教学目标转化的重要意义，运用解释、象征物和举例等策略，将教学目标"转译"给学生。就学生维度而言，学生要将"经教师转译的教学目标"与"自己对学习现状和需要的判断"交互调适进而生成"学习目标"，在此基础上可以进一步实现学习目标的路径化表达和多模态践行。

【思考】结合自己所学的专业，思考在核心素养背景下，教学目标应该如何转化为学生的学习目标？

二、课程与教学目标的分类

（一）国外教学目标分类研究

国外在课程与教学目标分类方面比较有影响力的理论主要有三种：布鲁姆等的教学目

---

① 联合国教科文组织国际教育发展委员会. 学会生存——教育世界的今天和明天[M]. 华东师范大学比较教育研究所译. 北京：教育科学出版社，1996：35-37.
② 曾文婕. 从"教学目标"到"学习目标"——论学习为本课程的目标转化原理[J]. 全球教育展望，2018（4）：11-19.

标分类理论、加涅的学习结果分类理论和奥苏贝尔的学习分类理论。

1. 布鲁姆等的教学目标分类理论

认知领域的教育目标分类理论提出者以美国的布鲁姆为代表。布鲁姆是美国芝加哥大学教授，著名心理学家和教育家。他从 1948 年起就和一些同事对教育目标分类体系的课题进行研究并于 1956 年出版专著《教育目标分类学》，提出了教育目标的分类体系，后来安德森（L. W. Anderson）等对其进行了修订完善，形成了教学目标分类体系。

布鲁姆认为，各种意识水平都可用行为形式表现出来。他把意识水平区分为三个领域：认知领域、情感领域和动作技能领域，又按层次将各个领域分成若干小的领域，其中对认知目标的研究最为深入、具体。

认知领域的目标分为知识维度和认知历程维度。知识维度包含四个类别：事实性知识、概念性知识、程序性知识和反省认知。每个类别又包括多个亚类（表 3-1）。

表 3-1 知识维度的主要类别与亚类

主要类别与亚类		例子
事实性知识：学生应了解的术语或可以进行问题解决的基本要素	A 术语的知识	机械的词汇、音乐符号
	B 具体细节和要素的知识	主要自然资源、可靠的信息来源
概念性知识：能使各成分共同作用的较大结构中的基本成分之间的关系	A 分类或类目的知识	地质学年代周期、商业所有权形式
	B 原理和概念的知识	毕达哥拉斯定理、供应与需求定律
	C 理论、模型和结构的知识	进化论、国会结构
程序性知识：如何做什么，研究方法和运用技能、算法、技术和方法的标准	A 具体学科的技能和算法的知识	用于水彩作画的技能、整数除法
	B 具体学科的技术和方法的知识	面谈技术、科学方法
	C 决定何时运用适当程序的标准的知识	用于决定何时运用涉及牛顿第一定律的程序的标准
反省认知：一般认知知识和有关自己的认知的意识和知识	A 策略性知识	把写提纲作为掌握教科书中教材单元的结构的手段的知识
	B 包括情境性和条件性知识在内的关于认知任务的知识	不同任务有不同的认知需要的知识
	C 自我知识	对自我知识水平的认知

认知历程由低到高分为六个类别：理解、知识、运用、分析、综合、评价（图 3-1）。每级目标又分为几种水平的次目标，次目标都与学生的学习结果，即某种心理操作行为相对应，评价者可以针对每种心理操作行为出题测验，达到评价每种目标的目的。

1）理解：是对知识的掌握，或将知识内在化和系统化。在这种理解过程中，学生能了解所学过的知识或概念的意义，具体表现为能抓住事物的实质，把握材料的中心思想。例如，通过图解或举例说明一种抽象原理的能力，阅读音乐乐谱的能力，理解文学作品中措辞含义的能力；不同文字的翻译能力，解释地图、图表的能力，从图表所表达的信息中作出推断的能力等。理解目标包括"转化""解释""推断"三个亚类。

2）知识：又称"识记"，主要指从长时记忆中提取有关信息，包括再认和回忆，如对某个定义的回忆，识别符号含义等，是能够回忆和辨认的、不连贯的细节，并非对这些细节的系统化掌握。知识目标包括"特定事物的知识""处理特定事物的方式和手段的知识""某范围内的普遍事理和抽象概念"三个亚类。

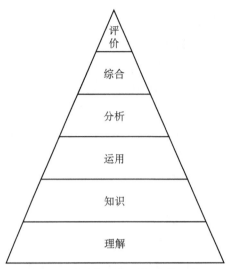

图 3-1　布卢姆认知目标分类理论

3）运用：指在给定情境中使用某种抽象概念。抽象概念可能表现为一般概念、程序的规则或概括化的方法，也可能是技术方面必须记住和应用的原理，如依据语法规则可以口头或书面表达思想的能力，根据修辞学原理书面表达思想的能力，用原理解释某种现象的能力等。

4）分析：是把复杂的知识整体分解为各个组成部分并理解各部分之间联系的能力，包括部分的鉴别、部分之间关系的分析和认识其中的组织结构，如划分文章段落、分析演说内容的主要主题和次要主题等。分析目标包括"要素分析""关系分析""组织原理分析"三个亚类。

5）综合：指将各个要素和部分组成一个整体，将零散的知识重新安排，产生一个新的结构。根据结果可以分为三种类型：①运用各种表达方式，产生完整的、独特的信息表达；②提出计划；③得出抽象关系。

6）评价：指为了某种目的，对价值、思想、作品、方法、资料等做出判断。评价可分为两个亚类：根据内部证据进行的判断，即根据所表达信息中的逻辑性和一致性，对信息的准确性进行判断；根据外部标准作出的判断，即参照一定的标准对材料、对象和政策做出某种评价。

布鲁姆的教育目标分类改变了长期以来教育目标表述过于抽象、笼统的缺点。他把教育目标心理学化，按照达到目标所需的心理发展水平的高低，有序地组成系统。这一教育目标分类受到许多国家教育界的广泛重视，被研究者称为"现代教育评价的基石"。

2. 加涅的学习结果分类理论

加涅是美国当代著名教育心理学家，是继布鲁姆之后又一位对目标理论有重大贡献的心理学家。他在研究学习的概念、要素、条件、过程、层次的基础上，提出了学习结果分类系统。加涅在《学习条件》一书中，对学习结果进行了分类，提出了五种学习结果，即言语信息、智慧技能、认知策略、动作技能和态度。

1）言语信息。言语信息指能用言语（或语言）表达的知识。其中又分为三个亚类。一是符号记忆，包括人名、地名、外语单词、数学符号等的记忆；二是事实的知识，如知道"英国的首都是伦敦";三是有组织整体的知识,如数学中有关数的整除的知识。虽然言语信息的学习主要涉及的心理过程是记忆,但它同样是一种重要的能力。判断学生是否获得信息主要看他们是否能把获得的信息表述出来。言语信息主要有三个方面的作用:一是掌握言语知识是日常生活、社会交往和职业学习中必不可少的内容;二是学习其他能力的先决条件,无论智慧技能的学习,还是认知策略、态度这些类型的学习,都是在言语信息的背景中发生的;三是思维的工具。

2)智慧技能。智慧技能主要指运用概念和规则处理问题的能力。它回答"知道如何做"的问题,其典型形式是规则。其中又分为五个亚类。

第一,辨别:区分事物的差异的能力。如区分两张相似的图片,区分两个形近字。

第二,具体概念:识别同类具体事物的能力,如从大量农作物中识别出"荞麦"类。

第三,定义概念:运用定义对事物分类的能力,如圆周率这类概念,不能直接通过观察习得,必须通过下定义,即圆周率是"圆的周长与直径之比"来概括,而且不论圆的大小,这个比值是固定不变的。

第四,规则:指按原理或规则处理事情的能力,如根据主语和动词一致的规则来检验句子主谓语的协调性。

第五,高级规则:指能用若干简单规则组合成新的综合规则的能力,例如,根据"知人论世""心理批评""生态批评"等简单原则组合成"多元解读"的原则。

每种智慧技能的学习都以前面较简单的技能为先决条件。智慧技能作为一类学习结果,与言语信息不同,言语信息与"是什么"有关,而智慧技能则与"怎样做"有关。例如,通过计算将分数化为小数,造句时保持主谓语的一致等都是动作技能习得的实例。

3)认知策略。认知策略是学习者借以调节自己的注意、感知、记忆和思维等内部心理过程的技能,即运用如何学习、记忆、思维的规则支配人的学习、记忆或认知行为,并提高其学习、记忆或认知效率的能力。随着学习者不断地学习和发展智慧技能及其他技能,他们也发展了用以自我调控内部学习过程的方式,即认知策略。

认知策略和智慧技能的区别在于智慧技能是一种运用概念、规则处理外部世界的能力,认知策略是一种通过调节监控概念和规则处理内部世界的能力。认知策略使用的先决条件是具备相应的智慧技能。认知策略的习得使学习者不仅学会了如何更好地学习,更重要的是使他们获得了提升学习效率、发展了学习的反省思维和分析思维。

4)动作技能。在动作中总是包含神经系统对有关肌肉的控制,因此动作技能又被称为心因性技能,是指通过练习获得的、按一定规则协调自身运动的能力。加涅认为动作技能有两个成分,一个是操作规则,另一个是肌肉协调能力。动作技能的获得就是运用一套适合的规则来支配人的肌肉协调。动作技能不仅指完成某种规定动作,而且指这些动作组织起来构成流畅、合规则和准确的整体行为。动作技能最显著的特征是可以通过练习改进,但这种练习不适用于智慧技能、信息和态度等性能的学习。学校学习中包含各种各样的动作技能,从理科的实验操作到文科的语言学习等,都离不开动作技能。动作技能学习也离不开认知学习,因为动作技能通常由一整套步骤或动作构成,学生在学习某个动作技能时必须掌握组成动作技能的这些程序和规则,这些都是认知学习。

5)态度。态度是指学习者习得的对人、对事、对物、对己的情感反应倾向。除了认知技能、动作技能之外，学习还会影响个体行为选择的内部状态的建立，这便是加涅所指的学习的第三类结果——态度。态度是习得的、影响个人对特定对象做出行为选择的有组织的内部准备状态。与智慧技能和动作技能相比，态度与个人行为的关系不那么直接，它并不决定某种特定的行为，它只是以行为的倾向性或准备状态对行为产生间接影响。态度的学习和改变对每种教育计划都非常重要。态度以多种多样的方式被习得，其中最可靠的方式就是模仿。行为选择后的成功体验对学习者的态度常常有直接的积极影响。

上述五种学习结果，第一种到第四种结果属于知识和能力范畴。人的知识能力有天生成分，但主要是后天习得的。后天习得的知识能力是由习得的言语信息、智慧技能、认知策略和动作技能构成的。这五种成分中，前三种属于认知领域，动作技能属于心因动作领域，态度属于情感领域。

【资料链接】课堂学习结果分类①

课堂学习结果，是指在课堂的人数、时间、科目等规定性之下，学习者在完成一定的学科学习任务中获得的学习成果。基于安德森、布卢姆、加涅的个体学习结果分类理论，从群体动力、理解学习、学会学习的视角，我们构建了由知识、策略、态度构成的课堂学习结果分类框架，阐述了各类别课堂学习结果的内外表现及教学要求。

【思考】阅读原文并思考，你是否赞同由知识、策略、态度构成的课堂学习结果分类？为什么？

3. 奥苏贝尔的学习分类理论

20世纪60年代，美国的奥苏贝尔在《教育心理学：观点》一书中提出学习分类理论。奥苏贝尔根据学习者是否要理解学习的材料，将学习划分为有意义学习与机械学习；根据学习材料的意义是由学习者发现的还是他人告知的，将学习划分为接受学习与发现学习。有意义学习是指学习者利用原有经验来进行新的学习，理解新的信息的学习方式；机械学习是指学习者在缺乏某种先前经验的情况下，靠死记硬背进行学习的学习方式。接受学习是指学习内容是以某种定论或确定的形式通过传授者传授给学习者，学习者将传授者呈现的材料加以内化和组织，以便在必要的时候再现或加以利用；发现学习是指知识主要依靠个体自己去独立发现而获得的学习方式。这四种学习类型之间是相互交叉的，接受学习既可以是机械的，也可以是有意义的。在理解的基础上的接受就是有意义的，反之是机械的。因此，不应将接受学习与被动的机械学习等同起来，而应进行区分。动物通过盲目的尝试与错误获得某种经验，即属于机械的发现学习，科学家的发明创造则是有意义的发现学习。接受学习与发现学习是人类学习的两种基本形式，二者并非截然对立的。接受学习为高水平的发现与创造提供必要的知识和技能准备。

（二）国内教学目标分类研究

我国的教学目标分类理论，以李秉德和唐文中的研究为代表。

1. 李秉德的三维目标分类

李秉德等从三个主要维度对教学的一般目标进行了分类：①教学目标的组成部分是德

---

① 李宏贞. 论课堂学习结果分类——基于安德森、布卢姆和加涅学习理论的探索[J]. 江苏教育研究，2022（2）：8-13.

智体美劳；②教育教学所要形成的学生个性心理要素包括知识、技能、价值、情意、行为；③前面所指的各部分和各要素的发展水平（图 3-2）。①

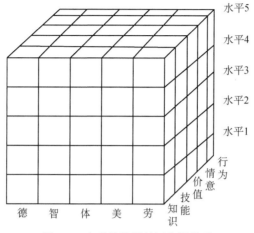

图 3-2 李秉德教学目标分类模型

2. 唐文中的两维目标分类

唐文中在其主编的《教学论》中认为，教学的基本任务包括两条线索：一条是教学。教学是完成教育目的的基，教学的任务就应该包括德智体美劳五个方面。另一条线索是教学所具有的价值和功能。教学的任务包括向学生传授基本知识、使学生获得技能技巧、培养学生情感态度、发展学生智力与创造力、使学生形成良好的心理与行为习惯五个方面（表 3-2）。②

表 3-2　唐文中的两维教学目标分类

维度	德育	智育	体育	劳动技术教育	美育
基本知识	马列主义理论、世界观、法律及道德知识	各门学科基本知识	体育、卫生保健知识	劳动技术知识	审美、欣赏美的知识
技能技巧	人际交往技能技巧	读、写、算和实验操作技能技巧	体育运动和卫生保健技能技巧	劳动技能技巧	表达美的技能技巧
情感态度	理想、信念、价值观的形成	认知动机、兴趣、智力活动的意志	体育运动的兴趣和意志的形成	劳动的态度、兴趣	审美价值、兴趣、情操
智力与创造力	独立判断、评价是非的能力	思维的判断性、独创性、独立发现问题、解决问题的能力	发展创新体育运动技术、保健技术的意识与能力	创造性劳动的能力	创造美的能力
心理与行为习惯	道德行为习惯、个人交往风格	智力和创造性活动的习惯	体育运动和卫生保健习惯	劳动习惯	审美和创造美的习惯

三、课程与教学目标的确立与表述

合理设计并恰当地表述课程与教学目标，是教学工作的重要组成部分，它为选择内容和经验、选择或开发教学资源提供依据，并为教师组织课程实施、开展课程教学和课程评

---

① 李秉德. 教学论[M]. 北京：人民教育出版社，1991：57-58.
② 唐文中. 教学论[M]. 哈尔滨：黑龙江教育出版社，1990：34-35.

价提供重要依据。

（一）课程与教学目标确立的基本环节

确定课程与教学目标大致包括以下四个基本环节。[①]

1）确定教育目的。教育目的或教育宗旨是课程与教学的终极目的，是特定的教育价值观的体现。它所回答的基本问题是：什么是受过教育的人？教育与人的发展是怎样的关系？教育与社会进步是怎样的关系等。

2）确定课程与教学目标的基本来源。课程与教学目标的基本来源或课程开发的基本维度是特定教育价值观的具体化。学习者的需要、当代社会生活的需求、学科的发展三者是怎样的关系？课程与教学目标或课程开发究竟应以什么为基点？当课程开发的基点确立以后，应如何处理好其与其他处于从属地位的目标来源的关系？对这些问题的不同回答形成了不同的课程开发取向，这是确立合理的课程与教学目标的关键。

3）确定课程与教学目标的基本取向。在普遍性目标、行为目标、生成性目标、表现性目标取向之间应作何选择？怎样处理这几种目标取向之间的关系？这不仅反映了特定的教育价值观，还与课程开发的取向有着内在联系。目标取向的确立为目标内容的选择和目标的陈述奠定了基础。

4）确定课程与教学目标。在教育目的、课程与教学目标的基本来源、课程与教学目标的基本取向确定以后，课程与教学目标的基本内容和陈述方式也就确立下来，在这种条件下，即可进一步获得内容明确、具体的课程与教学目标体系。

（二）课程与教学目标的表述

课程与教学目标表述正确、清晰和通俗易懂是非常重要的，它为课程内容选择、教学资源开发提供依据，并为教师组织课程实施、开展课堂教学和课程评价提供基本准则。

与课程目标相对应，一般教学目标的编写有三种表达方式：行为目标、内部过程与外显行为相结合的综合目标表述法和表现性目标。其中，行为目标指用可观察和可测量的行为陈述的目标，有助于选择学习经验和指导教学，所以在现代课程与教学目标的设计和表述中占据主导地位。

1. 美国学者马杰的"ABCD"行为目标的表述

美国学者马杰（R. M. Mager）在其《程序教学目标的编写》一书中，根据行为主义心理学的理论提出了行为目标的理论和技术。他认为，一个完整的教学目标应为具体的、可观察的目标，具体包括行为、条件和标准三个要素。后来有学者在马杰的三要素基础上，加上教学对象，这样，形成了课程与教学目标的 ABCD 模式：A 即对象（audience），B 即行为（behavior），C 即条件（condition），D 即标准（degree）。

1）对象。教学对象是指需要完成行为、达成目标的学生、学习者或教学对象。例如，"高三年级（1）班学生""参加在职培训的企业员工"等。

2）行为。教学目标中，行为的表述是最基本的成分，说明学习者在教学结束后，应该获得怎样的能力。描述行为的基本方法是使用一个动宾结构的短语，其中，行为动词说

---

① 张华. 课程与教学论[M]. 上海：上海教育出版社，2000：190.

明学习的类型，宾语则说明学习的内容。例如，"操作""说出""列举""比较"等都是行为动词，在它们后面加上动作的对象，就构成了教学目标中关于行为的表述。

3）条件。条件表示学习者完成规定行为时所处的情境，即说明在评价学习者的学习结果时，应在哪种情况下评价，如要求学习者"能写出 800 字左右的文章"。条件则可能指"在哪些提示下？有哪些资料的帮助下？利用什么工具（电脑写还是手写）？多长时间？"等环境因素。条件的表述常与诸如"能不能查阅参考书？""有没有工具？""有没有时间限制？"等问题有关。条件既是行为达成的限制，也为行为达成准备条件。对条件的表述有四种类型：一是允许或不允许使用手册与辅助手册，如"可以或不可以带计算器"；二是提供信息或提示，如"给出一张中国行政区划图，能标出……"；三是时间限制，如"在 5 分钟内，能做完……"；四是完成行为的背景，如"在课堂讨论时，能叙述……要点"。

4）标准。行为的标准是指行为完成质量的可接受的最低衡量依据。为了使教学目标具有可测量性，应该对学生行为的标准进行具体的描述。学生行为表现的熟练程度一般而言是具有差异的，而且差异幅度可能很大。在教学目标编写时采用什么程度的标准要依据教学内容的实际要求，应当以大多数学生在经过必要的努力之后都能做到的事情作为行为的标准。

我们可以从以下三个方面确定学生学习应达到的行为水平：①行为的准确性，例如要求准确地获得某种结果；②行为的速度，例如规定在某一时间范围内完成某种学习行为；③行为的创造性。有些行为允许或需要学生表现自己的灵活性或创造性，这类目标就成为表现性目标。

使用行为目标的表述方式应注意以下问题：

第一，行为主体必须是学生而不是教师。在目标表述时，不能采用"使学生……让学生……培养学生……"等教师控制行为活动的用语，而应该使用体现学生主体作用的"能问出……能描述……能设计……"等表达方式。

第二，行为动词必须是可测量、可评价、具体而明确的。不要使用不规范、标准模糊的行为动词，比如"熟练掌握……的性质""准确熟练地进行……的运算""深刻理解……"等。

第三，教学目标的陈述要反映学习类型。教学目标中对学习类型的反映是通过能力动词来体现的，即不同类型的知识，采用不同的能力动词来陈述。

马杰的 ABCD 表述方法描述的是学生的外显行为，确定的学习目标比较具体、明确、清晰，也便于观察和测量。但其局限性也很明显。该方法过分重视学习结果的行为化，并没有考虑到有时学习过程也是重要的学习结果，也没有很好地关注学生内部心理的变化。

2. 内部过程与外显行为相结合的综合目标表述法

美国学者格朗伦德等在《设计与编写教学目标》中提出，先用描述内部心理过程的术语来表述学习目标，以反映理解、运用、分析、创造、欣赏、尊重等内在的心理变化，然后列举反映这些内在变化的例子，从而使这些内在心理变化可以观察和测量。[①]

① 诺曼·E. 格朗伦德，苏珊·M. 布鲁克哈特. 设计与编写教学目标[M]. 8 版. 盛群力，郑淑贞，冯丽婷译. 北京：中国轻工业出版社，2017：3.

示例：学习"人类与环境"这一主题，要求学生树立社会主义生态文明观，综合性目标可以表述为：

总目标：学生能树立社会主义生态文明观。

分目标：

（1）能说出社会主义生态文明观。

（2）能运用所学知识批判现实生活中"破坏环境"的行为和思想。

3. 表现性目标

美国学者艾斯纳在批判行为目标基础上提出了表现性目标理论。表现性目标是指学生在具体的教育情境、教学活动和学习活动中的个性化表现，旨在培养学生的创造性，强调学习及其结果的个性化。表现性目标要求明确规定学习者应参加的活动或项目，关键在于突出学生学习表现的特性，但不需要用统一的标准去衡量和评估。表现性目标是人本主义教育价值观的体现，强调学生个性发展和创造性表现，强调学生的自主性和主体性，尊重学生的个性差异。其缺点是编写的教学目标过于模糊，很难起到教学导向作用。

示例：观看微课《网络工程师的职业天地》，交流自己的想法。

（1）用自己的语言描述《网络工程师的职业天地》的意境。

（2）小组合作设计一个班级标志，并在课堂上发表设计思路。

（3）参观科技园并讨论那里有趣的科学发现。

（4）用自己的语言描述《咏雪》的意境。

【资料链接】基于素养发展的教学认知目标体系[①]

基于学生核心素养发展的理念，必须改革课堂教学的认知目标体系。课堂教学认知目标体系的建立必须厘清类别与层次，研究各种层次目标的实施方法与评价方法。课堂教学的认知目标可以分为知识、知识运用与认知监控三个层级。知识目标可以分为信息记忆和理解两个层次，其达成方式可以用课堂传授方法，其评价方法可以用纸笔测试和口头表达等方法。知识运用的目标可分为以思维活动为主体的心智操作层次、行为技能、心智与技能的综合操作等三个层次。认知监控层次的目标实施主要借助于过程实施的体验、反思和必要的总结归纳等方法。认知监控层次目标的评价难度较大，需要针对性研究。

【思考】结合自己所学专业，思考应该如何构建基于素养发展的课堂教学认知目标体系？

四、核心素养：当下课程与教学目标的变革

改革开放四十多年来，我国课程目标的研究经历了"双基""三维目标""核心素养"三个发展阶段。在此过程中课程目标的研究取得了一定的成就，其主要表现在人们对课程目标的理解正逐渐从对立走向融合，从单一走向分层。在今后的研究中，我们仍需要注意以下三个问题：正确认识"双基"与"三维目标"的历史地位；课程目标的设定应统领于"全面发展"的教育目的之下；"核心素养"作为课程目标需要落地。[②]

---

① 曹宝龙. 基于素养发展的课堂教学认知目标体系的构建、实施与评价[J]. 课程·教材·教法，2019（7）：47-53.

② 张杨. 改革开放四十年课程目标研究的成就与反思——以"双基"研究为切入点的观察与思考[J]. 湖南师范大学教育科学学报，2018（6）：30-36.

2014 年印发的《教育部关于全面深化课程改革落实立德树人根本任务的意见》提出，教育部将组织研究提出各学段学生发展核心素养体系，明确学生应具备的适应终身发展和社会发展需要的必备品格和关键能力。2016 年 9 月，"中国学生发展核心素养"发布。

（一）中国学生发展核心素养

核心素养是关于学生知识、技能、情感、态度、价值观等多方面要求的综合表现；是每个学生获得成功生活、适应个人终身发展和社会发展都需要的、不可或缺的共同素养；其发展是一个持续终身的过程，可教可学，最初在家庭和学校中培养，随后在一生中不断完善。①中国学生发展核心素养框架的发布，为教育改革指出了课程与教学改革的总方向。它要求我们重新梳理现有的教学目标体系，"以学生发展为本"改革现有的课程体系，改革教学环节和行为，使教学过程体现学生核心素养发展的需要。

1. 核心素养内涵及特征

北京师范大学林崇德先生带领的中国学生核心素养研究课题组将核心素养界定如下："核心素养是学生在接受相应学段的教育过程中，逐步形成的适应个人终身发展和社会发展需要的必备品格与关键能力。"这一解释已经成为国内教育界有关核心素养的代表性定义。核心素养有五个特征：①核心素养概念是对"教育应该培养什么样的人"的具体回答，体现了中国传统教育中"教人成人"和中国现代教育中"人的全面发展"的理念；②核心素养是学生应当具备的知识、技能、态度、情感、价值观等的结合体，不是某种单一的素质要求；③核心素养是面向所有学生提出来的，而不是面向少数学生提出来的，是所有学生应当共同具备的素养，代表了个体普遍应达到的最低共同要求；④核心素养同时具有个人价值和社会价值，是对个人发展和社会发展都具有积极意义的重要素养；⑤核心素养具有终身发展性，也具有阶段性。②

2. 中国学生发展的核心素养框架

中国学生发展的核心素养框架包括三个方面、六大素养、十八个基本要点和若干具体的成就表现（表 3-3）。

表 3-3　中国学生发展的核心素养框架

全面发展的人	文化基础	人文底蕴	人文积淀
			人文情怀
			审美情趣
		科学精神	理性思维
			批判质疑
			勇于探究
	自主发展	学会学习	乐学善学
			勤于反思
			信息意识

① 林崇德. 中国学生发展核心素养：深入回答"立什么德、树什么人"[J]. 人民教育，2016（19）：12-16.
② 林崇德. 21 世纪学生发展核心素养研究[M]. 北京：北京师范大学出版社，2016：29.

续表

			珍爱生命
	自主发展	健康生活	健全人格
			自我管理
全面发展的人			社会责任
	社会参与	责任担当	国家认同
			国际理解
			劳动意识
		实践创新	问题解决
			技术运用

　　培养全面发展的人为核心素养的总目标，核心素养的三个方面分别为"文化基础""自主发展""社会参与"。文化基础包括人文底蕴和科学精神，重在强调能习得人文、科学等各领域的知识和技能，掌握和运用人类优秀智慧成果，涵养内在精神，追求真善美的统一，发展成为有宽厚文化基础、有更高精神追求的人。自主发展包括学会学习和健康生活，重在强调能有效管理自己的学习和生活，认识和发现自我价值，发掘自身潜力，有效应对复杂多变的环境，成就出彩人生，发展成为有明确人生方向有生活品质的人。社会参与包括责任担当和实践创新，重在强调能处理好自我与社会的关系，养成现代公民所必须遵守和履行的道德准则和行为规范，增强社会责任感，提升创新精神和实践能力，促进个人价值实现，推动社会发展进步，发展成为有理想信念、敢于担当的人。在这三个方面的关系上，文化基础是实现自主发展和社会参与的基础，反过来说，自主发展和社会参与也是以必要的文化基础的形成为前提和条件的，相互之间具有内在的关联性。这三个领域的划分既考虑了教育作为人类知识和文化传承的作用，也考虑了教育在促进个体发展和社会进步方面的作用，为学生发展核心素养提供了一个比较全面的理论框架。[①]

　　上述三个方面又都分别包括两个子维度的核心素养，形成了六大素养结构。文化基础包括科学精神和人文底蕴。科学精神主要是指学生在学习、理解、运用科学知识和技能等方面所形成的价值标准、思维方式和行为表现，具体包括理性思维、批判质疑、勇于探究等基本要点；人文底蕴主要指学生在学习、理解、运用人文领域知识和技能等方面所形成的基本能力、情感态度和价值取向。自主发展包括学会学习和健康生活两个核心素养。学会学习主要是学生在学习意识形成、学习方式方法选择、学习进程评估调控等方面的综合表现，具体包括乐学善学、勤于反思、信息意识等基本要点；健康生活主要是学生在认识自我、发展身心、规划人生等方面的综合表现，具体包括珍爱生命、健全人格、自我管理等基本要点。社会参与主要包括责任担当和实践创新两个核心素养。责任担当主要是指学生在处理与社会、国家、国际等关系方面所形成的情感态度、价值取向和行为方式，具体包括社会责任、国家认同、国际理解等基本要点；实践创新主要是指学生在日常活动、问题解决、适应挑战等方面所形成的实践能力、创新意识和行为表现，具体包括劳动意识、问题解决、技术运用等基本要点。[②]

　　中国学生发展核心素养围绕立德树人要求，坚持以人为本，遵循学生身心发展规律和

---

① 林崇德，刘霞，郝文武，等. 努力提升学生发展核心素养——访林崇德先生[J]. 当代教师教育，2017（2）：10-13.
② 林崇德，刘霞，郝文武，等. 努力提升学生发展核心素养——访林崇德先生[J]. 当代教师教育，2017（2）：10-13.

教育规律，重视理论支撑和实证依据。该素养框架具有以下特点：①彰显了中国特色。与其他国家和地区核心素养相比，根植于中华民族文化历史的土壤，系统体现中国特色社会主义核心价值观要求，明确把国家认同作为基本要点，突出了宽和待人、孝亲敬长，热爱中国共产党、具有中国特色社会主义共同理想等中国特色鲜明的素养。②体现了时代特征。如适应"互联网+"的发展趋势，提出了理解人类命运共同体的内涵与价值等时代特色鲜明、体现新时期人才培养要求的素养指标。③强调整体要求。既系统体现德智体美劳诸方面的基本要求，又使每种素养兼备品格属性和能力特征。

（二）新课标中的学科核心素养

学科核心素养是学科育人价值的集中体现，是学生通过学科学习而逐步形成的正确价值观念、必备品格和关键能力。

1. 学科核心素养的本质[1]

所谓"学科核心素养"，即适应信息文明要求和未来社会挑战，运用学科核心观念、通过学科实践，以解决复杂问题的学科高级能力与人性能力。这里的"学科"，既包括学术性学科，如数学、科学、历史、艺术等，又包括主要专业，如教育学、医学、商学、法学、管理学等。"学科核心素养"的对应范畴是以"读写算"为核心、适应农耕文明和工业文明之需要的"文化读写能力"。它不否认以"读写算"为代表的基础知识、基本技能的熟练，但却在根本上超越它们。

"学科核心素养"这一概念标志着我国教育知识观的根本转变，让各门学科课程由结果走向过程，让学生从掌握学科事实转向发展学科理解。每个学生富有个性特点并体现学科特性的学科理解或思维是"学科核心素养"的本质。唯有转变知识观，才能让教学过程真正成为知识创造过程，让学生既告别灌输学习又告别虚假探究，使个性解放和教育民主的课程价值得到实现。因此，如果说课程改革第一阶段是我国基础教育的"价值论转向"阶段，那么第二阶段（即深化课程改革阶段）则是我国基础教育的"知识论转向"阶段。

学科核心素养本质上是学科知识观的转型。"学科核心素养"尽管不否认学科事实与信息，但却超越学科事实、走向学科理解，倡导"理解本位的学科知识观"。知识本质上是人类理解并创造世界的过程与结果。所谓学科理解，即运用学科思维解决真实问题、认识并创造世界的过程。学科思维是人面临真实的学科问题和日常生活问题时能够"以学科专家的方式去思考"。学科思维的对应范畴是"常规思维"，即不能恰当运用学科知识、仅从日常经验出发去思考。学科理解既有年龄阶段的差异，又有个体差异。学科理解持续人的终生而发展。学科理解的价值追求或信念是每个人都是创造者、问题解决者、自由思想者，人性的光辉就是思想的光辉，尊重一个人就是尊重其思想自由，是谓"理解本位的学科知识观"。

【资料链接】核心素养如何教？[2]

从教学的角度看，核心素养是关于教学目的的新思考，它具有综合性、基础性、主体

---

[1] 张华. 论学科核心素养——兼论信息时代的学科教育[J]. 华东师范大学学报（教育科学版），2019（1）：55-65.
[2] 罗祖兵. 深度教学："核心素养"时代教学变革的方向[J]. 课程·教材·教法，2017（4）：20-26.

性和时代性等特征。要实现培养核心素养的任务，必须实行深度教学，即进行"有限教导"，让学生充分地参与教学；进行"多元教导"，让学生生动活泼地学习；进行"情感教学"，激发学生的积极情感体验；提供"全景立场"，让学生形成自己的理性。

【思考】请阅读原文，思考中小学教师如何通过深度教学来实现学科核心素养培育的任务？

2. 学科核心素养的内容举例

核心素养是学生通过课程学习逐步形成的正确价值观、必备品格和关键能力，是课程育人价值的集中体现。中国学生发展核心素养是党的教育方针的具体化、细化，是连接宏观教育理念、培养目标与具体教育教学实践的中间环节。为建立核心素养与课程教学的内在联系，充分挖掘各学科课程教学对全面贯彻党的教育方针，落实立德树人根本任务，发展素质教育的独特育人价值，各学科基于学科本质凝练了本学科的核心素养，明确了学生学习该学科课程后应达成的正确价值观念、必备品格和关键能力。例如，《义务教育数学课程标准（2022年版）》指出，数学课程要培养的学生核心素养，主要包括以下三个方面。

（1）会用数学的眼光观察现实世界

在义务教育阶段，数学眼光主要表现为抽象能力（包括数感、量感、符号意识）、几何直观、空间观念与创新意识。通过对现实世界中基本数量关系与空间形式的观察，学生能够直观理解所学的数学知识及其现实背景；能够在生活实践和其他学科中发现基本的数学研究对象及其所表达的事物之间简单的联系与规律；能够在实际情境中发现和提出有意义的数学问题，进行数学探究；逐步养成从数学角度观察现实世界的意识与习惯，发展好奇心、想象力和创新意识。

（2）会用数学的思维思考现实世界

在义务教育阶段，数学思维主要表现为运算能力、推理意识或推理能力。通过经历独立的数学思维过程，学生能够理解数学基本概念和法则的发生与发展，数学基本概念之间、数学与现实世界之间的联系；能够合乎逻辑地解释或论证数学的基本方法，解决简单的数学问题和实际问题；能够探究自然现象或现实情境所蕴含的数学规律，经历数学"再发现"的过程；发展质疑问难的批判性思维，形成实事求是的科学态度，初步养成讲道理、有条理的思维品质，逐步形成理性精神。

（3）会用数学的语言表达现实世界

在义务教育阶段，数学语言主要表现为数据意识或数据观念、模型意识或模型观念、应用意识。通过经历用数学语言表达现实世界中的简单数量关系与空间形式的过程，学生初步感悟数学与现实世界的交流方式；能够有意识地运用数学语言表达现实生活与其他学科中事物的性质、关系和规律，并能解释表达的合理性；能够感悟数据的意义与价值，有意识地使用真实数据表达、解释与分析现实世界中的不确定现象；欣赏数学语言的简洁与优美，逐步养成用数学语言表达与交流的习惯，形成跨学科的应用意识与实践能力。

核心素养具有整体性、一致性和阶段性在不同阶段具有不同表现。小学阶段侧重对经验的感悟，初中阶段侧重对概念的理解。小学阶段的数学核心素养主要表现为数感、量感、符号意识、运算能力、几何直观、空间观念、推理意识、数据意识、模型意识、应用意识、创新意识。初中阶段的数学核心素养主要表现为抽象能力、运算能力、几何直观空间观念、推理能力、数据观念、模型观念、应用意识、创新意识。

【案例链接】基于理解的逆向教学目标设计[①]

统编版小学语文教材四年级下册第三单元是整个小学阶段唯一的现代诗诗歌单元。立足于现代诗歌的特点，以逆向教学设计为思路，以基于理解的设计（Understanding by Design，UbD）模板为基本形式，建构出具体的诗歌单元逆向教学目标设计。

1. 全面科学地确立学习目标

《义务教育语文课程标准（2022 年版）》对第二学段的现代诗教学提出了明确要求："诵读优秀诗文，注意在诵读过程中体验情感，展开想象，领略诗文大意。"本单元的人文主题是"诗歌，让我们用美丽的眼睛看世界"，并确立了三个语文要素——初步了解现代诗的一些特点，体会诗歌的情感；能根据需要收集资料，初步学习整理资料的方法；合作编写小诗集，举办诗歌朗诵会。本诗歌单元教学的重点是让学生通过了解现代诗的特点，进而感悟诗人表达的感情。本单元所选的现代诗分别是冰心的《短诗三首》、艾青的《绿》、叶赛宁的《白桦》、戴望舒的《在天晴了的时候》。这几首诗虽然展现的背景和表达的思想感情不同，但却浸透着诗人运用极具"自由的形式和美感的语言"来抒发的丰富感情。在强调落实语文核心素养的当下，教师在诗歌教学时应在把握"诵读和感悟诗人感情"的基础上，鼓励学生学习诗人的写作手法，积极创作诗歌。从学情来说，四年级的学生在以往学习中已经积累了一些学习现代诗的经验，因此，再学习现代诗的结构元素并进行仿写便具有了一定的可行性。

2. 精准提炼大概念下的学习目标

在小学语文逆向教学设计中，学习目标确定的关键点在于大概念，教学设计的难点也在于如何提炼大概念。通过对课程标准、教学内容以及学情的分析与整合，结合大概念的四种提取路径：生活价值、知能目标、学习难点、评价标准，我们将本单元的大概念确定为"诗歌是一种表达感情、经验或思想的写作形式"。教学设计可要求学生结合诗歌体裁的特点，独立地创作表达自己思想感情的诗歌，能够围绕"是什么让诗歌成为一种独特的写作形式""人们为什么写诗""如何写诗"这三个基本问题，设计出表现性任务，即学生独立创作发表自己的诗歌，由此环环相扣地建构起整个单元教学设计。

3. 全面确定三维一体的目标维度

在小学语文逆向教学设计中，预期的学习结果需要从下列三个维度来分析。

（1）学习迁移。指本单元确定的一个或多个长久的迁移目标，强调学习者通过单元学习后可成功迁移所学，并独立自主地解决真实情境中的问题，常常以"学生能自主地将所学运用到……"来表述。

（2）理解意义。理解意义包括理解和基本问题两部分。理解是指学生在掌握知识技能的基础上达到对意义的理解，它源于具有内在迁移性的大概念并指向本单元内容的核心本

---

① 朱文辉，胡美玉，冀蒙. 统编版小学语文逆向教学设计的研究——以小学四年级下册"诗歌单元"为例[J]. 天津师范大学学报（基础教育版），2022（3）：34-39.

质，在架构理解时可以将其陈述为"学生们应该理解……"的完整句子；基本问题是指引导学生进行探究性学习的关键性问题。

（3）掌握知能。通过本单元的学习，学生将知道什么、能做什么。通过对课程标准、教学内容以及学情的分析，进而将提炼出的诗歌大概念解构为学习目标的三个维度，并借助 UbD 模板进行呈现（表3-4）。

表3-4 "诗歌"单元逆向学习目标设计

课程标准	学习迁移	
诵读优秀诗文，注意在诵读过程中体验情感，展开想象，领悟诗文大意	学生将会独立地使用诗歌结构元素写出表达思想感情的诗歌	
	理解意义	
	理解 学生将会理解：诗歌内容滋养心灵，兼备音韵和情感之美；诗人写诗是为了表达他们的思想感情	基本问题 学生将不断地思考：什么是诗歌？现代诗歌有什么样的特点？人们为什么要写诗？怎样才能使写的诗更完美？如何多途径收集和整理诗歌？
	掌握知能	
	知识 学生将会知道：诗歌的类型、现代诗的特点、诗歌结构元素、写作四步骤、收集资料的多种途径	技能 学生将能够：通过写作步骤（计划、起草、修改/编辑和出版）来撰写诗歌，表达自己的想法和感受；根据需要收集资料，初步学习整理资料的方法

【讨论】结合案例回答以下问题：

1. 该方案体现了哪些教学目标设计理念？

2. 如何理解案例中的学科大概念和单元教学目标之间的关系？

思 考 题

1. 简述教育目标、课程目标、教学目标之间的关系。

2. 以中小学某一学科为例，思考布鲁姆等的教育目标分类理论对课程与教学目标的制定有什么启示。

3. 下面教师设计的数学教学目标有什么问题？为什么？

高中数学《二面角》的教学目标：

1）使学生正确理解二面角、二面角的平面角的概念；

2）会用不同的方法作二面角、并能根据已知条件进行简单计算；

3）通过引导学生发现二面角的平面角的定义，培养学生的类比能力、观察能力、归纳总结能力。

4. 以某一学科为例，谈谈如何构建面向核心素养的单元目标设计。

拓 展 阅 读

曹宝龙. 基于素养发展的课堂教学认知目标体系的构建、实施与评价[J]. 课程·教材·教法，2019（7）：47-53.

李刚，吕立杰. 落实学科核心素养：围绕学科大概念的课程转化设计[J]. 教育发展研究，2020（15）：86-93.

罗儒国. 建国 70 年教学目标研究的回顾与前瞻[J]. 河北师范大学学报（教育科学版），2019（1）：31-37.

曾文婕. 从"教学目标"到"学习目标"——论学习为本课程的目标转化原理[J]. 全球教育展望，2018（4）：11-19.

张华. 论学科核心素养——兼论信息时代的学科教育[J]. 华东师范大学学报（教育科学版），2019（1）：55-65.

参 考 文 献

曹宝龙. 基于素养发展的课堂教学目标体系[J]. 课程·教材·教法，2018（1）：49-53.

曹宝龙. 基于素养发展的课堂教学认知目标体系的构建、实施与评价[J]. 课程·教材·教法，2019（7）：47-53.

杜尚荣，王笑地. 我国中小学教学目标研究 70 年：回顾与展望[J]. 教育学报，2019（3）：28-39.

林崇德. 中国学生发展核心素养：深入回答"立什么德、树什么人"[J]. 人民教育，2016（19）：12-16.

罗儒国. 建国 70 年教学目标研究的回顾与前瞻[J]. 河北师范大学学报（教育科学版），2019（1）：31-37.

王本陆. 课程与教学论[M]. 3 版. 北京：高等教育出版社，2017.

王小明. 布卢姆认知目标分类学（修订版）对课程目标制定的启示[J]. 全球教育展望，2011（4）：20-24.

曾文婕. 从"教学目标"到"学习目标"——论学习为本课程的目标转化原理[J]. 全球教育展望，2018（4）：11-19.

张华. 论学科核心素养——兼论信息时代的学科教育[J]. 华东师范大学学报（教育科学版），2019（1）：55-65.

张华. 课程与教学论[M]. 上海：上海教育出版社，2000.

张杨. 改革开放四十年课程目标研究的成就与反思——以"双基"研究为切入点的观察与思考[J]. 湖南师范大学教育科学学报，2018（6）：30-36.

专题四　课程资源与教学内容

【知识点导图】

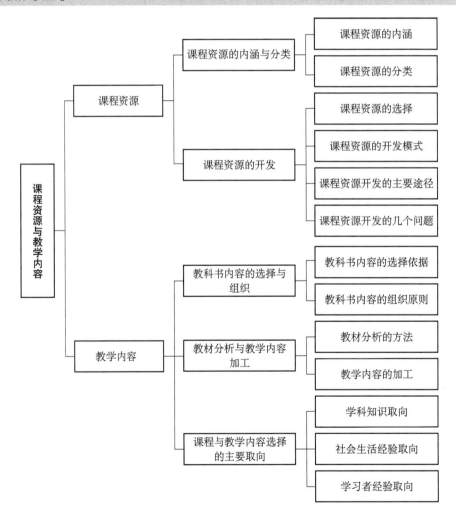

【学习目标】

1. 认识课程资源及其开发的意义。
2. 掌握课程资源开发的原则与途径。

3. 理解教科书内容的选择、组织及其呈现方式。

4. 了解教材分析的主要方法。

5. 理解教科书的创造性使用。

6. 了解课程与教学内容选择的发展演变。

课程资源是实现课程目标及落实课程实施的基础和保障，对于新时代的教师而言，课程资源开发的意识和能力已成为重要素养。如何帮助教师提高课程资源开发素养已成为当前新课程研究的一个重要课题。

一、课程资源的内涵与分类

2001 年 6 月，教育部印发《基础教育课程改革纲要（试行）》，指出"学校应充分发挥图书馆、实验室、专用教室及各类教学设施和实践基地的作用；广泛利用校外的图书馆、博物馆、展览馆、科技馆、工厂、农村、部队和科研院所等各种社会资源以及丰富的自然资源；积极利用并开发信息化课程资源"。这为积极开发和合理利用校内外各种课程资源指明了方向。同年年底，国家课程改革实验启动，其工作评估报告结果表明，44.2%的教师认为自己在实施新课程过程中遇到的最大的困难是缺少课程资源；而在使用新教材的过程中，93.0%的教师认为最大的难点也同样是缺少课程资源。[①]可见，课程资源在很大程度上制约着课程改革的实施效果。

课程资源种类繁多、形态多样、分布广泛，对课程资源进行概念界定和分类有利于厘清开发和利用课程资源的基本思路，从而更有效地推进课程资源建设。

（一）课程资源的内涵

对课程资源进行深入研究，既是对课程与教学研究领域薄弱环节的补足，也是对基础教育课程改革号召的响应。这就需要厘清课程资源的内涵，思考课程资源的含义与特点。

1. 课程资源的含义

"课程资源"是"资源"的一种。在《辞海缩印本》中，"资"指财物、供给、具有等；"源"本作"原"，指水流所从出，引申为事物的来源。[②]日常生活中，"资源"一词也被频繁使用，例如"水资源""粮食资源"等物质形态的资源。随着经济社会的发展，"资源"的外延和内涵也逐渐扩大和加深，出现了如"信息资源""智力资源"等非物质形态的资源指代。本教材中的"课程资源"同样也是"资源"一词的扩展。

目前，关于课程资源的概念尚未形成一个公认的定义。例如，在《教育大辞典（增订合编本）》中，课程资源是指"为设计课程和制定教学计划服务的各种可资利用的途径、方法"[③]，包括目标资源、教学活动资源和组织教学活动的资源。范兆雄认为，课程资源指"供给课程活动，满足课程活动需要的一切"，指向"构成课程活动所需要的一切素材和条件"。[④]徐继存等认为，课程资源是课程设计、实施和评价等整个课程编制过程中可资

① 朱慕菊，刘坚. 来自课程改革实验区的声音（一）[M]. 西安：未来出版社，2003：23.

② 《辞海》编辑委员会. 辞海缩印本[S]. 1989 年版. 上海：上海辞书出版社，1990：1621.

③ 顾明远. 教育大辞典（增订合编本）[S]. 上海：上海教育出版社，1998：902.

④ 范兆雄. 课程资源概论[M]. 北京：中国社会科学出版社，2002：3-4.

利用的一切人力、物力以及自然资源的总和。①吴刚平认为课程资源的概念有广义与狭义之分。广义的课程资源指"有利于实现课程目标的各种因素"，狭义的课程资源指"形成课程的直接因素来源"。②尽管不同的学者对课程资源的概念在表述方式上有所差异，但他们都认同这一点：课程资源是保证课程与教学目标实现和课程与教学顺利实施的基础和前提，是构成课程的来源和条件。也就是说，没有课程资源就没有所谓的课程，课程的存在必然以课程资源为前提。

概言之，课程资源就是围绕课程目标的实现，贯穿于整个课程教学活动中的可利用的一切人力、物力以及自然资源的总和，包含促进教师专业发展和学生全面发展的各种资源。需要注意的是，不是所有资源都是课程资源，只有那些进入课程、与课程与教学产生联系并且有利于实现课程目标的资源才是真正意义上的课程资源。我们不能将课程资源的概念泛化，否则会失去概念自身的确定性。

2. 课程资源的特点

把握课程资源的特点可以帮助我们更好地理解其概念内涵。一般而言，课程资源具有多样性、间接性、多质性和动态性的特点。

（1）多样性

课程资源涉及学生学习与生活环境中一切有利于实现课程目标的资源，因而课程资源具有广泛多样的特点。在不同的地域，可资开发与利用的课程资源不同，其构成形式和表现形态各异；在不同的文化背景下，人们的价值观念、道德意识、风俗习惯、宗教信仰等具有独特性，相应的课程资源也各具特色；学校性质、规模、位置、传统以及教师素质和办学水平不同，学校和教师可以开发与利用的课程资源也有差异；学生个体的家庭背景、智力水平、生活经历的不同，可供开发与利用的课程资源也必然有所区别。③

（2）间接性

部分课程资源在课程设计之前就已经存在，它具有转化为学校课程或支持课程实施的可能性，但还不是学校课程或课程实施的现实条件。因此，课程资源拥有间接性，其教育性不像学校正式课程那么明显、直接，有时课程资源中的教育性因素与非教育性因素可能交织在一起，课程资源要经过筛选或转化，才可能成为学校课程或有利于课程实施的基本条件。④在此意义上，课程资源富含课程潜能，是"潜在形态的课程"。⑤

【案例链接】挖掘区域资源，凸显学校特色⑥

位于浙江省的萧山欢潭是大岩山云雾茶的故乡，是有名的茶乡。欢潭小学就坐落于欢潭白竹湾的山坳，与大岩山咫尺之遥。学校因势利导，建设劳动实践基地"四园一池一田"（茶园、果园、中草药园、竹园、养鱼池、试验田），开发以茶文化为主题的校本课程，把茶引入课堂，融入学生的生活，以此引导学生认识茶、了解茶、制茶、泡茶等，从

① 徐继存，段兆兵，陈琼. 论课程资源及其开发与利用[J]. 学科教育，2002（2）：1-5.
② 吴刚平. 课程资源的理论构想[J]. 教育研究，2001（9）：59-63，71.
③ 教育部基础教育司. 课程资源的开发与利用[M]. 北京：高等教育出版社，2004：4.
④ 范蔚. 实施综合实践活动对课程资源的开发利用[J]. 教育科学研究，2002（3）：32-34.
⑤ 黄晓玲. 课程资源：界定、特点、状态、类型[J]. 中国教育学刊，2004（4）：38-41.
⑥ 俞晓东. 校本课程开发：案例与反思[J]. 教育探索，2005（4）：22-24.

中培养学生的各种能力。

【讨论】结合案例材料，谈谈如何挖掘和利用地域性课程资源。

（3）多质性

同一资源对于不同课程和不同主体有不同的用途和价值，体现了课程资源多质性的特点。例如，对同样的一朵荷花，科学老师可能关注植物生长过程等生物学意义；美术老师可能关注色彩、阴影等美学意义；语文老师可能关注"出淤泥而不染，濯清涟而不妖"等文学意义。也就是说，同样的课程资源可以为实现不同的课程目标服务，不同学科可以运用同一种课程资源。课程资源的多质性要求教师具备课程开发的意识和能力，善于挖掘课程资源的多种利用价值。

（4）动态性

课程资源并非一成不变，而是动态开放的。一个地区的课程资源在一定时间内虽然存在一定限度，但这个限度并非一成不变的。区域的区位条件、自然环境、经济水平、民族文化和社会条件等，都影响着课程资源的客观存在和动态发展。在不同的历史阶段，课程资源的内涵、外延及内容不同，其本身有一个与时俱进的发展过程。也就是说，课程资源是一个与社会资源系统、人的主观价值系统和开发条件等动态适应的子系统，因而不同主体在不同情景下面对和可能开发利用的课程资源是不同的。[①]

（二）课程资源的分类

课程资源立体丰富、种类多样，如果不对其进行结构化的分类整理，在具体的开发利用过程中就有可能产生不必要的重复与浪费。因此，对课程资源进行理论上的归类，有助于形成较为清晰的资源框架，便于人们实现对课程资源的整体性认识。为了达成这一目标，研究者主要从功能特点、空间分布、课程层级这三个维度出发对课程资源进行分类。

1. 课程资源的类型划分

（1）根据功能特点，课程资源可分为条件性课程资源和素材性课程资源

条件性课程资源在很大程度上决定着课程的实施范围和水平，其特点是作用于课程却并不是形成课程本身的直接来源，如人力、物力、财力、时间、场地、媒介、设备、设施、环境，以及对于课程的认识状况等。素材性课程资源是学生学习、获取或内化的对象，其特点是作用于课程且能够成为课程的素材或来源。知识、技能、经验、活动方式与方法、情感和价值观等就属于素材性课程资源。当然，素材性课程资源和条件性课程资源之间并没有绝对的界限。现实中的许多课程资源往往既包含课程的素材，也包含课程的条件，如图书馆、博物馆、实验室、互联网等。

【思考】为什么说"教师既是条件性课程资源，也是素材性课程资源"？

（2）根据空间分布，课程资源可分为校内课程资源和校外课程资源

校内课程资源和校外课程资源都可以包括素材性课程资源和条件性课程资源。校内外课程资源对于课程实施都非常重要，但它们在性质上还是有所区别的。就利用的经常性和

---

① 黄晓玲. 课程资源：界定、特点、状态、类型[J]. 中国教育学刊，2004（4）：38-41.

便捷性而言，校内课程资源应占据主要地位，是学校课程资源建设的基础和重点，也是学校课程实施质量的主要保证。其中，课程标准和教材是校内课程资源最基本的组成部分，是课程的基本素材和课程实施的基本条件之一。校外课程资源则是学校课程资源的重要补充，起着重要的辅助作用。因此，基础教育领域应坚持校内为主、以校外为辅的课程资源开发与利用的基本格局。

（3）根据课程层级，课程资源可分为国家课程资源、地方课程资源和校本课程资源

课程资源可以按三级课程管理分为国家、地方和学校三个层面，分别承担不同的育人价值。国家课程资源与国家课程的本质特征有着必然的联系，指关系到国家教育发展和国家课程开发的课程资源，主要包括保证国家安全和发展的政治思想以及制度化的法律法规、保证培养卓越人力资源所需要的科学技术知识和创新能力的资源、保证民族文化延续和发展的民族文化课程资源。[①]地方课程资源是指可以用于地方课程开发的课程资源，是地方政治、经济、文化、风俗、组织等方面所具有的独特资源。开发地方课程资源，保证地方文化传统的继承和发扬，是在全球化时代背景下持续保护人类文化多元特色的重要途径。校本课程资源主要包括教师经验、学生经验、教材、学校设施、教学时间等。

课程资源的多样性和复杂性使得不同视角下的分类之间会出现交叉重叠。但多样化的分类视角也为我们提供了多种思路去探析课程资源及其开发等关键问题。表 4-1 呈现了不同视角下的课程资源分类。

表 4-1　课程资源的分类

视角	类型	含义/特点	举例
功能特点	条件性课程资源	作用于课程却并不是形成课程本身的直接来源	人力、物力、财力、时间、场地、设备等
	素材性课程资源	作用于课程且能够成为课程的素材或来源	知识、技能、经验、情感、价值观等
空间分布	校内课程资源	学校范围内的资源	教材、师资、设施等
	校外课程资源	学校范围外的资源	自然、历史、生活等
课程层级	国家课程资源	关系到国家教育发展和国家课程开发的课程资源	政治思想、法律法规等
	地方课程资源	用于地方课程开发的课程资源	地方政治、经济、文化、风俗等
	校本课程资源	学校传统和优势、学生兴趣和需要的课程资源	师生、校园文化等
性质[②]	显性课程资源	看得见摸得着，可以直接运用于教育教学活动	教材、计算机网络、活动等
	隐性课程资源	以潜在的方式对教育教学活动施加影响	学校和社会风气、家庭气氛、师生关系等
物理特性和存在方式	文字资源	以文字形式呈现	教科书等
	实物资源	以实物形式呈现	自然物质、模型等
	活动资源	以活动形式呈现	社会调查、实践活动等
	信息资源	依托网络形式呈现	计算机网络等
主体[③]	学生中的课程资源	蕴含在学生中的课程资源	学生的经验、兴趣、差异等
	教师中的课程资源	蕴含在教师中的课程资源	集体备课、资源共享等
	家长中的课程资源	蕴含在家长中的课程资源	家长参与教学活动等
	社会人士中的课程资源	蕴含在社会人士中的课程资源	知名人士、相关普通人物等

① 范兆雄. 课程资源的层面与开发[J]. 教育评论，2002（4）：74-76.
② 徐继存，段兆兵，陈琼. 论课程资源及其开发与利用[J]. 学科教育，2002（2）：1-5.
③ 季苹. 突出文化、人与智慧——如何理解"课程资源开发"[J]. 北京教育（普教版），2002（10）：28-29.

续表

视角	类型	含义/特点	举例
开发状态[1]	现存课程资源	当前已有的，并在现实条件下使用或关涉，用于课程教学或学校发展的资源	教材、场地等
	潜在课程资源	由于技术或能力等原因未能开发，将来有可能开发且有益于课程教学或学校发展的资源	—
	虚空课程资源	指未曾想象出或从不知晓、不大可能用于课程教学与学校发展的资源，但如果课程意识被唤起，其资源的价值也会凸显	—

2. 课程资源的价值意蕴

课程改革不仅是更新教材和变动教学内容，更重要的是将视野从"教材"扩展为"课程资源"，为新课程的实施寻求更广泛的支持与保障，为优质教育的创造提供基础和条件。从知识观、教学观、教师观、学习观和评价观审视课程资源的价值对新课程的实施和教学改革具有重要意义。[2]

（1）课程资源突破教材概念，重新定位知识观

教材是课程与教学中极其重要的基本要素，关于"教材"概念的定义与解释，主要有以下三种：①教材即教学材料，包括教科书、教学辅助图书资料等具有文本意义的教学材料和课件、唱片等具有视听效果的教学材料，这种理解并没有触及教材的本质；②教材即学科知识体系，将学科知识结构简单地等同于教材，是学科中心主义教材观的典型代表；③教材即学科课程内容。[3]从"教材"概念出发，人们强调的往往是对书本知识和客观经验的掌握，片面强调知识的客观性和工具性，形成了客观主义知识观。这一知识观强调物化形态的资源，漠视了生命化形态的资源。当经验、感受、交流等生命化形态的资源进入教学过程中，知识的主观建构性特征得以显现，即学生是通过自身的实际需要和已有的认知图式进行自主选择和积极建构的。因此，课程资源完成了从客观主义知识观到建构主义知识观的转变，推动了教学方式的变革。

（2）课程资源超越传统教学，形成动态生成的教学过程观

传统教学观仅仅将教学视作知识传输的过程，教学过程被简化为"转移知识"的过程，即知识从教师转移到学生身上的单向过程。"法定知识"在传统教学观下有"至高无上"的地位，学生的生活经验和自主思考被排除在课堂活动之外，致使教学过程沦为缺乏生命活力的"授受式"教学。课程资源理念为改变这一状况提供了新思路：①课程资源理念保证了教学目标的完整性和丰富性。核心素养目标要求教学目标超越知识与技能的掌握，更关注获得知识的过程、方法以及情感体验。仅仅依靠教材，忽视学科间的渗透融合很难实现这个教学目标。课程资源的丰富性和适切性程度决定着课程目标的实现范围和实现水平[4]，因此需要学校和教师积极开发和合理利用校内外各种课程资源。②课程资源扩大了教学内容的范围。传统教学中的教学内容主要包括教材、参考书、练习册等，学生学

① 李子建，孙彩霞. 重新审视课程资源及其开发与利用：社会资本的观点[J]. 全球教育展望，2013（9）：11-17.

② 李茂森. 课程资源的教学论意义探析[J]. 教育发展研究，2008（12）：34-37.

③ 刘继和. "教材"概念的解析及其重建[J]. 全球教育展望，2005（2）：47-50.

④ 吴刚平. 课程资源的理论构想[J]. 教育研究，2001（9）：59-63，71.

习的对象范围受到极大限制，课程资源理念的提出超出了这一狭窄范围。③课程资源理念确立了动态生成的教学过程观。学生的生活经验和学习经验、师生互动、生生互动作为课程资源，赋予课堂教学动态生成性。对动态生成性课程资源的重视，使教学的生成性、过程性价值得到应有的关注。

【案例链接】《马背上的小红军》教学片段①

阶梯教室里，座无虚席，老师们正听特级教师于老师执教的《马背上的小红军》。

一个学生刚朗读完第一段，他的同桌站起来问："于老师，深情是什么意思？"

这一课于老师上过好几次，从来没有人提过这个问题，他备课时也从未考虑过，第一段是这样写的："陈庚同志回顾自己革命经历的时候，曾经深情地谈起这样一件往事。"

这里的"深情"显然不是仅就字面解释为"满怀深厚的感情"，这个情是很复杂的，在学生没有读懂全文之前，即使老师把自己的体会讲出来，学生也很难理解。全体听课的老师都望着他，看看特级教师如何处理这个问题。他首先肯定这个问题提得好，说明这位同学读书动脑子了，然后说："等学完课文咱们再讨论这个问题，我想提问题的这位同学一定会自己找到答案。"

课文学完了，他请提问题的同学说说对"深情"的理解，她是这样说的："陈庚感到不该轻信小红军的话，他看到小鬼的干粮袋里装的是一块烧得发黑的猪膝骨时，他后悔极了，感到对不起这位小红军。""不错，这个'情'里，有后悔之情。"

她接着说，"小红军宁肯牺牲自己也不愿拖累别人，他这种精神，陈庚每次谈到的时候都很敬佩。"又有一个学生站起来补充道："这里还有赞美的意思。"

于老师最后作了一下小结："这个'深情'，有后悔之情，有责备自己之情，有敬佩之情，有赞美之情，当然，还有怀念之情，陈庚每次说到这件事的时候，总是怀着这样复杂的感情，所有这些，同学们都通过读课文体会出来了，古人说'书读百遍，其义自见'是很有道理的。"

【思考】结合上述案例，分析于老师是如何利用"学生问题"这一课程资源的。

（3）课程资源挑战传统教师角色，推动教师观的再认识

在传统教学观下，教师的主要任务往往局限于忠实地向学生传递书本知识，课程资源的丰富性则使教师不再是学生获取信息的唯一来源。在课程资源观下，教师兼具素材性资源和条件性资源的双重特征，教师的生活阅历、知识经验、价值取向等都构成了潜在的教学因素，深刻影响着学生的发展，教师自身的素养积淀又决定了课程资源的识别范围、开发与利用程度以及发挥效益的水平。教师可以根据自身的知识与价值观、学生的实际情况来自主选择、加工各种课程资源，尤其是作为素材性资源和条件性资源的教师的独特存在，为实现教师的专业自主创造了极为有利的条件，主要体现在校本课程开发和对教材的"二次开发"上。教师自身课程资源开发意识的觉醒及其能力的提升也促使教师身份发生根本性变化，即由纯粹的"制度化课程"的机械执行者向"个性化课程"的积极主动开发者和创造者转变。

---

① 唐劲松. 教育机智漫谈[M]. 深圳：海天出版社，2002：177-178.

（4）课程资源重新解读学习概念，引起学习观的变革

学习不仅是学生个体获取知识的过程，也是学生个体与学生个体、学生群体、教师之间的人际互动过程，还是学生个体不断自我反思并证明自己存在价值的过程。课程资源观赋予学生与不同课程资源对话的机会。学生不仅可以与客体世界这一"物"的课程资源对话，而且与老师、同学、家长、自我等"人"的课程资源进行对话，从而对知识不断地进行个人自主的意义建构。从学习方式的角度看，课程资源将学生学习的时空范围从课堂和书本扩展至课堂外和校外，改变了以往师生单向的知识传递方式，形成了全方位、多元化的学习渠道，也使学生的自主探究性学习成为可能。学生自身的生活经验、问题、困惑、情感、价值观等有教育意义的课程资源也为学生的学习提供了更为有效和有价值的内容。

【案例链接】《萤火虫》教学片段①

老师在带领学生学习语文课文《萤火虫》时有这样一个片断：老师问学生，萤火虫燃烧了自己，怎么啦？有的孩子回答说，萤火虫燃烧了自己它就死了；也有的孩子说，萤火虫燃烧了自己，它没有怎么，这只是一种生理现象；还有一部分孩子有一些其他的理解。这时，老师无法对这些理解给予肯定，因为书上不是这样说的，书上的正确答案是，萤火虫燃烧了自己，照亮了人间。所以，老师不但不能理直气壮地肯定孩子的理解，相反还得不断运用教学技巧和教学机智，想办法如何一步步地"启发"孩子得出"正确"的认识，于是让同学们再想一想，再看一看。看什么呢？当然是看书上，看课文。最后，孩子们终于在老师的不断引导下，"看"出一个"共同"的认识——萤火虫燃烧了自己，照亮了人间！

【思考】请从课程资源的角度，谈谈你如何看待上述材料中该老师的做法。

（5）课程资源冲击传统教学评价方式，推动评价观的更新

传统教学评价往往只强调教学目标的达成效果，忽略了各种动态生成性资源的重要价值，是一种目标取向的评价观。基础教育课程改革呼吁教学评价要发挥促进学生发展、教师成长和改进教学实践的功能。课程资源观强调把整个教学过程中的全部情况纳入评价范围，只要是具有教育价值的结果，不管与预定的目标是否相符，都应该受到评价的支持与肯定，这是一种目标游离取向的评价观。评价学生作为内在生命化形态的资源，融入教学过程之中所发生的实际情况，以及评价学生对外在物化形态资源的掌握情况，是评价活动必须面临的根本问题。

二、课程资源的开发

课程资源是课程设计与实施不可或缺的基本要素。积极开发和利用课程资源，对转变学生的学习方式以及促进教师创造性地实施课程等都具有十分重要的意义。

（一）课程资源的选择

课程资源要经过合理地筛选或转化，才有可能成为有利于学校课程实施的基本条件。课程资源的筛选机制（图4-1）能够帮助学校教师鉴别课程资源可以开发什么、如何开

---

① 吴刚平. 教学改革的课程论意义[J]. 教育研究，2002（9）：61-66.

发、为何开发以及开发到何种程度等问题。一般而言，要确定课程资源所具有的开发价值，需要经过三个筛子的过滤：第一个筛子是教育哲学，即课程资源或教学资源要有利于实现教育的理想和办学的宗旨，反映社会的发展需要和进步的方向；第二个筛子是学习理论，即课程资源或教学资源要与学生学习的内部条件相一致，符合学生身心发展的特点，满足学生的兴趣爱好和发展需求；第三个筛子是教学理论，即课程资源或教学资源要与教师教育教学修养的现实水平相适应。[①]在对课程资源或教学资源进行选择时，需要坚持以下原则。

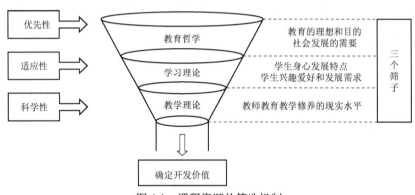

图 4-1　课程资源的筛选机制

1. 优先性

广义上的素材性课程资源包罗万象，远非学校教育能包揽的，因而必须在可能的课程资源范围内和在充分考虑课程成本的前提下突出重点，精选那些对学生终身发展具有决定意义的素材性课程资源，使之得到优先运用。同时，那些必要而直接的条件性课程资源也应优先予以保证。

2. 适应性

课程资源的开发、利用在考虑学生共性的同时也要关注学生的个性；既要结合教师群体作为课程资源开发主体的专业水平，也要兼顾学生群体的情况。

3. 科学性

一方面，要对涉及客观知识的素材性课程资源的真实性和可靠性进行科学甄别；另一方面，也要警惕"科学性"的工具理性倾向，避免落入"圣经式"的教材观，从而为教师创造性地实施课程创设条件，培养学生的自主创新意识和独立人格。

（二）课程资源开发的模式

课程资源分类的多样性，不仅表明课程资源的不同种类与存在方式、范围等，而且体现了课程资源开发与利用的丰富性与灵活性，这便决定了课程开发模式的多样性。关于课程资源开发的模式，主要有多元化开发模式和教学开发模式两种。

1. 多元化开发模式

多元化开发模式是指课程资源的开发应以教材、教师、学生、学校和社会为主来进行

---

① 吴刚平. 课程资源的筛选机制和开发利用途径[J]. 上海教育，2001（12）：18.

多元化和多角度的开发。从教材层面来看,就是要贯彻"用教材教而非教教材"的理念,使教材能紧密地结合学生的经验与生活实际;从教师层面来看,就是要加强教师队伍的建设,使教师成为课程资源开发与利用的主体,这也是新课程对教师素质提出的新要求;从学生层面来看,就是要扩展学生学习的时空范围,为学生进行自主学习、探究学习和合作学习创造机会;从学校层面来看,就是要充分发挥图书馆、资料室、多媒体教室等校内课程资源场所的作用,同时要主动与社区、部队、工厂、农村、家庭等联系,把校外课程资源与校内课程资源有机地结合起来;从社会层面来看,就是要充分挖掘科技馆、博物馆、展览厅、青少年活动中心等社会资源,增加学校课程资源的库存容量。[①]

2. 教学开发模式

教学开发模式立足于教育教学活动,主要从教师和学生两个角度出发探讨课程资源的开发。从教师出发,课程资源的开发与利用实际上就是把课程资源引入教育教学活动的过程,包括实践-体验式、问题-探究式和情境-陶冶式。[②]实践-体验式鼓励教师根据课程目标,有针对性地组织学生参与一些实践活动,使学生在实践活动的过程中自觉地把间接的理论知识与直接的感受和体验结合起来;问题-探究式鼓励教师组织学生围绕特定问题,指导学生通过观察、调查、操作、实验等活动,使学生在解决问题的探究过程中,强化创新意识,提高创造能力,培养合作精神;情境-陶冶式鼓励教师通过开发和利用自然环境、社会环境、文化传统、场所布置以及榜样、楷模的人格魅力等课程资源,创设一定的教育教学情境,陶冶学生的情操,培养其良好的个性品质。

从学生层面来看,课程资源开发以发展学生素质为核心,主要有自我构建式、核心课程式和民主决策式三种开发模式。[③]自我构建式强调学生为了促进自我的完善,加强了与生活的联系,开发了课程资源;核心课程式鼓励学生在围绕一些重大社会问题组织教学内容的课程中,利用网络、社区等地方资源,增强其动手实践能力以及综合获取信息的能力;民主决策式要求倾听学生的声音,让学生体会到主人翁精神,以构成一种潜在的课程资源氛围。

(三)课程资源开发的主要途径

能否合理、有效地开发和利用课程资源决定着课程实施的成效。从课程资源的范围来看,主要包括宏观、中观和微观三个层面的开发途径。

1. 宏观层面

宏观层面主要从社会层面出发,指将课程资源建设纳入课程改革计划,在政策上保证各种课程资源及其责任主体能够得到落实。如果制定政策时没有考虑实施政策所需的资源,而且如果没有必要的资源,学校、教师和学生就会处于要求得不到满足的局面。因此,国家和各级政府在教育政策上必须保证分配给基础教育足够的基本资源,使其达到实施国家课程标准的起码要求,包括提供足够的教师、时间、材料和设备、适当又安全的场所和社区。此外,课程改革计划还必须充分考虑课程资源消耗、补充、维护和更新所需要

① 王鉴. 课程资源开发与利用的多元化模式[J]. 教育评论, 2003 (2): 36-39.
② 徐继存, 段兆兵, 陈琼. 论课程资源及其开发与利用[J]. 学科教育, 2002 (2): 1-5.
③ 高新芝. 课程资源开发的几点思考[J]. 宁波大学学报 (教育科学版), 2002 (5): 67-69.

的投入，即要有课程成本的观念。①例如，为了推动中小学生利用博物馆资源开展学习，促进博物馆与学校教学、综合实践有机结合，2020 年发布的《教育部 国家文物局关于利用博物馆资源开展中小学教育教学的意见》，为博物馆资源开发与利用提供了政策引领和组织保障，指明了博物馆资源融入教育体系的建设方向。

2. 中观层面

课程资源建设的核心矛盾不在于"大和多"的问题，资源形式和资源效能更为重要。如何丰富形式并提升效率，成为课程资源建设的关键。②中观层面的课程资源建设主要是从学校层面出发，建立课程资源的协调和共享机制，构建合理的课程资源结构，提高各类课程资源的使用效率。

（1）学校要充分利用和整合学校内部的课程资源

一是要重视教材的作用，精选供学生和教师使用的教材；二是要整合学校内部的课程资源，充分发挥校内图书馆、实验室、专用教室及各类教学设施和实践基地的作用；三是要在服务时间、服务方式和使用效率上不断地进行调整和完善，以适应学生日益个性化的学习需求。各门课程之间要尽可能形成共用的专用教室、计算机房、实践基地等，做到物尽其用和一物多用。

（2）要促进校内外资源的优化和整合

建立校内外课程资源的协调和共享机制。学校要根据教学实际情况和学生发展的具体需要，广泛利用校外的图书馆、博物馆、展览馆、科技馆、青少年活动中心、电影院、工厂、农村、部队、政府部门、企事业单位、职业学校、成人教育机构、高等院校和科研机构等各种社会资源以及丰富的人力资源、自然资源等。一方面，学校要本着互利共赢的原则，合理挖掘和运用社区及兄弟学校的课程资源；另一方面，学校内部的课程资源也可以向各社区和其他学校开放和辐射。作为课程资源开发、利用和交流、共享的重要平台，网络在协调和共享校内外课程资源上也发挥了极其重要的作用。例如，同步课堂就是城镇优质学校和乡村学校、薄弱学校之间运用互联网共享优质资源的成功实践之一，有效突破了"资源孤岛"所造成的现实壁垒。

（3）建立学校课程资源数据库

学校应有计划地开发、建设课程资源库，建立分类检索系统或资源档案系统，分门别类地进行管理，以方便查找和使用。一方面，资源库建设要寻求专门指导和有效合作，建设高水平的课程资源数据库离不开政府部门的整体性规划，离不开学校之间的密切沟通，也离不开与有关公司、企业的合作；另一方面，要通过不同途径增加资源库的储存量，如自行开发资源、获取网上免费资源等。③

3. 微观层面

微观层面的课程资源开发主要指包括教师、学生、其他群体等在内的开发活动。

---

① 吴刚平. 课程资源的开发与利用[J]. 全球教育展望，2001（8）：24-30.
② 赵婧. 基于大数据的课程资源建设：趋势、价值及路向[J]. 课程·教材·教法，2015（4）：18-23.
③ 吴刚平，李茂森，闫艳. 课程资源论[M]. 北京：北京师范大学出版社，2014：240-241.

（1）教师课程资源开发

教师是课程实施的组织者和促进者，也是课程的开发者和研究者。教师本身就是一种重要的课程资源，同时又是课程资源开发和利用的主体。教师课程资源的开发主要通过三个方面来进行。

第一，树立正确的课程资源观。教师的课程资源观，就是教师对课程资源的态度和看法，对教师开发课程资源起着导向、维持和监督作用，是影响课程资源有效开发与利用的重要因素。教师课程资源观的"缺席"，只会让教师对丰富的课程资源"视而不见"。教师课程资源观的形成是一个由低级到高级发展的动态过程，是对课程资源的认识不断深化、不断增长和不断更新的过程。为此，教师要加强对课程资源的理论研究和实践研究，更新自身的教学观念和教学方法；通过教师培训加强对课程资源的认识，积极介绍、推广课程资源开发的典型案例和好经验；教师自身也要注重自我学习和自我反思，通过阅读、写作、录像、研究等方式逐步形成自身的课程资源观。①

第二，重视动态生成性课程资源。知识的主观属性和建构属性要求教师不仅要重视书本知识等客观知识，更要关注在课堂师生互动中动态生成的知识，允许学生和教师个体的经验、理解、困惑、问题等进入课程也具有重要意义。在此意义上，深入研究动态生成的课程资源也成为教师课程资源开发的重要途径。当然，课堂教学的动态生成也是需要把握限度的，避免出现虚假、被动、负效的生成情况。例如，在《江雪》的教学案例中，两个片段的授课教师都注意到了课堂的动态生成性资源（学生的提问），但是片段1中的教师在重视生成性课程性资源的同时却遗忘了文本的本真意义，诗句中蕴含的美感和诗意丢失了，是一种虚假的生成。而片段2中的教师通过提问"可他真在钓鱼吗？"，引起了学生的思考，引出了学生对诗人孤独至极的环境的体验、对诗人孤独至深的心境的领悟，是一种真实、有意义的生成。

【案例链接】《江雪》教学的两个片段②

［片段1］

师：同学们，这首诗咱们学完了，老师想问：还有什么不懂的问题吗？

生：老师，我有个问题。这位老头为什么在那么冷的天还要到江中钓鱼？

生：我知道。因为那老头儿爱吃鱼。

生：是老头儿家里穷，没什么吃的了。

生：我想，那老头儿钓鱼是要去卖的。

师：有些道理，你明白了吗？

生：哦！（该生似乎恍然大悟）

生：老师，江面结着冰，不可能钓到鱼的。

师：是吗？有不同看法吗？

生：那有什么，可将冰凿破呀！

生：有时天冷，河面不一定会结冰的。

① 段兆兵. 课程资源的内涵与有效开发[J]. 课程·教材·教法，2003（3）：26-30.
② 曾文婕. 教学反思的多重路径[J]. 教育科学研究，2009（11）：65-68.

师：哦！是这样，你明白了吗？

[片段2]

师：学了这首诗，还有不懂的问题吗？

生：老师，那么冷的天，老翁为什么还要到江中钓鱼？

生：我知道，因为那老翁家里穷，没什么吃的了。

师：（神情凝重，饱含深情）同学们，或许老翁家里真的很穷，钓鱼充饥。可他真在钓鱼吗？

生：不是。

师：其实他在干什么？钓什么呢？

生：老翁在欣赏冰天雪地那晶莹剔透的美景。

生：告诉人们他非常坚强。在冰天雪地寒风凛冽的环境下钓鱼。

生：告诉人们他非常孤独。我发现这四句诗的第一个字连起来是"千万孤独"四个字，是一首藏头诗。

生：老翁钓鱼很有情趣……孤舟蓑笠翁，独钓寒江雪。这是一种孤独的情、期盼的情、顽强不屈的情。

师：啊！多深的发现，多有见地的领悟。

生：我认为老翁在钓一个春天，冬天到了，春天还会远吗？

【思考】对比分析上述两个教学片段，谈谈教师在开发和利用动态生成性课程资源时需要注意哪些问题。

第三，多途径促进教师专业发展。教师专业发展与课程资源开发互为条件、互相促进、相辅相成。课程资源的开发是教师专业发展的主要途径之一，教师专业发展又有助于提高课程资源开发的理性水平，拓展课程资源领域，实现课程资源开发方式的多样化和优化课程资源结构。[①]因此，教师要深度利用教材。通过钻研教科书、掌握学生的实际情况、精选辅助材料，并在课堂教学中把知识传授与其他育人功能相结合，实现教材功能的最大化。[②]此外，教师还可以通过总结反思教学经验、开展行动研究、案例研究、参与校本课程开发等途径提升自己的课程开发意识和能力。

（2）学生课程资源开发

学生是构成教育活动的基本要素，其本身就是一种课程资源，也是课程资源开发的主体。学生课程资源就是来源于学生的课程资源。广义上说，学生课程资源包括学生自身的知识、经验、情感态度等素材性资源以及由学生提供的一些外在的课程资源；狭义上说，是指教学中生成的、学生的知识、经验、问题、作品、困惑、理解等素材性课程资源。

开发学生课程资源时，教师在课程实施和教学活动中关注学生真实的生活体验、不同的思维方式和多样的经历探索等，就是在开发和利用学生课程资源。例如，在下列《美丽的烟花》教学片段中，学生从课堂交流中认识到了自己从前没见过的烟花的种类和花样，增长了见识；从动手画烟花、拼贴烟花和欣赏作品的过程中再一次丰富了自己的经验。学

---

① 李定仁，段兆兵. 论课程资源开发与教师专业成长[J]. 教育理论与实践，2005（11）：42-45.

② 韩辉，夏永庚，周杨. 小学课程资源开发和利用的实践智慧[M]. 北京：高等教育出版社，2004：55-60.

生的经验千差万别，在美术课堂上学生经验的交流旨在碰撞、生成和发展，而不是去统一所有学生的认识。美术课若要呈现百花齐放的景象，必须让学生学会用自己的经验去表达、创造自己的作品，而非他人的作品。

此外，学生作为课程资源的主体和学习的主人，应当学会主动地、有创造性地利用一切可用资源，为自身的学习、实践、探索性活动服务。[①]当然，学生成长为课程资源的主体需要教师正确、耐心的引导，只有这样才能避免他们的学习活动变成盲目的试误。

【案例链接】《美丽的烟花》教学片段[②]

一节美术课上，学生七嘴八舌地谈论自己见过的烟花和自己的感受。"我回乡下老家看过烟花""春节在白鹭洲广场可以欣赏到美丽的烟花""烟花像瀑布，像大火，火光是一条一条的""烟花像喷泉""烟花像许多小子弹""烟花像花儿一样散开了""烟花还带有响声，一下子炸开了""有的烟花还能组成图案或文字如'2001'"等。交流结束后，学生用不同的方式展示烟花之美。大部分学生能把烟花表现得热烈欢快，有的学生能表现出烟花升空的过程，有的能表现出不同的图案或文字。

【思考】结合案例，谈谈如何开发和利用学生课程资源。

（3）其他群体资源开发

课程资源开发不是少数人的专利，而是一个由校长、教师、专家、学生、家长、社区以及社会人员共同参与的民主开放的过程。例如，校长等教育管理人员在教师队伍建设问题上保持的责任感在一定程度上影响着学校教师的资源优势的有效发挥；各类学科专家能为不同层次和类型的课程资源开发与利用提供科学的理论指导；学校可以通过家校合作挖掘隐藏在家长中的课程资源；社区作为学生生活、健康发展的环境也蕴含着丰富的课程资源，影响着学校课程实施的范围和水平；各类社会人员也可以通过不同途径参与课程资源建设。根据课程目标和内容的特殊性，发挥不同资源主体的协同开发优势，已经成为课程资源建设的重要方面。

（四）课程资源开发的几个问题

我国基础教育课程改革积极倡导教学方式和评价方式的转变，这对课程资源的开发和利用提出了更高的要求。进行课程资源开发与利用，需要明确以下问题。

1. 教材不是唯一的课程资源

与纸张印刷时代的要求相适应，教材在过去一直是我国学校教育的主要课程资源，以至于人们常常误以为教材就是唯一的课程资源。不可否认，教材是重要的素材性课程资源，反映了国家的意志和利益，代表了国家对教育的基本要求，但课程资源绝不局限于教材，也绝不限于学校内部。因此，我们在确认教材是最基本的课程资源，重视教材建设，充分发挥教材在教学中重要作用的同时，也应明白教材的开发和利用不能局限于学科知识，而应秉承"三个有利于"的导向：①在内容方面，应注重衔接性与拓展性，有利于引导学生利用已有的知识与经验，主动地探索知识的发生与发展；②在教师方面，应注重包

---

① 张廷凯. 课程资源：观念重建与校本开发[J]. 教育科学研究，2003（5）：37-39.

② 陈雅玲. 怎样开发利用美术课程资源[M]. 重庆：西南师范大学出版社，2006：44-45.

容性与灵活性，有利于教师创造性地开展教学活动；③在学生方面，应注重创造性与自主性，有利于培养学生的创新精神和自主解决问题的能力，以及对他人、社会乃至自然的价值关怀。所以，教材的编写应符合课程标准的要求，遵循学生的心理发展特点，精选学生终身学习必备的基础知识与技能，从学生兴趣与经验出发，及时体现社会、经济、科技的发展，尝试以多样、有趣、富有探索性的素材展示教育内容，并能够提出观察、实验、操作、调查、讨论的建议。

2. 教师是重要的课程资源

在利用和开发课程资源有关的众多因素中，教师是核心因素。教师对课程的理解和实施决定了学生所经历和体验到的课程质量，如果不通过教师的创造性劳动将新的课程理念在课堂教学中加以落实和实现，再好的设想和计划也会落空。在下面的案例中，授课教师根据小学生的特点和学生的生活经验，将数学课程与现有资源加以整合，巧妙地设计数学活动形式，将国家课程与民族文化传统和主题活动巧妙结合，通过合理调试课程内容使学生在真实、熟悉的情境中自主快乐地学习。

【案例链接】"几何图形的认识"：搭建蒙古包教学活动[①]

"几何图形的认识"教学过程如表 4-2 所示。

表 4-2 "几何图形的认识"教学过程

环节	步骤/任务	具体内容
环节 1：课前准备，激趣导入	任务 1	向家长了解或通过不同渠道了解蒙古包的由来
	任务 2	向家长了解或通过不同渠道了解蒙古包的构造
	任务 3	简单了解搭建蒙古包的过程
环节 2：分析任务，提出问题	教师提问	你了解到的蒙古包的内容有哪些？蕴含哪些数学知识？
	分发任务单	指导学生动手实践活动，分析"蒙古包中的几何图形有哪些？这些几何图形在现实中是怎样应用的？""蒙古包为什么做成圆的？"以小组为单位，在搭建蒙古包的活动中探讨相关数学问题
	教师/蒙古族学生介绍搭建蒙古包的过程方法	介绍传统木制蒙古包搭建的过程及其方法
环节 3：动手操作，探究知识	准备	观看搭建蒙古包的视频
	指导	操作要点、安全事项、人际关系、行为表现等（采用提问方式）
	问题	蒙古包中的几何图形有哪些？这些几何图形在现实中怎样应用？蒙古包为什么做成圆的？
	小组活动	学生进行搭建活动
环节 4：交流提炼，拓展反思	联系生活，提炼本质	教师组织学生进行大班交流和提炼
	操作探究，深化理解	在周长相同的平面图形中，圆的面积是否最大？
环节 5：归纳总结，积累经验	全课总结	总结各组任务完成情况搭建蒙古包的过程中运用了哪些数学知识？提问学生有哪些收获？

【思考】结合案例，分析该教师是如何开发课程资源的。

---

① 彬彬，孔凡哲. 地域性课程资源开发利用中的教师智慧——基于小学数学典型案例的个案分析[J]. 数学教育学报，2014（6）：36-40.

3. 课程资源开发不仅要服务于学科课程，更要服务于学生的学习生活

2022 年版课程方案的一个重要目标和举措就是要实现课程结构变革，改变过去过于强调学科知识点、缺乏整合的现状，强调课程内容与学生经验、社会生活的联系，强化学科内知识整合，统筹设计综合课程和跨学科主题学习，培养学生在真实情境中综合运用知识解决问题的能力。因此，课程资源的开发和利用不仅要服务于学科课程，更要为学生的学习生活服务，为学生解决真实问题服务。这要求广大教师加强研究与合作，达到资源的共享，提高资源使用和课程实施的实际效果。例如，表 4-3 案例中的项目化学习活动跨越了传统分科课程的边界，学生通过个人钻研、反思和参与小组活动，发展逻辑思维能力、自主学习能力和人际交往能力等，是指向学生真实生活世界的教学活动。

【案例链接】项目化学习活动：实习医生[①]

表 4-3　"实习医生"项目化学习活动方案

项目：实习医生

驱动问题：作为实习医生，如何给病人提出最佳的治疗建议？

最终成果	学习目标	评价方式	教学策略
个人：医生检查报告书（可以利用多种途径进行短期研究项目以诊断病人）	能够识别循环系统的各个部分	1. 对多种途径的总结 2. 课后分发证明 3. 实验记录/科学日志 4. 测试	1. 教师示范总结撰写/实验记录 2. 科学实验室 3. 采访医学博士 4. 课本；视频
	能够写一份报告通知病人其病情	1. 报告大纲 2. 日志撰写反思 3. 报告草稿（同伴/教师反馈） 4. 专家研讨会议	1. 考察报告样例，确定报告结构和教学模式 2. 采访医学博士 3. 作家工作室；基于同伴评论的玻璃鱼缸式会议案例 4. 回顾驱动问题 5. 专家研讨会议案例
	能够利用事实、细节和印证解释诊断结果	1. 对多种途径的总结 2. 报告草稿（同伴/教师反馈） 3. 教师会议	1. 教师示范总结撰写/实验记录 2. 作家工作室（分区分天赋型和奋进型作家）
	能够总结或解释自己的研究	1. 对多种途径的总结 2. 快写评估 3. 课后证明的评语	1. 教师示范总结撰写/实验记录 2. 作家工作室（分区分天赋型和奋进型作家） 3. 小组活动评语
小组：诊断报告（围绕一个主题，汇报具体的细节内容以佐证观点）	能够利用直观工具来传达信息；能够准确、清晰地回应听者的问题	1. 直观工具的制作（同伴/教师反馈） 2. 玻璃鱼缸式会议 3. 专家研讨会议	1. 评估直观工具；用视频观看学生的陈述 2. 提问技巧课程/采访医学博士 3. 回顾驱动问题；专家研讨会议案例
	能够评估诊断中采用的多种途径，并将有效的来源整合到汇报中	1. 对多种途径的总结 2. 汇报大纲 3. 专家研讨会议 4. 汇报呈现（同伴/教师反馈）	1. 搜索网络课程；寻找小组的支持 2. 在团队中讨论证据和主张；检查报告范例 3. 回顾驱动问题；专家研讨会议案例

【思考】结合案例，谈谈在开发和利用课程资源过程中需要注意哪些方面的问题。

---

① Larmer J，Mergendoller J，Boss S. Setting the Standard for Project Based Learning：A Proven Approach to Rigorous Classroom Instruction[M]. Alexandria：ASCD，2015：118-119.

三、教科书内容的选择与组织

尽管教科书不是获得知识的唯一途径，但是它对学生的学习仍然十分重要，因为教科书不仅是教师教学决策的基础，还是学生重要的学习材料。从课程资源的视角出发，教科书（狭义概念的教材）的内容选择、组织原则和呈现方式都必须围绕怎样才能更好地促进学生的学习这一中心问题展开。

（一）教科书内容的选择依据

作为承载知识、传承与创新文化的重要文本，教科书所承载的内容需要从浩如烟海的知识中进行选择，如何选择教科书内容成为教材编制过程中无法回避的一个重要问题。课程内容的选择必须具备基本的条件及依据，即要明确社会的要求、分析教育对象的发展特征和明确教育学的要求。①那么，教科书内容的选择也应考虑课程目标、学生需求和身心发展水平、社会发展的需要。

1. 课程目标

课程内容是为实现课程目标服务的，教科书内容的选择也必须服务于课程目标。有什么目标就有什么内容，要让目标和内容取得一致。从课程政治学的角度看，一方面，课程目标为判断"什么知识最有价值"提供了重要依据，教科书的内容则是承载着目标认同的精华和合法的文化；另一方面，确立课程目标过程中不可避免地带有意识形态色彩，目的是通过教科书培养个人对国家与权力的认同感，这种认同感，是促进社会安定的基础。被建构的认同必然褒奖某些取向而排斥另一些取向，因此什么样的知识能进入教科书成为"正式知识"，这一问题反映了更深层次的政治、经济、文化等因素的影响。②

2. 学生需求和身心发展水平

教育的最终目的就是要实现学生的全面发展，把学生培养成"完整的人"。选择教科书内容应当深入研究学生的兴趣、认知发展和个性特征，明确学生发展的需求。学生发展的需求分为认知需求、情感需求、精神需求。认知需求指学生在知识、技能、能力等方面的需要；情感需求指学生在情感方面的某些需要，如安全感、归属感等；精神需求是指学生在自我认知、社会角色、态度、动机等方面的需要。③

确定学生需求的过程在本质上就是尊重学生个性、体现学习者意志的过程，因此教科书内容的选择本质上也应该是尊重学生的过程。但是目前教科书"大都是以中材儿童的程度而编写的，不能适应儿童的个别差异"④。仔细分析不同时代的教科书，其内容选择以学生身心发展为依据的情况相对较少，大量教科书内容是依据民族、社会、国家、学术、科学等其他因素而选择与确定的。⑤因此，教科书所选的内容不仅应关注一些直接的成果与经验，还应适当增添发现知识过程的内容；不仅应注重认知方面的内容，还应关注有助于学生情感态度发展的内容，以便激发学生的好奇心与探究心，更好地促进学生身心的全

① 钟启泉，汪霞，王文静. 课程与教学论[M]. 上海：华东师范大学出版社，2008：73-76.
② 石鸥，刘学利. 教科书文本内容的构成[J]. 教育学术月刊，2013（5）：77-82.
③ 王本陆. 课程与教学论[M]. 3版. 北京：高等教育出版社，2017：78-79.
④ 王婷. 教科书的负面性及对策研究[J]. 教育科学研究，2000（1）：68-72.
⑤ 石鸥. 教科书概论[M]. 广州：广东教育出版社，2019：116-117.

面发展。

3. 社会发展的需要

社会改造主义课程论强调，学校不仅应该帮助学生在社会方面得到发展，还应帮助学生学会怎样参与社会活动，因此社会改造主义课程论尤其注重从社会现实和问题出发来设计课程内容。现代科技革命带来教育的大革新，对学生素质发展提出了更高的要求。所以说，社会需求是教材生成与发展的根本，也是教材改革与发展的最大动力。

社会需求可以分为全局性需求和局部性需求，还可以分为现实性需求和未来预期性需求。教材改革首要考虑的是社会局部和现实的需要。一定的教材体系必然是一定的民族和社会发展阶段在社会政治经济文化等方面的最基本、最集中、最系统的综合反映，体现着特定时期对人才培养的要求，是教育目标的具体体现和课程的物质形态。从具体情况来看，教材设计要与教育目的、培养目标、时代特征、学校系统和课程设置相符合，落后或超前于社会的发展，都不可能设计出优秀的、合适的教材。[①]总之，教科书内容的选择要面向学生所处环境的社会现状和未来发展需要，又要致力于面向全国乃至全球的社会现状与发展。

（二）教科书内容的组织原则

为了将学生与课程内容有效地联系在一起，还需对选择出来的教科书内容加以组织编排，使学习内容起到相互强化的作用，更好地服务于师生的教学活动。总的来说，教科书内容的组织原则主要有以下四种。

1. 学科逻辑与心理逻辑相结合

学科逻辑是指根据学科本身的系统和内在的联系来组织课程内容；心理逻辑则是指按照学生心理发展的特点来组织课程内容。一方面，教科书内容应该考虑学科本身的体系。学科体系是客观事物发展和内在联系的反映，学生通过学习学科体系，可以了解自然界和人类社会的发展过程。另一方面，教科书是为教师和学生的教学活动服务的，教科书的编制也要遵循教育教学规律。如果教科书内容不符合学生身心发展特征以及他们的兴趣、爱好、需要、经验背景等，学生就难以接受教科书中的内容，也会对教师教学造成一定的难度。总之，教科书是对"社会规律、自然规律、教学规律综合而系统的反映"[②]，其内容的组织应兼顾学科逻辑与心理逻辑，既要反映出某一学科内容的科学性、系统性，又要考虑学生发展的特点。

2. 直线式与螺旋式相结合

直线式指把一门课程内容组织成一条在逻辑上前后连续的直线，前后内容基本上不重复；螺旋式则是指在不同阶段上使课程内容重复出现，但要逐渐扩大范围和加深深度。例如，赞可夫主张直线式原则，认为过多地重复一个内容会使学生感到厌倦；布鲁纳则主张螺旋式原则，认为学科的基本结构是课程内容的核心，应当把学科最基本的原理教给学生，随着年龄的增长螺旋式反复和提高。事实上，直线式和螺旋式各有利弊，直线式可以避免不必要的重复，而螺旋式更容易照顾到学生的认识特点。可以发现，二者的优缺点互

---

① 廖哲勋，田慧生. 课程新论[M]. 北京：教育科学出版社，2003：324.
② 周士林，李嘉瑶. 教材建设浅论[M]. 北京：北京航空学院出版社，1986：26.

补,在组织教科书内容时,要照顾到两个方面的结合运用。

3. 纵向组织与横向组织相结合

纵向组织又称序列组织,指按特定的准则以先后顺序排列课程内容,注重具体学科内在的逻辑顺序,强调同一学科的难易、繁简、深浅的内在逻辑联系,关注学科深度的变化。纵向组织强调教科书内容的组织应该从易到难,从未知到已知,从具体到抽象。对教科书内容组织的纵向原则的关注事实上是一个遵循事物发展规律的过程,只有关注纵向组织原则才能使学生掌握具体的学科知识。

然而,身处"知识爆炸"新时代的学习者,为了应对未来的挑战需要学会更多的知识。在教育实践中,不可能做到每增加一类新知识就增设一门新课程。因此,新时代的课程与教学呼吁跨学科的知识整合,即关注教科书内容的横向组织,用"学科大观念""大单元"等作为教科书内容的组织要素。横向组织强调的是知识的广度而不是深度,关注知识的应用而不是知识的形式。

编制教科书应在关注纵向组织原则的同时,深入研究横向组织原则的实现形式,做到二者的统一与结合,在促进学生有效学习的同时,更关注学生知识应用能力和问题解决能力的培养。

4. 基础知识与创新能力相结合

基础教育阶段要加强课程内容与学生生活以及现代社会和科技发展的联系,关注学生的学习兴趣和经验,精选终身学习必备的基础知识和技能。一方面,基础知识和基本技能使学生系统掌握人类文明成果,发展其智力,培养其能力,以适应学生终身学习和全面发展的需要。另一方面,教科书内容的组织不能仅仅关注书本知识,应以基础知识和基本技能为前提发展学生的各项能力。这种能力不仅是生存和生活的能力,更是一种推动社会发展的创新能力,关注和培养学生的创新能力也是当代课程内容的发展趋势。

四、教材分析与教学内容加工

教材是课程的载体,主要包括教科书、教学参考资料、学具等教学材料。教材分析就是教师与教材编写者的对话,在此基础上对教材的解读、研究、开发与使用的过程。[①]课堂教学的动态生成性、不同学生个体的差异性要求教师在教材分析的基础上具备"用教材教"的观念,结合具体的教育教学情境和学生的需要,创造性地使用教材。

(一)教材分析的方法

将教材内容转化为教学内容离不开教师对课程的理解和对教材的深入分析。教师上好一堂课,备课是关键,而备课又离不开教师对教材要素、内容、结构、原理等进行多角度和多元化的理解。目前,教材分析的理论和实践中存在如下问题:①把教材等同于教科书,没有把课程标准和教学参考资料作为教学材料,教材分析缺乏科学性和合理性;②局限于教材的内容分析,没有分析教材中的教学目标、教学内容的呈现方式等其他教材要素,不能完整、全面地理解教材;③对教材的分析停留在阅读、浏览的表层水平,没有深

---

① 王莉. 课堂教学技能训练教程[M]. 西安:陕西师范大学出版社,2016:42.

入教材了解其编写的意图和所依据的原理。[①]

1. 基于课程标准分析教材

课程标准是编制教材的重要依据，教材是具体化的课程标准，教师对教材的分析应建立在对课程标准的分析和理解之上。因此，教师在分析教材前，应首先分析和把握课程标准，只有这样才能搞清教材编写者的意图、思想和教材的寓意，做到全面、准确地把握教材和创造性地处理教材，使教材成为服务于教学的材料。教师分析教材时，要找出与内容标准相对应的教材内容，确定该内容的学习水平要求，从宏观上把握教材的整体分布，了解教材的整体结构和基本内容，理解局部内容在整体中所处的地位。教师也可以对教科书和课程标准的目标、内容、实施和评价要素进行比较分析，解释各要素之间的关系和组织原理，以提升对教材的理解的深度。[②]

2. 多视角解读和分析教材

要全面、系统地理解教材，教师需要从学科知识、学生学习、现实生活、评价和文化五个视角来分析教材。[③]从学科知识看，教材是学科知识的重要载体，教师在对教材进行分析时不能局限于对知识点的分析，而要分析知识类型、学科基本结构和教材之间的内在联系。从学生学习看，教师要以学生易接受的方式设计内容知识序列，充分考虑学生具体的学习需求和学生已有经验，采取有助于使教材变成学生经验的策略与方式。例如，"导学案"就是教师从学生视角开发教材的一种体现。"导学案"的出发点和归宿都在学生，本质是关注学生的学习获得。从现实生活来看，教师主要通过现实生活学科化和学科知识生活化来分析教材，挖掘学科知识依托的现实生活素材，遴选出符合教学要求的现实生活案例。从教学评价看，要求教师对教材分析抱有"育人"而非"育分"的目的，更加强调对学生学习过程的关注。从文化角度看，就是要找出学科教材中所隐含的学科思想，在实际教学过程中让学生在潜移默化中受到文化熏陶，提高修养。

3. 把握教材的重点、难点和关键

"重点"是指教材中最基本、最重要的核心部分，如各科教材中的基本概念、基本原理、基本定律、重要方法和公式等，它们是学生学习后继内容的基础。例如，在平面几何教学中，三角形是重点，因为大多数的平面图形可以转化为三角形来进行研究，是一个基本图形，具有常用性和应用性。"难点"包含两层含义，一是学生难以理解和掌握的内容，二是学生容易出错或混淆的内容。需要注意的是，难点是根据学生的实际知识水平来确定的，帮助学生突破难点将极大地促进学生学习的效果。"关键"是指教材中起决定性作用的内容，掌握了"关键"内容犹如获得了一把解决问题的金钥匙，其余内容也会迎刃而解。此外，重点、难点和关键虽然有区别，但也有联系。有些内容既是难点，又是重点，还是关键；有些内容知识是难点，但不是重点，也不是关键。

总之，在分析教材时，教师要做到"突出重点、突破难点、抓住关键"。"突出重点"意味着要在教材重要的部分舍得花时间、下功夫，但突出重点不是丢弃次要内容，相反，要求教师在授课中采用"以偏托正"（将次要内容围绕重点内容进行讲授）的方式。"突破

① 胡定荣. 教材分析：要素、关系和组织原理[J]. 课程·教材·教法，2013（2）：17-22.
② 胡定荣. 教材分析：要素、关系和组织原理[J]. 课程·教材·教法，2013（2）：17-22.
③ 吴立宝，王光明，王富英. 教材分析的几个视角[J]. 教育理论与实践，2016（23）：39-42.

难点"有以下几种常用方法：一是分散难点，各个击破；二是创设情境，联系实际；三是运用对比的方法来区分各自的特点。对关键点的解决是解决难点的突破口。例如，在立体几何教学中，利用"截面"把三维问题转为二维问题，学生就更容易掌握。在这里，"截面"扮演的就是学生理解的关键角色。①

（二）教学内容的加工

教师要对教材进行二次开发，创造性地使用教材。教材本质上不是束缚教师和学生发展的"产品"或"工具"，而是为教师和学生的创造性赋能的"材料"和"文本"。学校的个性化情境、学生的多元化需求、教师自身能力与理念的不同，让我们意识到没有任何一套教材能满足不同主体的所有需求。因此，教材二次开发的过程实际上就是教材情景化的过程。②

1. 教材二次开发的含义

教材的二次开发，是指教师和学生在实施课程过程中，依据课程标准对既定的教材内容进行适度增删、调整和加工，合理选用和开发其他教学材料，从而使之更好地适应具体的教育教学情景和学生的学习需求。③从该定义出发，有以下几点需要注意。

（1）学生也是教材二次开发的主体

教材的二次开发不是教师的"专利"，学生也是教材二次开发的主体。教师在教学过程中，不仅不能无视学生的声音，还要主动邀请学生一起参与二次开发的过程。这意味着学生是与教师具有平等地位的课程开发者，教师与学生的关系也逐渐从"对立"走向"对话"。学生和教师各自拥有不同的经验和背景，围绕"教材"在交流和对话中实现知识的生成，实现教师、学生、文本（教材编写者）的互动。学生可以作为"数据来源""真实教材的提供者""教材的合作改编者""教材的独立编写者"参与到二次开发的过程中。

【资料链接】学生参与教材"二次开发"的几种方式④

1）学生作为数据的来源：学生需要分析；关于学生所需教材类型的调查问卷；教材使用后的调查问卷；学生错误和典型问题档案等。

2）学生作为真实教材的提供者：报纸、杂志、广告、商标、宣传手册以及音像制品、照片、画册、电子教材、学习软件、歌曲、信件、游戏、文学作品等。

3）学生作为教材的合作改编者：改编课文（如改写或续写课文、提问、改变信息表征）；设计任务或活动；设计语言游戏；合编学习词典等。

4）学生作为教材的独立编写者：学生自述新闻、经历、故事；编写问题、练习、作业、测试题；自编对话、小品、戏剧；学生录音或录像；撰写供人阅读的项目研究报告等。

【思考】阅读案例中的原文并思考：学生作为教材开发者，体现了哪些课程理念？

---

① 胡淑珍. 教学技能[M]. 长沙：湖南师范大学出版社，2016：24-25.
② 王笃勤. 教材二次开发：从理论到实践[M]. 上海：复旦大学出版社，2016：4.
③ 俞红珍. 教材的"二次开发"：涵义与本质[J]. 课程·教材·教法，2005（12）：9-13.
④ 俞红珍. 让学生成为教材"二次开发"的参与者[J]. 教育理论与实践，2009（26）：15-16.

（2）教材的"二次开发"不等于"更换内容"

教材的二次开发允许教师和学生对既定的教材内容进行适度增删、调整和加工，但这不意味着教材的二次开发只停留在"更换内容"的形式化层面。例如，一节小学一年级数学课，教学的主要内容是测量。教材中提示的第一项活动是"桌子有多长？"，让学生利用手掌或其他方法测量课桌、讲台的长度。显然这样安排的目的是从学生身边的事物入手，在实际操作中引导学生发现问题——需要一个统一的尺度。这节课上老师却把这一活动改放在练习中，上来就讲尺子刻度的认读，尺子的使用方法、作用等。[①]这种"为了更换而更换"的现象说明教师在对教学内容进行调整时，并未对课程标准、教材进行充分的研究，没有领会教材编排的意图，对教学目的、目标的把握也不明确。事实上，教材的二次开发是教师对课程重构的过程。教师在实施课程教学时总是根据自己的能力、兴趣和对学生接受水平的估价来认定知识的价值，并选取所教授的知识和方法。这种重构绝不是任意的，而是必须围绕以教材为主的法定知识进行，如果与法定课程内容相脱离，就不构成所谓的课程重构关系。[②]因此，教师对教材的二次开发需要依据课程标准，对教材进行深度分析。

（3）教材的二次开发是指向实践的存在

不同于课程专家的教材编制过程和具体的教学过程，教师对教材的二次开发是一种具有实践取向的相对独立的存在。[③]一方面，二次开发是教师专业发展的过程，有助于教师回归专业自主性。教师通过二次开发，积极、合理地开发和利用各种有利的课程资源，不断丰富自己的课程知识，创造新的教育实践经验。教师不仅要知道"教什么"和"怎么教"，还要知道"为什么这样教"。因此，教师必须从"教书匠"转变为"课程研究者"，教师对教材的使用也必须从直接经验层面提升到理性自觉的层面。另一方面，二次开发直接指向具体生动的课堂教学。教材不是静态的官方文本，而是为师生教学服务的材料和课程资源，最终将转化为教师与学生具体教育情景中的教育经验。因此，教材的二次开发过程实际上也是师生共同创造新教育经验的动态过程。

2. 教师对教材的创造性使用

强调尊重教材、深入分析教材，并不等同于要求教师照本宣科，不能对教材进行改变。教师可以在全面分析教材的基础上，根据学生学情、具体情境等对教材进行加工调整，发挥自己的专业能力和专业智慧，创造性地使用教材。

（1）精简教材内容

针对课程单元的设计和学情特点，教师可以对教材内容进行科学而合理地精简。在授课时着重讲清教材的重点、难点和关键点，把次要的或者学生不存在理解困难的内容略讲，或让学生自学然后提问巩固。需要注意的是，对教材内容进行精简不等于直接删除某一部分内容的教学。此外，教材中某些知识点可能在不同年级、不同学科、不同单元出现，但是这些知识点不一定是绝对意义上的重复，而可能是对先前知识点的进一步扩大和深化，对这些知识点进行精简也是不合理的。

① 付宜红. 创造性地使用教材应注意的几个问题[J]. 学科教育，2002（12）：15-18.
② 周艳，马勇. 教师重构课程的社会学分析[J]. 高等教育研究，2003（1）：80-82.
③ 俞红珍. 教材的"二次开发"：涵义与本质[J]. 课程·教材·教法，2005（12）：9-13.

（2）补充教材内容

对教材的内容既要精简，有时又要补充，二者是对立统一的，统一之处在于二者的目的都是为了提高教学的效率和质量。补充教材内容的情况比较复杂，主要可以从以下几方面进行。[①]

1）补释术语。大多数术语是以正文、插图加图下小字说明、注释等方式加以解释的。但是有一部分术语在教材中未做解释，而学生又不一定可以完全理解，这些地方有必要教师做补充解释。

2）增补必要的基础知识。有些基础知识在教材中并未谈及，需要适当加以补充，否则在课文讲解中学生可能感觉困难。但也要注意增补内容的深度，避免主观性，更不能认为超越教材越多越好。

3）增加浅、近的说明。教材中一些理论性的内容本身就很抽象，教材的阐释又较为浓缩概括，不补充浅近的材料（学生能理解的比喻及其感性经验）或做深入浅出的说明，对一些学生尤其是低年级的学生而言就难以理解。

4）补充图形之不足。课本的插图等给教学带来了便利，但往往数量不足，有些地方还须补充。

5）补充实际实例。教材的内容由于从设计、编写到审定、使用的周期长，因而具有一定的时代滞后性。为了弥补这一缺陷，教师可以结合当前社会形势的发展，将教材内容与社会生活实际联系起来。

6）增加生动的描述。教材中的阐述或者描述一般都比较简练，生动性不够。为了提高学生的学习兴趣，加深对知识内容的印象，增加思想教育的感染力，教学时教师还需要增加一些形象、生动的描述。

（3）调整教材内容顺序

教材内容顺序的调整指改变教材原有的陈述顺序，使之有利于教学的展开或更有利于学生接受教材内容。教材内容顺序的调整往往出于两种考虑：一是教材中已有的内容，因安排欠妥需要调整顺序，使其前后连贯、条理分明；二是为了内容的完整性。但无论怎样，都要保证调整的科学性和合理性。表4-4展示了波斯纳（G. J. Posner）和斯特赖克（K. A. Strike）提出的三种排序方法：学习关联排序、世界关联排序和概念关联排序。

表4-4　教材内容调整/排序方法[②]

排序方法	依据	实例
学习关联排序	相关先决条件	在教小数加法之前先教整数加法
	相似性	先教周围的哺乳动物，再教其他地区的哺乳动物
	难度	先教容易的知识，再教较难的知识
	兴趣	先教一个新兵怎样开枪，再教怎样擦枪
	发展	先教学生辨认绿色，再教他们怎么读这个单词
世界关联排序	空间	描述一种植物从花蕊开始，再到根茎
	时间	历史事件的先后顺序
	物理	形状、质地、大小、颜色等

① 郑宇醒. 教材分析与教案编写[M]. 宁波：宁波出版社，2002：29-31.
② 莫里森，罗斯，肯普. 设计有效教学[M]. 4版. 严玉萍译. 北京：中国轻工业出版社，2007：123-127.

续表

排序方法	依据	实例
概念关联排序	类别关联	先教集中趋势的概念，再教平均数、众数和中数
	命题关联	先给出例子，再给出命题
	复杂性	从具体、简单的概念过渡到抽象、复杂的概念
	逻辑上的先决条件	先教平均数，再教标准差

【案例链接】给课文换一个创造性的结尾①

每次教学第六册《友谊篇》中《一曲友谊之歌》时，总觉得文章结尾写得太突兀，抒情太直露了。文章结尾是这样写的：

我望着师生们在冷风细雨中渐渐消失的背影，忽然想到一句话："人间自有真情在。"

翻翻教参，上面写着：这两篇文章同是以抒情结尾来点题，但是抒情方式不同。前者用设问形式，感情直露，语气强烈；后者通过写具体的情境人物的心境来抒情，显得含蓄隽永。我总在想，如何让学生也认识到这一点，让学生将文章的结尾给换一个，并且要比原作来得好呢？

最近，我又教到了这一篇课文。

从上一篇《勇于当诤友，乐于交诤友》讲到这篇课文时，考虑到文章较浅显，而且是写作训练课文，我有意识地提问："《一曲友谊之歌》一文的唯一一成功之处在哪里？"一位学生稍加思考，就回答："课文抒发了真情实感，这是课文的成功之处。"我紧接着问他："你从哪里看出是抒发了作者真实的感情？"这位学生说："书本上写着'就像一股熏风扑面吹来，我们全家人的心中流溢着温馨。同学们的声声问候，是那么亲切，那么温柔，那么婉转'。"

我让他坐下，请其他同学再找出文中其他抒情的句段。学生们看书，用笔在书本上划出这些语句，并在旁边注上"抒情"二字。我请几位同学回答，明确有四处。然后，一齐读这四处抒情的句段，思考：哪一处抒情还写得不太好？

学生齐读毕，都在思考这一问题。大约过了5分钟，有学生甲举手说："我看文章最后一段写得不太好。"我追问："不好在哪里？"这位学生说："这一段中'忽然想到一句话'，似乎不太真实。"

下面有同学乙举手发言："我不这样认为。'我望着师生们在冷风细雨中渐渐消失的背影'是告别时情景，后面加上这么一句'忽然想到一句话：人间自有真情在'能深化主题，点明友谊。其实，抒情的记叙文有时也要插入一些所谓虚伪话来以情感人。"这时，教室是一阵轰动，同学都互相交头接耳，交谈自己的见解。

学生丙：我认为抒情要抒真情，要根据当时情景来写，不能用一些假话。文中最后一段读了使人有点恶心。

学生丁不服：这个结尾起到了总结全文的作用，而且也点明文章题目，抒发"我"此时此刻激动的心情。

后面一位学生插了一句：你说这个结尾不好，你写写看。

---

① 郑金洲. 基于新课程的课堂教学案例[M]. 福州：福建教育出版社，2003：51-52.

我一听，知道时机成熟了，就说："老师也认为这个结尾有点虚情假意，不够自然，有'矫情'成分存在，下面请支持我们意见的同学动笔，把这段文字给换了。"

学生沙沙用笔在书上改写结尾段。5分钟后，一位女同学举手读了："我望着师生们在冷风细雨中渐渐消失的背影，我对儿子生活在这样的集体中从此可以放心，我在心里对儿子说：你要珍惜这份友谊。"

我对她说："你的后两句意思有重复，而且也不必提及要珍惜这份友谊。"

这时，学生甲发言："我望着师生远去的背影，心中感慨很多，这就是师生情、友情。"

学生丙发言："师生在雨中慢慢地变成一个个小点，最后在我的视野中消失了。我再也控制不住内心的感动，两行晶莹的液体从我脸上流下。"

同学们都认为这两个结尾直露了些。另一学生举手："我倚在门口望着师生远去的背影，双眼模糊，朦胧中雨中一朵友谊之花盛开。"后面几个同学发出声音，作呕吐状。

这时候，下课铃响了。我总结道："刚才很多同学能对课文质疑是很好的。这篇文章的结尾段，作者本想比较含蓄地抒发感情，只可惜写得非常不自然，且有点'过'，大家读了都觉得很不好。但真的要换一个结尾，又不是件容易的事。一时间老师也想不出来。这样，课外我们再去思考，写出一个好的结尾。当然，有些同学认为这结尾很好的，也可以保留自己的看法。"

【思考】评析上述案例中教师的做法，谈谈该教师是如何处理教材内容的。

五、课程与教学内容选择的主要取向

自1859年斯宾塞提出"什么知识最有价值"的命题，到1949年泰勒原理中提出的"怎样选择有助于达到教育目标的学习经验"，课程与教学内容选择的问题一直是课程与教学研究领域的基本问题。课程与教学内容的选择主要有三种取向：学科知识取向、社会生活经验取向和学习者经验取向。这些取向是在不同时代、针对不同社会要求和对儿童的认识提出的，带着时代的烙印，是不同的哲学观、教育观、社会观、儿童观和课程观在课程与教学具体实施中的体现。

（一）学科知识取向

课程与教学内容在传统上历来被视作学生习得的知识，这些知识采取事实、原理、体系等形式构成一定的科目，并以教材作为知识传授的依据。例如，我国历史上的"六艺"（礼、乐、射、御、书、数）以及欧洲中世纪初的"七艺"（文法、修辞、辩证法、算数、几何、天文、音乐），实质上就是确定了的课程与教学内容，即系统化了的知识的观点。再如，要素主义教育学者、永恒主义教育学者以及20世纪五六十年代的结构主义课程论者，都主张课程与教学内容即学科知识。即使在今天，世界各国的教育实践依然把学科知识作为课程与教学的主要内容。

那么，课程与教学内容如何选择学科知识？知识经济时代背景下，学科知识迅猛发展，知识更新期空前缩短，社会对知识的需求空前加大。然而，课程与教学内容的容量是有限的，儿童学习的期限也是有限的，这就引发二者的矛盾。选择恰当的学科知识作为课程与教学内容，要处理好以下几对关系：①处理好课程与教学内容与学科知识之间的关系。这意味着不能直接把学科知识等同于课程与教学内容，将学术领域的学科知识直接搬进中小学课堂，也不能以"可接受性"为借口而破坏学科知识原有的逻辑体系，而要实现学科逻辑和儿童心理逻辑的有机统一。②处理好科学、艺术和道德的关系。教育的终极目的指向人的自由，人的自由的境界就是真、善、美内在统一的境界，指向人的自由的课程体系也应该实现科学、艺术、道德等领域的和谐统一。③处理好概念原理的知识与过程方法的知识之间的关系。二者具有内在的统一性，学科的概念与案例体系只有与相应的探究过程及方法论结合起来，才能使学生的理智过程和整个精神世界获得实质性的发展。①

（二）社会生活经验取向

教育是一种社会的事业，人是具有社会性的人，课程与教学内容以当代社会生活经验为取向是毋庸置疑的。在课程与教学发展史上，存在三种主要的观点，即被动适应论、主动适应论和超越论。

被动适应论是指教育仅是社会生活的准备，学校课程是使学习者适应当代社会生活的工具。20世纪初，博比特、查特斯等就主张将当代生活经验作为课程与教学的主要内容，认为教育在本质上是为有效的成人生活做准备。

主动适应论认为，个人与社会、教育与社会是互动的、有机统一的，学校课程不仅适应着社会生活，还不断改造着社会生活。杜威认为"教育即生活"，而不是成人生活的被动准备，教育问题在本质上是一个使人的特性与社会目的和价值协调起来的问题。自20世纪30年代流行至20世纪五六十年代的社会改造主义课程理论，认为教育的根本使命是通过社会改造达成"社会一致"，主张把重视个人经验的课程改造为重视集体经验、社会经验的课程，把重视个人智能发展的课程改造成重视集体意志统一的过程，把指向当前社会经验的课程改造成指向未来社会经验的课程。

进入20世纪70年代，受现象学、存在主义、哲学解释学、后现代主义等哲学思潮的影响，人们重新审视教育与社会、学校课程与当代社会生活之间的关系。超越论认为，教育是教育者和受教育者两类主体通过交往而形成的学习共同体，课程与教学内容应主动选择社会生活经验，并不断批判、超越和构建社会生活经验。

被动适应论和主动适应论都没从根本上改变课程与教学的工具地位，超越论视学校课程与社会生活经验的关系为主体间的对话、交往的关系，在一定意义上确立了课程与教学的主体地位。

（三）学习者经验取向

如何让课程与教学内容既能满足社会的需求也能满足学生个体的需求，是选择课程与教学内容时需要解决的一个重要问题。在课程与教学发展史上，凡倡导经验课程的课程理论流派大都把学习者的经验置于课程与教学内容的核心或重要地位。例如，18世纪法国卢梭倡导的"自然教育"、20世纪上半叶杜威倡导的"进步教育"和20世纪70年代以来流行的当代人本主义经验课程理论等。

把学习者的经验作为课程与教学内容，强调的是学生对课程的理解、体验，强调学生

① 张华. 课程与教学论[M]. 上海：上海教育出版社，2000：192-199.

已有认知结构的情感特征对课程内容的支配作用，认为课程与教学内容不是由课程专家来支配的，而是受学生控制的。课程与教学内容中的知识只能是学会的，而不是教会的。[①]学习者不是被动地接受专家学者所提供的现成的课程，而是根据自身的兴趣与需求，与教师、其他学习者共同创造自己的课程的过程。

【案例研究】南京市拉萨路小学的"学程周"[②]

"学程周"是南京市拉萨路小学对国家综合实践活动课程的校本化创新实践。根据国家《义务教育课程设置实施方案》，每学期集中一周的学时，统整综合课程和学科课程的育人目标和内容要求，指向儿童完整成长的探究主题的设计，引导儿童回到知识发生的真实情境，亲历知识发生和应用的过程，努力呈现学习与生活的连接、与自然的连接、与社会的连接。"学程周"创造了一种以时空重组为主要特征的儿童学习新形态，开发了丰富的课程资源，提供了典型的经验。表 4-5 呈现了南京市拉萨路小学"学程周"课程资源开发途径。

表 4-5 南京市拉萨路小学"学程周"课程资源开发途径

维度	具体内容
课程资源的挖掘与重组	● 把分散在每一周的时间集中起来使用，创造以"周"为时间单位的课程形态，保证师生有足够的时间参与；除传统的一节课 40 分钟左右的课时外，引入课段的设计安排，可以是两课时为一课段，也可以是三课时甚至整个半天为一课段，课时课段为学而设，因需而设。 ● 基于"慧学、慧玩、慧生活"的学校培养目标，从"亲近自然""认识社会""触摸历史""学会生活"四个维度研发课程内容；以生活中的真实问题为核心，在捕捉、分析与解决真实情境问题过程中激活并运用学科知识和生活经验，各方面的知识经验在生活的真实问题分析与解决中获得有意义的关联、组合。 ● 与场馆共同确立学习的小主题、课程化改造、学习方式选择和课程评价；邀请社会企业共同建设课程基地，以社会机构、企业厂矿等已有的实验室、现代化生产车间等为依托，首批建立了上海工业设计博物馆、南京浦镇车辆厂、古南都饭店、中山植物园等省内外 20 个学程周课程基地。 ● 学校、教师、学生、家长和社会专业人士等，共同组成了课程资源开发的主体群。教师起主导性作用，学生既是课程资源的消费者又是课程资源开发的关键主体，家长和社会专业人士是课程资源的协同者和共建者
课程资源的活化与运用	● 建立"走廊博物馆"：建在学校教学楼每个年级的走廊里，由年级走廊改造而成的"学程周"学习空间。学生将"学程周"中最深刻的记忆，以感言、图片、手抄报等形式留在博物馆里。学校鼓励儿童用图片和文字记录研究历程、制作自己的美篇首秀、完成项目研究单、撰写研究报告。 ● 嘉年华布展：由学校大操场和一楼大厅改造而成，围绕学程周主题，年级整体设计与主题相吻合的工作与生活场景，划分不同功能的区域。 ● 设计学生手册：学程周中学生学习、研究的导航与指南，包括学程目标、学程安排、学习（任务）单等。 ● 设计学习方案：如四年级第二学期"非遗学程周"的年级学习方案融合了主题、课程内容、学习方式和评价方式等，是对年级儿童课程学习的专业设计
课程资源的联结与管理	● 围绕学习主题，每个学程周以驿站方式进行课程资源开发，形成了"确立主题—调查分析—确定标准—专业支持—资源制作—现场使用—资源完善"的管理流程。 ● 学程周学习主题各有不同，但学生都需要经历"发现质疑—整合信息—现场探究—跨界体验—表现展示"的模块。围绕五大学习模块使用课程资源，使资源真正融合。 ● 利用南京市智慧校园建设契机，与相关技术公司合作，依托 V 校·智慧教育云平台相关功能，形成个性资源库。 ● 形成以"周"的时间单位改革儿童学习的项目学习圈，定期召开研讨会。 ● 学程周课程研发中心主动与社会平台合作，实现资源共享

【思考】

1. 分析和总结南京市拉萨路小学"学程周"开发和利用课程资源的途径。

① 廖哲勋，田慧生. 课程新论[M]. 北京：教育科学出版社，2003：182.
② 张晓东，杨健. 原来就在你身边——综合实践活动课程的资源开发[M]. 石家庄：河北教育出版社，2020：208-221.

2. 该小学"学程周"的设计还有哪些提升空间？

思 考 题

1. 为什么要积极开发和利用课程资源？
2. 当前课程资源开发和利用过程中遇到了哪些阻碍？
3. 教师为什么要对教材进行二次开发？如何二次开发？

拓 展 阅 读

郭鸿，辛竹叶，杨眉. 课程资源区域利用的有效路径[J]. 中国教育学刊，2020（4）：54-56.

刘瑞芳. 论课程资源开发和利用的隐性功能[J]. 当代教育科学，2005（14）：16-18.

王世伟. 论教师使用教科书的原则：基于教学关系的思考[J]. 课程·教材·教法，2008（5）：13-17，22.

吴刚平. 课程资源的理论构想[J]. 教育研究，2001（9）：58-63，71.

赵婧. 基于大数据的课程资源建设：趋势、价值及路向[J]. 课程·教材·教法，2015（4）：18-23.

参 考 文 献

范印哲. 教材设计与编写[M]. 北京：高等教育出版社，1998.

范兆雄. 课程资源概论[M]. 北京：中国社会科学出版社，2002.

石鸥. 教科书概论[M]. 广州：广东教育出版社，2019.

吴刚平，李茂森，闫艳. 课程资源论[M]. 北京：北京师范大学出版社，2014.

周成海. 课堂教学原理与方法[M]. 北京：中国轻工业出版社，2015.

专题五　课程组织与课程类型

【知识点导图】

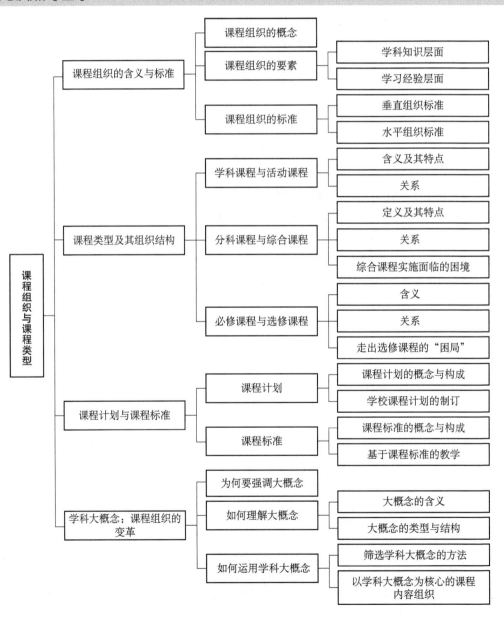

【学习目标】

1. 了解课程组织的概念、要素与标准。
2. 掌握三种不同课程类型的内涵及其关系。
3. 了解课程计划与课程标准的概念及其构成。
4. 把握学校课程计划制订的内容框架与基本原则。
5. 掌握如何运用学科大概念来组织课程内容。

课程内容不是简单拼凑、罗列在一起的，如何将课程的内容要素（如知识、技能、观点、原则和活动等）进行合理的排列和整合，如何发挥不同类型课程各自的育人价值等，这些都是在探讨课程组织和课程类型过程中需要思考和解决的问题。

一、课程组织的含义与标准

课程组织是课程开发的重要环节，也是实施课程计划的一个重要部分。那么，如何理解课程组织的概念内涵？它由哪些要素组成？这些要素又是如何组织在一起的？

（一）课程组织的概念

组织一般是指根据一定的目的、任务或形式对各要素加以安排，使之成为相互依赖、彼此协调、有序有效的整体。从系统论的角度来看，整体是由部分构成的，但也并不是各部分的简单叠加，在组织内部如何"编织"各要素，也就决定着组织将以何种样态呈现，其实际发挥的功能作用也会有所不同。要素是组织的主线，就课程要素而言，它构成课程组织的经与纬。因此，对课程要素的不同理解也会形成对课程组织的不同理解。[①]表 5-1列举了一些国内外有代表性学者对课程组织的概念界定。

表 5-1　不同学者对课程组织的概念界定

代表性学者	主要观点
斯基尔贝克（M. Skilbeck）[②]	课程组织是指构成教育系统或学校课程的要素得到安排、联系和排序的方式，这些要素包含诸如教学计划和方案、学习材料、学校器材和设备、评价和考试要求等一般因素
麦克尼尔（J. D. McNeil）[③]	课程组织是指学习机会的序列化、顺序化和整合化，以便达到预期的结果，或让学习者从提供的各种机会中获得其他方面的益处
李子建和黄显华[④]	一般而言，课程组织是指学习经验的排列、次序和统整
黄政杰[⑤]	课程组织是指将课程的各种要素或成分妥善加以安排，使其力量彼此和谐，对学生的学习效果产生最大的累积作用
施良方[⑥]	为了使学生的各种学习有效地联系在一起，使学习产生累积效应，需要对选择出来的课程内容加以有效组织
张华[⑦]	课程组织就是在一定的教育价值观的指引下，将所选出的各种课程要素妥善地组织成课程结构，使各种课程要素在动态运行的课程结构系统中产生合力，以有效地实现课程目标

① 全国十二所重点师范大学. 课程论[M]. 北京：教育科学出版社，2007：164.
② 全国十二所重点师范大学. 课程论[M]. 北京：教育科学出版社，2007：165.
③ 麦克尼尔. 课程导论[M]. 施良方，等译. 沈阳：辽宁教育出版社，1990：193.
④ 李子建，黄显华. 课程：范式、取向和设计[M]. 香港：香港中文大学出版社，1994：265.
⑤ 黄政杰. 课程设计[M]. 台北：东华书局，2000：288.
⑥ 施良方. 课程理论——课程的基础、原理与问题[M]. 北京：教育科学出版社，1996：114.
⑦ 张华. 课程与教学论[M]. 上海：上海教育出版社，2000：230.

从以上定义可看出，学者关于课程组织的概念界定有明显的共同之处：一是从操作层面来看，课程组织要素需要妥善地组织成程序或安排成结构，使之联系、排序、连续或统整；二是从功能角度来看，依托课程组织，零散的课程要素化零为整，通过有效排列与整合联系产生合力，进而激发学习者的学习动机，促使学习产生最大的累积效果，实现课程目标。①从课程的概念内涵变化出发，课程组织的要素不仅指向要排列整合的学科知识内容，还要充分考虑到学生个体的学习经验。因此，课程组织是在一定的教育价值观指导下，在垂直和水平两个组织维度上，将所选出的学科知识要素、学习经验要素妥善安排组织成课程结构，使各种课程要素在动态运行的课程结构中产生合力，使学习产生最大效应。

（二）课程组织的要素

课程组织的要素亦称课程要素，包括学科知识和学习经验两个层面。其中，学科知识层面包括概念、原理、技能和价值观；学习经验层面包括内容转化、学习经验、学习机会、学习心理。

1. 学科知识层面

从学科知识层面来看，课程组织要素包括概念、原理、技能和价值观四个方面。②概念和原理两个要素属于认知领域。概念是学科课程的主要组织要素，例如数学中的"集合"、物理中的"力"、生物中的"细胞"，以及适应不同学科领域的"文化""生长""空间""发展""合作""对立"等，都是建构课程的重要概念。当然，每个概念的作用不同，其概括、抽象与复杂的程度也因年级、科目和单元而异。原理是科学家通过科学活动所获得的结论，是对两个或两个以上的概念间关系的说明，是具有普适意义的基本关系或原则。例如，"任何物体都要保持匀速直线运动或静止状态，直到外力迫使它改变运动状态为止"就是一个原理。原理能够帮助学生更好地认识和理解外部客观世界，只有学生了解和把握原理中蕴含的深层关系，原理才会对个体展现其根本价值。技能要素属于动作技能领域。技能是在练习的基础上形成的按某种规则或操作程序顺利完成某种智慧任务或身体协调任务的能力③，如读写算技能、运动技能、专业技能等。个体对这些技能的获取或习得，需要课程保持内在的连续性和统整性。价值观要素属于情感领域。价值观是指关于价值的一定信念、倾向、主张、态度的系统观点，它是支配或维系一个人行为的根本力量。例如，某人如果秉持"尊重个人的尊严与价值"的价值观，就不会因为性别、家庭背景、阶级、宗教信仰等因素的不同而出现差别化对待。价值观要素是各学校、各年级课程学习中都需要加以强调和重视的，也体现在各门学科的组织和学习之中。

2. 学习经验层面

"学习经验"是泰勒在《课程与教学的基本原理》中提出的一个关键概念。从学生的学习经验层面看，课程组织要素包括内容转化、学习经验、学习机会和学习心理四个方面。①内容转化是指概念、原理、技能、价值等学科知识要素在课程实施中内化为学生个

---

① 全国十二所重点师范大学. 课程论[M]. 北京：教育科学出版社，2007：171-172.
② 钟启泉，汪霞，王文静. 课程与教学论[M]. 上海：华东师范大学出版社，2010：130-132.
③ 皮连生. 智育心理学[M]. 北京：人民出版社，1996：40-42.

体生命的一部分，成为一种学生无法割舍的"经验"。②学习经验是指学生与其能做出反应的环境中的外部条件之间的相互作用。这就需要检视和确定所选择的教育内容是否与学习适切，所创建的外部条件是否能够激发和维持学生的学习兴趣，从而将内容整合、转换和"融化"到师生教学活动中。③学习机会能够促使学生与外部条件直接产生相互作用，获得学习经验。提供学习机会包括四个基本原则：学生有机会亲自参与解决各种问题的真实实践；学生通过亲自解决问题并取得有效成果而获得满足感；学习机会是适合学生身心发展特点、学习活动在学生力所能及的范围内，由此学生的学习活动容易获得成功；根据学生的个体差异，提供多样化的学习途径，产生多样化的学习结果。①④学习心理关注学生的注意、兴趣、动机和想象，为学生提供丰富的学习机会需要以学习心理为依据，这样才能引起学生主动与外部条件产生反应。

（三）课程组织的标准

课程要素的组织有其自身的标准与原则。基本标准主要包括垂直组织标准和水平组织标准，原则包括连续性、顺序性和整合性。

1. 垂直组织标准

垂直组织是指按照某些准则将各种课程要素按纵向的发展序列组织起来。人的身心有发展阶段的序列，学科知识也有逻辑演进的序列，所以课程就有垂直组织的必要。"连续性"和"顺序性"是垂直组织的两个基本标准。②

连续性是将选出来的课程要素在不同学习阶段予以重复，以便学习者反复学习。比如，以概念原理和技能要素为例，在自然科学课程的学习过程中，使先学习的概念、公式、定理、法则在后续学习中重复出现，使之不断得到巩固，这样学习者在计算、解决问题时就能够得心应手；在社会科学的学习过程中，能够阅读社会科学的内容便是一种重要的能力，因此在不同学习时段重复这阅读技能的学习，使这种技能在一段时间内有继续操作和练习的机会。连续性标准强调的是课程组织要素的重复，为学习者提供继续学习相关课程要素的机会，以形成长期的累积学习效果。

顺序性是将选出来的课程要素根据学科的逻辑体系和学习者的身心发展阶段，由浅到深、由简单到复杂地组织起来，后续的学习内容要建立在之前学习内容的基础之上。顺序性标准强调的是课程组织要素的不断拓展和持续深化，让学生由浅而深地进行更深层、更复杂的学习，顺利地从一个学习阶段过渡到另一个学习阶段。对课程要素的顺序性组织，是依据学科的逻辑顺序还是学习者的身心发展阶段，历史上出现过不同主张。

2. 水平组织标准

水平组织是指将各种课程要素按横向（水平）关系组织起来。知识与生活本身应该是一个有机的整体，整合性是课程水平组织的基本标准。但事实上，完整的知识被划分为语文、数学、英语、物理、化学、历史、音乐、体育等不同的学科知识，并以分门别类的形态存在。虽然不同学科门类之间存在差异，甚至是因利益冲突而形成尖锐对立，但不可否认的是学科知识之间也存在联系性，具有一定的整体性。学生的生活也是完整的，但却被

① 黄甫全. 现代课程与教学论[M]. 3 版. 北京：人民教育出版社，2014：282-283.
② 张华. 课程与教学论[M]. 上海：上海教育出版社，2000：232.

划分为家庭生活、学校生活和社会生活，在一定程度上造成学生经验的人为割裂。可见，课程组织要素不论是从学科知识层面还是学生学习经验层面都需要进行整合，打破传统的学科界限和相互分离的学习经验，通过系统知识与学生学习经验的有效联系来促进学生的生命成长。

整合性是将所选出来的课程要素，在尊重差异的前提下，找出彼此之间的内在联系，建立适当的关联，然后整合为一个有机整体。课程整合主要包括三个方面：①学科知识的整合，即根据学科知识的内在逻辑联系加以整合，消除学科之间彼此孤立甚至是相互对立的局面，以使学科知识良性有序发展；②学生经验的整合，即根据学生的需要、兴趣和经验加以整合，强调学生既有经验与新经验的交互作用，促使学生经验的不断生长和人格的不断完善；③社会生活的整合，即围绕社会和文化问题、日常生活问题加以整合，重点关注个人与社会生存的问题，加强学生与社会的联系。整合性标准加强了不同学科与学科之间、学科内容与学生经验之间、学生与社会之间的广泛联系。

【案例链接】校本课程"中国符号"的同心圆式组织[1]

某小学开发校本课程"中国符号"，课程内容用儿童认知水平作为串联的标准，形成六个年级的六个主题：传统饮食、传统民俗、中国书法、国粹京剧、丝绸之路及古代文明。六个主题对应六个年级的儿童，伴随他们生活视界扩展，成为了解中国文化的代表性的"符号"。从低年级家庭生活、节日活动中接触的饮食、民俗游戏活动，到中年级学段在学校学习中了解到的中国书法以及在公共媒体中常见的国粹艺术，直到小学高年级从历史中获知的古代文明，由近及远课程内容层层展开，形成一个稳定的课程梯度，贯穿始终的是中国代表性的元素。

【思考】结合案例，分析该小学在校本课程开发中是如何组织内容的。

二、课程类型及其组织结构

怎样有效地组织课程是一个老话题。20 世纪以来的课程理论发展中，从社会、儿童、学科三个维度来分析和实践课程组织，形成了课程是分化还是综合，课程是以学科为中心、以儿童为中心还是以社会为中心等各种观点的争论，课程组织也始终处于一种左右摇摆的张力作用下。

课程类型是指按照一定的课程组织标准设计形成的课程种类。由于不同课程设计思想的影响，多种课程类型产生：从课程内容所固有的属性看，包括学科课程与活动课程；从课程内容的组织方式看，包括分科课程与综合课程；从课程计划中对课程实施的要求看，包括必修课程与选修课程；从课程设计、开发、管理的主体看，包括国家课程、地方课程和校本课程；从课程是否在课程计划中反映看，包括显性课程与隐性课程；等等。当然，每种课程类型既有其特殊的教育价值，也有其自身难以克服的局限性。下面主要从课程的内容与组织层面，着重分析三组典型的课程类型：学科课程与活动课程、分科课程与综合课程、必修课程与选修课程。

---

① 吕立杰，袁秋红. 校本课程开发中的课程组织逻辑[J]. 教育研究，2014（9）：96-103.

（一）学科课程与活动课程

根据课程内容所固有的属性，可将课程类型分为学科课程与活动课程，这也是现代课程理论发展中争论不断的两种基本课程形态。

1. 学科课程的含义及其特点

学科课程是从不同的学科领域选择一定的内容，根据知识自身的逻辑体系将所选择的知识组织成相应的学科。其主导价值在于传承人类文明，使学生系统掌握人类积累下来的文化知识。

学科课程是最古老、使用范围最广的一种课程类型。中国古代的"六艺"课程，古希腊、古罗马的"七艺"课程，都属于学科课程的范畴。进入近代，学科课程在夸美纽斯那里得到系统的阐发并初步成型；赫尔巴特则为学科课程提供心理学理论基础，以多方面的兴趣为依据设立了分门别类的课程体系；斯宾塞在回答"什么知识最有价值"的根本问题时，认为适应"完美生活"所需要的最有价值的知识是"科学"，并依据人类生活的五种主要活动来组织课程；以布鲁纳为代表的学科结构运动则倡导学科课程的学术性、结构性和专门性。

【资料链接】斯宾塞的课程体系分类

英国教育家斯宾塞在回答"什么知识最有价值"的问题时，强调了自然科学知识在学校课程体系中应占重要的地位。"为完美生活做准备"是其主张的教育目的，他依据人类生活的五种主要活动组织课程。其课程体系分为五个部分：

第一，直接保全自己的活动，包括生理学、解剖学、卫生学等。

第二，间接保全自己的活动，包括读、写、算，以及逻辑学、几何学、力学、物理、化学、地质学、社会学等。

第三，抚养教育子女的活动，包括生理学、心理学、教育学等。

第四，维护社会政治关系的活动，包括历史、社会学等。

第五，满足休闲娱乐的活动，包括了解自然、文化、艺术知识的科目等。

总体来说，学科课程重视每门学科知识的逻辑性、系统性和完整性。它是学生简捷有效地获取学科系统知识的重要途径，有助于学生学习和巩固基础知识，也有助于教师的组织和教授。在强调学科课程这些特征的同时，也不能忽视其存在的局限性：学科课程强调各学科内在的逻辑性和一贯性，不利于及时体现当代社会生活的变化，容易忽视学生的需要、经验和生活；不利于学科之间的相互联系，容易加深学科间的人为割裂，限制学生的认识视野。此外，学科课程更关注学生对现成结论的掌握，不太关注学生获取知识的过程和方法。

2. 活动课程的含义及其特点

活动课程又称经验课程，是以活动为组织方式，以学生的需要、兴趣和经验为中心组织的课程，其主导价值在于使学生获得关于现实世界的直接经验和亲身体验。

从理论渊源上来看，在卢梭、裴斯泰洛齐、福禄贝尔（F. W. Frobel）、杜威等的著作中都可以找到活动课程的思想。卢梭倡导自然主义教育的主张，反对从书本中学习，主张学生到大自然中去，通过锻炼身体、劳动、观察事物等活动来获得经验、吸取教训。裴斯泰洛齐的教育适应自然原则、福禄贝尔的儿童自动发展思想等影响也较为深远。杜威从实用主义哲学出发，确立了课程的"连续性"和"交互性"原则，强调要由儿童自己组织活动来获取个人经验，主张"在做中学"。与欧美一些国家相比，我国的活动课程起步较晚，主要是在对杜威思想的介绍和推广后，活动课程才逐渐兴起。直到 1992 年我国颁布的《全日制小学、初级中学课程计划》中明确规定要开设"学科课程和活动课程"两类课程，活动课程才正式纳入我国中小学的课程体系。

与学科课程相比较，活动课程倡导儿童本位的教育价值观，重视发展人的价值、注重开发人的潜能和充分发展人的个性。活动课程的特点在于，它以学生的兴趣或经验为出发点，突破传统的"知识中心"和学科逻辑的框架束缚，从学生的生活经验和心理发展逻辑出发选择课程内容；课程实施主张以活动方式进行，在亲历探究和体验的基础上，学生通过"做中学"获取经验并积累知识。相应地，活动课程虽然重视学生的主动性发挥和个性发展，但也容易出现过分夸大学生的个人经验，忽视知识本身的逻辑顺序，影响学生对知识的系统学习，使其只能学到一些片段、零碎的知识。此外，活动课程实施难度大，对教师的素质要求较高，这对习惯于班级授课的多数教师来说还是较难适应的。

3. 学科课程与活动课程的关系

学科课程与活动课程是学校教育中两种基本的课程类型，是一种相互补充而非相互替代的关系，主要反映了直接经验与间接经验、个人知识与学科知识、教材的心理逻辑与学科逻辑、儿童与学科等诸对范畴之间的辩证关系。二者的主要区别如表 5-2 所示。

表 5-2 学科课程与活动课程的比较

比较项	学科课程	活动课程
认识论	知识本位	经验本位
方法论	分析	综合
教育观念	社会本位论、教育为完满生活做准备	个人本位论、教育即生活
知识传递方式	间接经验	直接经验
知识的性质	学术性知识	现实有用的经验性知识
课程的排列	逻辑顺序	心理顺序
课程的实施	重学习的结果	重学习的过程
教学组织形式	班级授课制	灵活多样
学习的结果	掌握"双基"	培养社会生活能力、态度等

学科课程虽然是从知识的逻辑层面来组织的课程类型，但在杜威看来，经验是学科知识的萌芽和根基，学科知识是经验概括化、方法化的结果，不能将分化等同于学科课程的根本特性而漠视了学科课程所蕴含的综合性。学科课程和活动课程由截然分开和彼此对立走向相互融合和趋于统一，是 20 世纪 50 年代以来课程改革运动和课程理论发展的必然产物，最终在课程实践上出现了独立的"活动课程"的消融和学科课程的更新。[①]

---

① 丁邦平，顾明远. 学科课程与"活动课程"：分离还是融合——兼论"学生本位课程"及其特征[J]. 教育研究，2002（10）：31-35.

（二）分科课程与综合课程

分科课程和综合课程是课程内容编制的两种不同方式，都是根据学科结构体系划分科目。事实上，课程的"分科"与"综合"都有其存在的理据和特征，但二者的关系并不是截然对立的，实现分科课程与综合课程的整合是各国课程改革的共同追求。

【资料链接】学科的分化与综合①

在当代，人们开始大量合并学科，并出现一些专门的诸如"综合课程、广域课程、核心课程"等理论研究和实践探讨。所谓综合课程、融合课程似乎是与学科课程相对的指称，但却不是作为学科课程的对立形态出现的，可以说是学科课程的改进形态。因为学科合并后组成的课程仍以学科为中心。事实也确实如此，所谓综合必然是以分化为前提的，没有分化就没有综合，综合往往意味着另一种形式的分化，再精细的分化也总是伴随着分属不同学科的知识间的交叉和融合。试图以综合课程取代学科课程，失去的恰恰是综合。分化、综合的差异往往是学科知识量上、学科门类上及其相互间结合方式和程度上的差异。

【思考】阅读上文，谈谈你是如何理解这段材料的。

1. 分科课程的定义及其特点

分科课程是根据各级各类学校的培养目标和科学发展水平，从各门科学中选择出适合一定年龄阶段学生发展水平的知识，组成各种不同的教学科目。各个教学科目有自己的内容，彼此相对独立地安排教学顺序、教学时数和学习期限，如我国中小学开设的语文、数学、英语、化学、物理、历史、地理、体育、美术、音乐等。分科课程是一种单学科的课程组织模式，它强调不同学科门类之间的相对独立性和逻辑体系的完整性。

2. 综合课程的定义及其特点

综合课程就是把有内在联系的不同学科、不同领域的内容或问题统整成一门新的学科，其内容既包括交叉学科、综合学科的概念、原理、方法，也包括复杂的社会综合性问题，具有培养学生综合解决问题能力的功能。②综合课程是一种两个或两个以上学科的课程组织模式，它强调学科之间的内在联系性，强调不同学科的相互整合。其主导价值在于通过相关学科的整合，使学生掌握综合性知识并形成解决问题的能力。可见，综合的核心是"整合"，而不是简单的"拼合"，其结果是通过"整合"这一过程，把相关的因素或成分合成一个新的统一整体。根据巴斯克斯（J. A. Vasquez）等学者的观点，随着学科间联结程度的不断提升，对学生学习的能力水平要求也会越高，如图 5-1 所示。

从综合课程的定义出发，在综合什么、怎样综合方面存在多重视角、多种方法，形成了多样的综合课程类型。以传统学科为参照，综合课程就是两个及以上学科整合的课程形态，分为相关课程、融合课程、广域课程和核心课程；以中心主题或问题的来源为参照，综合课程就是运用两种或两种以上的知识观和方法论去考察和探究这个中心主题或问题，分为学科本位综合课程、社会本位综合课程和学生本位综合课程。仅仅站在某个维度上划分综合课程的类型，容易造成各个类型之间处于割裂状态，因而也有学者提出需要从多个

---

① 黄黎明，靳玉乐. 学科课程的合理性理解与变革[J]. 高等教育研究，2007（12）：84-88.
② 陈旭远. 课程与教学论[M]. 北京：高等教育出版社，2014：119.

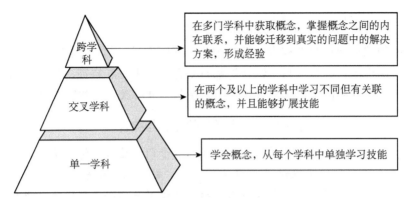

图 5-1　学科整合层次与学生能力水平[①]

维度出发来组织综合课程，例如，围绕一个特定的核心（学科知识、社会问题、学生经验、整体人格），将两门或两门以上的学科知识（广域课程、学科课程、相关课程）进行有机整合，形成"核心"和"形态"两个维度相对独立、相互支持的综合课程体系。[②]

2001 年教育部颁布的《基础教育课程改革纲要（试行）》中明确提出要设置综合课程。其中，小学阶段以综合课程为主，初中阶段设置分科与综合相结合的课程，高中阶段则以分科课程为主。《义务教育课程方案和课程标准（2022 年版）》继续要求加强综合课程建设，完善综合课程科目设置。综合课程作为课程改革的重点之一，其特点主要体现为：①高度综合性。综合课程是基于学科交叉产生的，它的内容没有明确的限定，可以涵盖政治、经济、环境、科学等多个学科内容。它超越了分科课程的学科门类界限，将各学科内容相互融合、相互渗透，有机地统一起来。综合课程的高度综合性既可以提供整体的知识观念，有利于联系知识的不同领域，也符合学生心理发展的整体性，有利于学生基于自身知识与经验的背景整体地建构知识。②相对独立性。综合课程虽然是通过不同学科的概念、原理、方法和技术手段相互作用、相互结合而形成的，但这些并不是被简单地搬运到综合课程之中，也并不是被机械地堆积在一起，而是经过移创、改造和加工，使彼此能够有机地融合在一起，形成一个新的系统的理论体系。因此，综合课程是以其相对独立的形式而展开自己的历史进程，按自身的内部矛盾运动向前发展，形成了自己特定的理论体系。[③]③实践探究性。实践探究性是综合课程区别于其他课程类型的一个显著特点。综合课程的内容构建以解决现实生活中的问题为主题、以生活实际为基础来挖掘课程资源和生成课程内容。

3. 分科课程与综合课程的关系

事实上，综合课程和分科课程的区分是相对的，二者是一种并存的互补关系，而不是非此即彼的对立关系。综合课程必须以分科的形式来设置，分科课程的内容却又总是相对综合的。分化与综合既是科学发展的必然，也是课程发展的必然。

第一，二者有各自的独立价值。人类的认识是一个从整体到分化再到整体的过程，并且不断按照这样的构成螺旋上升，分科课程和综合课程分别是这种过程的反映。分科课程

① 袁磊，王健博乐. 基于学科课程重构的小学 STEAM 课程设计[J]. 现代远距离教育，2019（2）：25-32.
② 李亦菲. 综合课程的形态分析与体系建设[J]. 教育科学研究，2006（12）：43-47.
③ 熊梅. 综合课程的内涵特点及其生成模式[J]. 首都师范大学学报（社会科学版），2000（6）：116-121.

是科学深入发展的结果，能够保证学习者在有限的时间内系统掌握科学知识，满足社会发展的需求；综合课程侧重于各学科内容的综合，旨在帮助学习者形成整体看问题的思维方式，促进学生综合素质的发展。

第二，二者相互联系、相互补充。一方面，分科课程与综合课程是辩证统一的。课程的综合必须以分科课程的内容为基础，而分科课程的深度决定了综合课程的广度和深度，只有在具有一定深度的分科基础上形成的综合课程才能够有较高的层次。综合是对分科的超越，没有脱离分科课程的绝对综合课程，以牺牲学科体系为代价的综合课程是不科学的。事实上，分科也是相对的，分科课程总是包含知识之间某种程度的综合；综合课程也并不是不考虑学科的逻辑体系，而是以某种观点或方式对分门别类的学科逻辑的超越。另一方面，分科课程与综合课程是功能互补的。分科课程组织的逻辑起点是知识，而综合课程组织的逻辑起点是经验，在现实生活世界中，知识和经验都是个体发展必需的条件，二者共存在实践情境之中，构成课程组织的资料来源。①

4. 综合课程实施面临的困境

当前，课程综合化已经成为学校课程改革的重要趋势。这种课程综合化主要通过设置劳动和信息科技等新的综合性学科、设置综合实践活动课程、开展跨学科主题教学等多种途径或方式来帮助学生形成对世界的完整性认识，然而目标要求与实施保障之间还存在着差距，使综合课程的实施环节出现以下问题。

1）内容问题。综合课程的内容问题主要体现在综合度不高和综合内容随意两个方面。综合度包括知识的综合度和课程呈现方式的综合度。知识的综合度主要指哪些课程应该综合，哪些课程不应该综合。课程呈现方式的综合度主要指教学方法、教学方式的综合。②目前，我国课程综合度不高的现状导致一些教师在选择和组合教学内容时带有较强的主观随意性，在课程实施中不自觉地偏向自己擅长的学科领域，容易偏离教学目标的要求。

2）教师问题。教师是影响综合课程实施的关键因素，其教学观念和知识素质如何直接影响到综合课程实施的效果。由于知识本位论的深入影响，多数教师认为只有分科课程才能传授给学生有用的知识，有些综合课程只是让学生"做一做"甚至"玩一玩"，对学生的成长尤其是升学考试帮助不大，这种价值观念难免使综合课程的实施流于形式化、浅表化。即使部分教师能够正确认识综合课程的作用，也迫于专业素养的缺乏而难以保证综合课程的质量。这与我们长期以来师资培养的分科化有关，现有的师资结构不适合综合课程的教学。实际上，教师职前培养更多的是进行单一的学科训练，培养适应分科教学的专门教师，而忽视教师综合素质形成的一贯培养模式，形成了教师根深蒂固的学科分化观念和条块分割的知识与能力结构，致使一些教师不具备综合知识背景及实施综合课程的能力，其结果将综合课程"学科化"，背离了综合课程的"初心和使命"。③

3）评价问题。综合课程若要深入、有效地实施，开展好评价是一个关键问题。综合课程需要构建与其理念相一致的多元、开放的发展性评价机制，在评价目的上侧重于学生

① 代建军，谢利民. 综合课程的再认识：关系、形态、目的和结构[J]. 课程・教材・教法，2000（10）：34-37.
② 陈旭远. 课程与教学论[M]. 北京：高等教育出版社，2014：125.
③ 王平. 对综合课程实施困境的思考[J]. 天津市教科院学报，2003（1）：38-41.

综合能力的评价，在评价内容上要同时关注学习过程和学习结果，在评价主体上鼓励教师和学生等多元主体的参与，在评价方法上应重视量化评价和质性评价的结合，在评价标准上应充分尊重学生个性化的表现。然而，受中考和高考的考评机制影响，考试成绩对学生学业成就的评价依然占据着支配性地位，多元化的发展性评价机制往往难以实质性形成，相对单一的评价方式显然难以满足综合课程综合性、活动性的评价要求，这就在很大程度上影响综合课程实施的预期效果。

（三）必修课程与选修课程

必修课程和选修课程是从学生对学习内容的选择程度来加以区分的两种课程类型。其中，必修课程的主导价值在于培养和发展学生普遍性、共通性的素养，而选修课程的主导价值在于满足学生的兴趣、爱好和需要，培养和发展学生特殊性、差异性的素养。

1. 必修课程与选修课程的含义

必修课程是指由国家或学校规定，所有学生必须学习的课程。它是为保证所有学生的基本学力而开发的课程，集中体现了国家对学生所学课程的共同的基本要求。相对于选修课程，它的根本特性是强制性、划一性。

选修课程是指为了满足学生的兴趣、爱好、需要，由学生依据一定规则自主选择修习的课程，旨在为学生个体提供感兴趣的知识内容，发展其爱好和特长，拓展其知识面，满足其个性化的教育追求。选修课程一般分为限定选修课程和任意选修课程，通常由学校自行决定课程的内容、课时、形式、要求，学生可以在学校设置的所有课程中进行自主选择。

【资料链接】浙江省普通高中选修课程类别[①]

根据 2012 年《浙江省深化普通高中课程改革方案》的规定，浙江省普通高中课程分为必修和选修，适当减少必修课程，将综合实践活动改为选修课程，必修学分从 116 学分降到 93 学分；选修课程由"选修I"和"选修II"，改为学科专业类、技术技能类、兴趣特长类和社会实践类四类，选修学分提高到 51 学分。调整后选修学分占毕业要求最低学分的比例，从原来的 19.4%提高到 35.4%。

其中，学科专业类选修课程分为选修一、选修二两个层次。选修一课程是必修课程内容的深化与拓展，让学生形成更为扎实的学科基础；选修二课程包括大学初级课程、介绍学科最新成果的课程和学科应用性课程等，让学有余力的学生有机会修习更多的专业课程。技术技能类选修课程是从职业教育引入的职业教育课程，旨在让学生掌握一定的职业技能，培养创新创业精神和实际操作能力。兴趣特长类选修课程主要是体育、艺术以及其他有助于培养学生兴趣、发展个性特长的各类课程。社会实践类选修课程主要指研究性学习、社团活动、社会实践和专题教育等课程。

2. 必修课程与选修课程的关系

必修课程和选修课程是现代学校教育中不可或缺的两种基本课程类型。在当前课程改

---

① 浙江省教育厅关于深化普通高中课程改革的通知[EB/OL]. http://jyt.zj.gov.cn/art/2012/6/19/art_1532973_27485038.html.（2012-06-19）[2022-04-03].

革实践中，必修课程与选修课程的设置在内容与水平上是相互融合、相互补充的。二者的关系表现为以下几个方面。

第一，必修课程与选修课程在教育价值观上具有内在的一致性。从课程价值观上看，必修课程与选修课程的关系可以归结到"公平发展"（即"共性发展"）与"个性发展"的关系层面。必修课程致力于"公平发展"，即适应所有学生的共同需要，选修课程致力于"个性发展"，即适应学生个体的不同需要，二者是对立统一的关系。"公平发展"只有建立在适应每个人的个性差异的时候，才不至于导致"划一主义"；"个性发展"也只有建立在所有人共同发展需要的基础上，才不至于使教育体制变成纯粹的"甄选体制"。①

第二，必修课程与选修课程既相对独立又具有内在统一性。必修课程并不排斥选择，也不意味着完全的整齐划一、抹杀学生的个性发展、剥夺学生的自主选择权利，而是为了更好地促进学生的个性化发展，在同样的课程内容下鼓励多样化的学习方法，尊重个体自由发展。选修课程虽然存在很大的弹性，但也不是随意、散漫、浅尝辄止的学习，而是需要经过某种共同标准评估来确保学生的有效学习。

第三，必修课程与选修课程在基础教育课程体系中具有同等的价值和地位。在不同时期的课程结构体系上，必修课程与选修课程在数量比例上是此消彼长的。但是，选修课程并不是必修课程的陪衬或附庸，二者之间并不存在所谓的主次或轻重之别。只有必修课程没有选修课程，或者只有选修课程没有必修课程，都不利于整体教育质量提升和学生全面发展。

3. 走出选修课程的"困局"

选修课的价值在于满足学生的兴趣、爱好，为学生创造更多的机会和更大的空间，使其有更多的自主选择与自我发展的自由。然而在基础教育实践中，升学主义大行其道，大部分教师、学生和家长只关注学术性课程、只关注考试科目，甚至只关注考试的分数，选修课存在着只选不修、走过场的问题，这些情况都严重影响着选修课程的实施成效。

【案例链接】义务教育阶段选修课实施存在的问题②

以广西壮族自治区义务教育阶段选修课的实施情况为例，在对自治区内五个地市的229名教师和457名学生的调查中发现，59.8%的学校没有开设选修课程，9.8%的学校虽然开设了选修课程但不受重视，只有30.4%的学校开设了选修课程并能正常运行。在访谈过程中也发现，许多教师对选修课不屑一顾，他们头脑中只有必修课。当问到"你们学校开了选修课吗？"时，很多教师如是说："我们只教'上面'安排的课程。""现在的课程已经排得满满的，还开什么选修课。""开不开都一样，反正又不考试，没人愿意学。"当然也有少数教师认为学校应该开设选修课。当用同样的问题问学生时，相当一部分学生表示不知道什么是选修课；有一部分学生说学校现在没有开选修课，但希望以后能开；也有一部分回答"我们只学要考的科目"。

【思考】案例反映的主要问题是什么？你如何看待这一问题？

从案例中可以看出，选修课实施存在边缘化的问题。在"应试教育"的巨大压力下，

①　余文森，洪明. 课程与教学论[M]. 福州：福建教育出版社，2007：55-56.
②　冯婉桢. 差异与融合：选修课设立的双重依据[J]. 高教发展与评估，2009（2）：91-97.

学校的主要精力放在必修课安排上，特别是那些主要的考试科目。为了提高升学率，学校往往只开设那些必不可少的选修课，选修变成必修在所难免，而真正意义上的选修课反而成为不可多得的"奢侈品"。此外，一些学生缺少自主选课的意识和能力，在选修课教学中难以感受到学习的乐趣，选修课结束后没有必要的延伸与拓展，师生之间、学生之间也缺乏交流与探讨。不可否认，无论是国家规定的选修模块还是学校自主设计的选修模块，都出现了理想与现实的矛盾、理论与实践的差距。学习应该是自由的，但学习的自由也应当是有限度的。选修课只有在既满足教育的要求又满足基本自由理念的情况下，才能够获得实践的生命力。[①]因此，需要建立一套选修课的管理制度、指导制度和修习制度，用制度来规范选课行为，以确保选课有序进行，提高选修课的实施质量。

有学者针对普通高中选修课实施现状的调查发现，学生和教师对修习选修课都有较高的认可度，但是教师对学校选修课的教学条件认可度较低，同时感到实施选修课制度的外部阻力（如来自应试教育的压力和家长的抵制等）较大，学生则认为选修课学习效果较差。为此，进一步完善选课制度，需要从教师、学校和政府三个方面形成合力，努力提升选修课的教学质量、加强选修课的教学条件建设、排除外部的干扰影响，共同推动旨在促进学生个性化发展的选修课制度的有效落地。[②]

【资料链接】义务教育阶段课程设置（2022年版）

义务教育阶段课程设置（2022年版）各科目安排及其课时比例见表5-3。

表5-3 各科目安排及其课时比例

	年级									九年总课时
	一	二	三	四	五	六	七	八	九	
国家课程	道德与法治									6%—8%
	语文									20%—22%
	数学									13%—15%
	外语									6%—8%
							历史、地理			3%—4%
	科学						物理、化学、生物（或科学）			8%—10%
	信息技术									1%—3%
	体育与健康									10%—11%
	艺术									9%—11%
	劳动									
	综合实践活动									
地方课程	由省级教育行政部门规划设置									14%—18%
校本课程	由学校规定设置									
周课时	26	26	30	30	30	30	34	34	34	—
新授课总课时	910	910	1050	1050	1050	1050	1190	1190	1192	9592

---

① 陈荣. 透析选修课：教育自由的过度与缺失[J]. 教学与管理，2010（4）：5-6.
② 吕超，孙玉丽. 普通高中实施选修课的心理认可度及其影响因素——基于宁波市教师与学生群体的调查分析[J]. 应用心理学，2014（2）：155-164.

【思考】谈谈你从上述表格中发现了哪些不同的课程类型，以及这些不同课程类型分别具有怎样的特点。

三、课程计划与课程标准

课程的表现形式可划分为三个层次：宏观的课程计划、中观的课程标准和微观的教科书。下面重点阐释前两个层次。

（一）课程计划

1. 课程计划的概念与构成

课程计划是关于学校课程设置与编排的总体规划。它是根据教育目的和不同类型学校的性质，由国家教育行政部门或学校机构制订的关于学校教育工作的一种规范性、指导性文件。国家的课程计划是编制课程标准和编写教科书的基本依据，是课程实施、评价和管理的基本准则，也是督导、评估学校教育教学工作的重要依据。学校课程计划的重点在于规划学校开设的课程门类、各门类课程的学时数量以及开设的顺序。它对学校的教育教学活动做出总体安排。

【资料链接】课程计划的名称由来[①]

在中华人民共和国成立前，我国将课程计划称之为"学校课程标准"。从 1953 年开始，我国社会主义建设进入全面学习苏联时期，教育领域也不例外，依照苏联教学计划和教学大纲的体例结构，1953 年教育部制定了我国第一个《中学教学计划（修订草案）》。从此确定了我国沿用 40 余年的教学计划的基本结构和名称。在中华人民共和国成立后相当长的时间里，我国一直是把基础教育分为小学和中学（包括初中和高中）两个学段，并分别设计和制定相应的两个教学计划。在 1992 年国家颁发的《九年义务教育全日制小学、初级中学课程计划（试行）》中第一次对小学、初中课程进行统一设计，而且首次把"教学计划"改为"课程计划"。1996 年制定了第一个把普通高中作为独立学段的课程计划，同时在提法上也与义务教育阶段一致，统一改"教学计划"为"课程计划"。

广义地说，课程计划由培养目标、课程设置、课程实施、课程评价和课程管理五个部分组成。[②]狭义地说，课程计划就是课程设置的整体规划，包括以下部分：①科目设置，即开设哪些课程，包括课程类型和具体科目，这是课程计划的中心问题；②开设顺序，主要根据学校总的学习年限、各门学科的内容及其联系、学生的身心发展特点，确定各门课程开设的先后顺序；③课时分配，即对整个教育阶段的总学时、周学时给出规定，并对每门学科在各学年或学期的授课时数（或比例）做出基本安排；④学年编制与学周安排，包括学年阶段的划分、各个学期的教学周数、学校传统活动、复习考试、假期和节日的规定等，它是学校工作正常进行的保证。

课程计划具有一定的层次性，如国家制订的课程计划、省级教育部门规定并执行的课程计划和学校制订的课程计划。在省域层面规定和执行的课程计划不仅要"开齐、开足、

---

① 李允. 课程与教学论[M]. 北京：北京大学出版社，2015：73.
② 王本陆. 课程与教学论[M]. 3 版. 北京：高等教育出版社，2017：49.

开好"国家规定的课程，还要能体现地域课程特色。学校层面的课程计划往往包括若干课程文件，如学校整体课程安排及其说明、基础型课程校本化实施要求、拓展型课程研发实施及其评价说明、探究型课程研发实施及其评价说明，主题教育活动安排及其说明、作息时间表等。①

【实践活动】请查找你所在的省（区、市）当前执行的省级基础教育课程计划文件，分析该省（区、市）是如何落实国家基础教育课程计划要求并体现地方特色的。

2. 学校课程计划的制订

学校课程计划是指学校按照国家和地方课程计划要求，结合学校自身实际，对学校课程进行的全面规划与整体安排。它既是国家和地方课程计划在学校层面的落实执行，又是学校办学理念和培养目标的具体表述，还是学校文化和学校课程领导力水平高低的具体体现。完善的课程计划可以增强课程对学生的适应性，有利于学生的全面发展，有利于教师对自身工作目标的认识，也有利于教师共同体的合作与促进。那么如何合理制订学校课程计划呢？

制订学校课程计划需要考虑以下五个方面：学校背景分析、学校课程目标、课程设置、课程实施以及课程管理与评价。②①学校背景分析。学校背景分析是学校研制课程计划的基础与起点，可以借助学校发展的 SWOT 分析法进行多维分析，要把握学校基本概况、分析学校课程哲学，以及分析学生的发展需求和教师基本情况等。②确定学校课程目标。课程目标在学校课程计划编制中具有举足轻重的地位，可以从学校课程建设目标、学生培养目标和教师专业成长目标三个方面考虑。③课程设置。课程设置是实现课程目标的主要载体，具体包括课程类型、课时安排（总课时与活动总量）、作息时间表、一学期（或学年）活动安排、一周活动安排、一日活动安排等。④课程实施。课程实施是对前述课程目标、课程设置等的具体落实过程，一般从实施的原则、策略、具体做法等方面根据学校的实际情况提出细致、务实的要求。⑤课程管理与评价。课程管理与评价是对课程从规划到实施的全部过程进行的组织、协调与监控。

学校课程计划的编制不是由校长或教务处简单编写的事情，而是一个群策群力的过程，需要形成一个以校长为核心的课程团队，包括校长、学校中层管理者、教师，以及课程专家、学生家长和社区人士各方力量的共同参与。通常来说，在制订学校课程计划时，要遵循整体性、基础性和开放性三个基本原则。①整体性原则，即课程计划的制订要具有系统思维和全局意识，全盘统筹考虑和整体安排，要在各年级课程衔接、各学科之间协调上保证整体性。②基础性原则，就是要保证学生在学校里学到最为基本的内容（即学校开设的科目主体是基础学科），能够为今后的学习奠定坚实基础。在此基础上，合理安排学校的拓展深化课程，为学生的发展创造更多机会。③开放性原则，就是要赋予课程计划的执行者一定的自主的弹性空间，保障他们能开放、灵活地具体落实课程计划。此外，学校也要积极发挥学生家长等主体的作用，吸引他们参与学校课程的开发与实施。

---

① 王洁，姜虹. 教学领导如何制订学校课程计划[J]. 人民教育，2014（20）：44-45.

② 韩艳梅. 如何使学校课程从局部零敲碎打转向整体系统设计——学校课程计划的框架及其实践分析[J]. 基础教育课程，2013（10）：29-35.

（二）课程标准

1. 课程标准的概念与构成

课程标准是国家对课程的基本规范和质量要求，是各门学科的纲领性文件，它规定本门课程的性质、理念、目标、内容、学生学业质量、课程实施建议，既是教材编写、教学、评估和考试命题的依据，也是国家管理和评价课程的基础。

【资料链接】课程标准的名称演变①

课程标准规定了国家对国民在某方面或某个领域的基本素质要求。在我国，"课程标准"最早可以追溯到清朝末年兴办近代教育之初，清政府在颁布各级学堂章程中，如《功课教法》《学科程度及编制》等，列有课程门目表和课程分年表，这是课程标准的雏形。明确以"课程标准"作为教育指导性文件的是1912年南京临时政府颁布的《普通教育暂行课程标准》。此后，"课程标准"一词沿用了40年。一直到1952年，在全面学习苏联的背景下，才把原先采用的"课程标准"改为"教学大纲"。在新一轮基础教育课程改革中，"教学大纲"又改为"课程标准"。

从《义务教育课程标准（2022年版）》的框架看，主要包括前言、课程性质、课程理念、课程目标、课程内容、学业质量、课程实施和附录八个部分构成：①前言。主要说明课程标准的指导思想以及新版课程标准的修订原则、与《义务教育课程标准（2011年版）》相比较的新变化。②课程性质。主要界定一门课程特定的课程属性，如义务教育语文课程是一门学习国家通用语言文字运用的综合性、实践性课程。义务教育体育与健康课程以身体练习为主要手段，以体育与健康知识、技能和方法为主要学习内容，以发展学生核心素养和增进学生身心健康为主要目的，具有基础性、健身性、实践性和综合性等特点，是学校教育的重要组成部分，对促进学生德智体美劳全面发展具有非常重要的价值。③课程理念。提出各学科的课程标准制定理念。例如，义务教育道德与法治课程的理念是以立德树人为根本任务，发挥课程的思想引领作用；遵循育人规律和学生成长规律，强化课程一体化设计；以社会发展和学生生活为基础，构建综合性课程；坚持教师价值引导和学生主体建构相统一，建立校内与校外相结合的育人机制。④课程目标。主要规定学科核心素养维度、课程总目标和学段要求。⑤课程内容。各学科基于自己的学科属性规定相应的课程内容。如义务教育科学课程标准，在课程内容部分设置了"物质的结构与属性"等13个学科核心概念和"物质与能量"等4个跨学科概念，在课程内容的呈现上，每个学科核心概念分解成若干学习内容。将科学观念、科学思维、探究实践、态度责任等核心素养的培养融入学科核心概念的学习中。⑥学业质量。主要界定学业质量的内涵，按照学段对学业质量加以描述，以体现学生素养发展进阶，为学科核心素养评价提供基本依据。⑦课程实施。主要包括教学的建议、评价建议、教材编写建议、课程资源的开发与利用以及教学研究与教师培训等。⑧附录。主要阐述有关各学科课程实施应注意的一些问题以及知识说明等。

---

① 李允. 课程与教学论[M]. 北京：北京大学出版社，2015：73-74.

2. 基于课程标准的教学

基于课程标准的教学是教师根据课程标准对学生规定的学习结果来确定教学目标、设计评价、组织教学内容、实施教学、评价学生学习、改进教学等一系列设计和实施教学的过程。①课程改革提倡从基于教科书的教学走向基于课程标准的教学，这不是简单的词语置换，它标志着课堂教学实施范式的转变。

1）基于课程标准制定年级和单元教学目标。各学科建立的相对稳定、操作性强的年级和单元教学目标体系，能够为教师撰写课时教学目标、设计教学和评价活动提供依据。随着新课程改革的纵深推进，要弥补课程目标在转化过程中的落差，必须形成基于课程标准的教学目标体系。建构基于课程标准的教学目标体系，主要分为三个阶段：第一阶段，通过课程标准分析进行学科关键要素提炼与目标分层，基于教育目标分类学界定学习水平；第二阶段，进行年级教学目标提炼与分解、单元教学目标分解与分配；第三阶段，遵循目标叙写的规范表述方式，通过内容的具体化、使用表达程度的行为动词、附加情境条件，使目标的描述不断具体化。②所形成的目标结构应体现目标的连续性与对应性，在宏观的目标结构上，要注重学段、年级目标之间的衔接与递进，体现循序渐进的原则；在微观的目标结构上，同一维度的目标在年级和学段之间要合理衔接、梯度递进、螺旋上升。

2）基于课程标准开展学生学业成就评价。在基于课程标准的教学中，教学目标是一套系统评价学生学习的质量指标，因此学生学业成就评价内容和标准的设计就需要建立在目标之上。③一方面，教师在确立评价内容和标准时明确一系列问题：每个评价衡量的都必须是在目标里反映出的内容和技术；每个评价都是对目标所反映重要的、关键知识与技能的公平、有效的抽样；对于目标中体现的复杂的概念、拓展性推理和高级思维等很难测量的内容在设计评价时必须具有开放性和挑战性。另一方面，教师依据教学目标对学生进行多方面的观察，采用表现性评价，记录学生参与真实任务的表现，把握学生的学习过程与结果，及时发现学生学习的进步和不足。

3）基于课程标准选择教学资源。基于课程标准的教学中，教科书是重要的课程资源，但不是唯一的课程资源。"用教材教"不是对教材内容的简单移植和照搬，而是依据教学目标，依托教材，筛选和整合各种不同的课程资源，包括报刊、电影、辩论会、博物馆、自然风光、文化古迹以及学生的日常生活等，从而加强课程与社会现实的联系，使学生深刻地理解和灵活运用教科书的内容。此外，现代信息技术的发展能够以随机性、灵活性、全方位、整体化的方式把知识形象、直观地展现给学生，所以教师在选择教学资源时，不仅要有系统的文字内容，也要选择一些图、文、声、像相结合的内容。

【资料链接】基于课程标准的教学一般程序④

基于课程标准的教学由八个步骤组成：①明确内容标准，即"如何分解课程标准中的相关内容使之更加具体、清晰"；②选择评价任务，即"证明学生达到上述标准的最好途径是什么"；③制定评价标准或开发评分规则，即"用于判断学生表现的准则是什么"；

---

① 崔允漷. 课程实施的新取向：基于课程标准的教学[J]. 教育研究，2009（1）：74-79.
② 刘辉. 基于课程标准的教学目标体系：研制规格、路径与过程[J]. 上海教育科研，2021（1）：5-9.
③ 冯喜英. 基于课程标准的课程设计路向探析[J]. 教学与管理，2014（34）：1-3.
④ 崔允漷. 课程实施的新取向：基于课程标准的教学[J]. 教育研究，2009（1）：74-79，110.

④设计课程以支持所有的学生做出出色的表现，即"怎样选择和组织内容才能帮助学生在完成评价任务时表现突出"；⑤规划教学策略以帮助所有的学生完成课程的学习，即"什么方法和策略才能最好地促进学生的学习"；⑥实施规划好的教学，即"怎样实施上述选定的那些方法和策略"；⑦评估学生，即"利用学生表现证据确定上述标准实现程度"；⑧评价并修正整个过程，即"是否需要补充教学，补充什么"。

四、学科大概念：课程组织的变革

大概念（又译为"大观念"，英文为 big idea 或 big concept）居于学科的中心位置，是对学科的深入理解。布鲁纳强调，无论教师教授哪类学科，一定要使学生理解该学科的基本结构，这有助于学生对学科知识的记忆保留，并促进学习的迁移。[①]布鲁纳对学科基本结构的重视，其实就是在强调不同学科概念之间的联系和整合，形成所谓的"学科大概念"。在《义务教育课程方案和课程标准（2022年版）》中，突出强调要优化课程内容组织形式，跳出学科知识罗列的窠臼，按照学生学习的逻辑组织呈现课程内容，加强与学生经验、现实生活、社会实践的联系，通过主题、项目、任务等形式整合课程内容，突出主干、去除冗余。这实际上就是将以大概念驱动的问题式学习、项目学习、主题学习、任务学习等综合教学形式，通过重构课程内容，优化呈现方式，使各部分内容彼此间建立有机联系。比如，义务教育语文课程标准就提出以中华优秀传统文化为核心内容，以学生生活为基础，以语文实践为主线，设计语言文字积累与梳理、实用性阅读与交流、文学阅读与创意表达、思辨性阅读与表达、整本书阅读、跨学科学习等六个语文学习任务群。每个任务群融合学习主题、学习活动、学习情境和学习资源等关键要素，按学段呈现学习内容，实现语文课程内容结构化，体现语文课程内容的典型性和"少而精"。[②]

（一）为何要强调大概念

在当前中小学课程教学实践中，存在的最大问题就是所教内容的"多而浅"，更多是让学生习得大量的结论性知识而不是像专家一样系统思考，更多停留于表层学习而不是深层学习。有学者指出，学生在知识的学习上普遍存在三个问题：一是"散"，即在强烈的"知识点"情结下，学生较少在一个连续的整体中去建构知识，所学的知识大多是零散的知识，缺乏内在的整合性；二是"低"，即由于教师较少从更高层次去理解学科知识，学生所学的知识更多是低层次的，难以从更上位的层面去理解下位的知识，缺少知识的迁移性和统摄性；三是"浅"，即在知识的表层化理解下，学生学到太多符号化、形式化的知识，较少理解知识背后所蕴含的逻辑根据、思想方法和价值意义。[③]正是这些问题的存在，导致学生所学知识的无用性、惰性化，难以在更大范围内和更高层次上迁移运用自己所获得的知识。对大概念的强调，也恰恰是对解决学生知识学习中存在问题的有力回应。

大概念具有认识论、方法论和价值论三重意义。从认识论上看，大概念是在事实和经验基础上，对概念之间关系的抽象概括，是从事实、经验和概念中简明扼要地抽取和总括

① 布鲁纳. 教育过程[M]. 邵瑞珍译. 北京：文化教育出版社，1982：26-30.
② 吴刚平，安桂清，周文叶. 新方案·新课标·新征程——义务教育课程方案和课程标准（2022年版）研读[M]. 上海：华东师范大学出版社，2022：37-38.
③ 李松林. 以大概念为核心的整合性教学[J]. 课程·教材·教法，2020（10）：56-61.

出来的共同本质特征，因而常常是一门学科中处于更高层次的上位概念、居于中心地位的核心概念和藏于更深层次的本质概念。从方法论上看，大概念如同一个"认知文件夹"，为人们认识事物和建构知识提供一个认知框架或结构。借助这个认知框架或结构，人们不仅能够对各个事实、经验、事物、概念之间的内在联系进行沟通，而且能够在一个连续的整体中去理解各个事实、经验、事物和概念的意义。从价值论上看，大概念不仅对各种具体的事实、经验、事物和概念具有连接与整合作用，而且能促进学习者的持久记忆、深度理解和广泛迁移；不仅对事物的理解、知识的建构与迁移具有重要价值，而且它本身还可能蕴含人们对于自我、自然和社会的价值观念。①

（二）如何理解大概念

1. 大概念的含义

在教育领域中，奥苏贝尔的"要领概念"、布鲁纳的"一般概念"、布鲁姆的"基本概念"等，都已经隐含着大概念的内涵和意义。威金斯（G. Wiggns）和麦克泰格（J. McTighe）在 1998 年出版的《重理解的课程设计》中最先提出并系统阐述了大概念，此后有很多学者从各自不同的角度对大概念内涵进行了阐述（表 5-4）。

表 5-4　不同视角下大概念的内涵②

视角	学者	大概念的内涵
认知发展	克拉克（E. Clark）	大概念构建了理解的认知框架，联结了各个小观念
	怀特利（M. Whitely）	大概念是理解的建筑材料，以联结其他零散的知识点
课程内容	威金斯（G. Wiggns） 麦克泰格（J. McTighe）	大概念是处于课程学习中心的观念、主题、理论、悖论和原则等，有意义地联结多种知识，是不同环境中应用这些知识的关键
	埃里克森（H. L. Erickson）	大概念是抽象概括或基本理解，是基于事实性知识所得具有深层次、可迁移的概念
	格兰特（S. G. Grant） 格雷迪（J. M. Gradwell）	大概念是一个问题或概括，通过把教学内容聚焦于复杂问题上来决定如何教，允许学生多角度对问题进行解决和诠释
学科教育	查尔斯（R. I. Charles）	大概念是对数学学习中核心观念的陈述，将各种数学理解联结为一个连贯的整体
	哈伦（W. Harlen）	大概念是能解释较大范围现象、物体与事件的有组织、有结构的知识和模型
	查莫斯（C. Chalmers）	大概念可以分为两类：内容大概念主要指原理、理论或模型；过程大概念指获取和使用知识时涉及的技能

尽管不同学者赋予大概念不同的内涵，但在认识上也达成了一些明显的共识：①大概念是抽象概括出来的概念，是在经验和事实的基础上，对概念与概念之间的关系加以抽象概括的结果；②大概念是起着联系、整合作用的概念，能够将各种相关概念和理解联系成为一个连贯的整体；③大概念是更能广泛迁移的概念，它超越了个别的知识和技能，能够在更大范围内加以迁移运用。③概言之，大概念就是抽象概括出来的、具有联系整合作用并能广泛迁移的概念。

2. 大概念的类型与结构

大概念居于学科中心地位，是指向具体知识背后更为本质、更为核心的原理、思想和

---

① 李松林. 以大概念为核心的整合性教学[J]. 课程·教材·教法，2020（10）：56-61.
② 叶立军，戚方柔. 指向学科核心素养的大概念教学机理及教学策略[J]. 教学与管理，2021（6）：91-93.
③ 李松林. 以大概念为核心的整合性教学[J]. 课程·教材·教法，2020（10）：56-61.

方法。从类型来看，大概念可以分为内容大概念和过程大概念，前者主要用概念、命题、理论等形式来表达；后者则是与获取、使用知识有关的技能。

从概括、抽象内容的范围与大小的不同，大概念呈现一定的层级结构，从低到高依次是：一般概念、次级大概念、学科大概念、跨学科大概念。"一般概念"是从基本的事实、知识与技能中抽象出来的定义、经验、法则等，成为进一步学习的基础。在具体的学科教学中，学科大概念因为过于抽象而无法直接作为教学内容的使用，因此需要在抽象程度相对较低和适用范围相对较小的概念学习的支撑下逐步完成大概念的学习。[1]这些相对较小的大概念被称为"次级大概念"，包括学科课时内、学科单元内和学科单元间的大概念。基于次级大概念本身再进一步抽象概括，就成为"学科大概念"。学科大概念是课程内容的主轴，它可以聚合具体的、基础的事实性知识、信息、技能，由此形成可供学习的并相互联系、层级分明的内容体系。不同学科大概念间再往上加以抽象概括，就形成了"跨学科大概念"。跨学科大概念与其说是概念，不如说是一种观念，是经历一定学习历程后所形成的对自然与社会更加抽象的一般看法，是不同学科领域、不同学段学科核心概念的综合、连接与再抽象。[2]由此可以看出，大概念是一个相对性的概念，一个层次较高、范围较大的大概念往往是基于小概念本身从具体到抽象、从细节到整体的逻辑构建，不同层次的大概念共同形成自成一体的教育知识或观念体系。

【资料链接】大概念的类型与结构[3]

大概念可以看作一个由纵向的四个层次和横向的三个类型有机结合而成的网络化结构（表5-5）。具体来说，纵向上由低到高涉及四个层次，包括学科课时内的大概念、学科单元内的大概念、学科单元间的大概念、跨学科的大概念；根据大概念的属性来看，主要包括三个基本类型，即结论与结果类的大概念、方法与思想类的大概念、作用与价值类的大概念。

表 5-5 大概念的类型与结构

层次	结论与结果类	方法与思想类	作用与价值类
学科课时内			
学科单元内			
学科单元间			
跨学科			

（三）如何运用学科大概念

1. 筛选学科大概念的方法

促进学生学科核心素养的发展，离不开大概念教学的有效实施。学科大概念指能够反映学科特质，居于学科中心地位，具有较为广泛的适用性和解释力，具有超越课堂的持久价值和迁移价值的原理、思想和方法。[4]学科大概念是优选学科内容的依据，它有概念、

① 邓靖武. 大概念统摄下物理单元知识结构构建及教学探讨[J]. 课程·教材·教法, 2021 (1)：118-124.
② 吕立杰. 大概念课程设计的内涵与实施[J]. 教育研究, 2020 (10)：53-61.
③ 李松林. 以大概念为核心的整合性教学[J]. 课程·教材·教法, 2020 (10)：56-61.
④ 邓靖武. 大概念统摄下物理单元知识结构构建及教学探讨[J]. 课程·教材·教法, 2021 (1)：118-124.

主题、理论等多种表现形式，如何从这些纷繁复杂的形式中寻找、挖掘和确定真正的大概念，是以大概念为核心展开课堂教学的关键。

一方面，通过解读课程标准捕捉学科大概念。学科课程标准是教师开展日常教学活动的指导性文件，许多学科课程标准中陈述或者暗示了学科大概念，如以重要概念、关键概念、重要原则等出现的陈述语句，反复出现的关键名词、形容词和动词等。在义务教育语文课程标准中的"交流与沟通能力""多元文化""艺术与审美能力"等，就是语文学科大概念的深刻折射。这就要求教师认真解读和分析课程标准，紧紧抓住课程标准中反复出现的高频词句来，进而采取演绎的方式将具体、大量、零散的知识内容聚焦在学科大概念的框架之中。然而，并不是所有学科课程标准中都会陈述或者暗示学科大概念，我们更多看到的是未经加工或者部分加工的概念"零部件"。学科大概念不同于学科知识可以直接拿来使用，反而更像一种引导性工具，需要我们通过不断地反思与归纳进行学科大概念的提取、细化和调整，具体方法可分为概念列表法、问题回溯法。

另一方面，立足于学科特征，通过深度解读教材把握学科大概念。不同学科有其自身独特的学科研究对象、基本问题、研究方法以及思维方式。在学科大概念的筛选和确定过程中要基于学科视角、聚焦学科本质。而学科大概念往往潜藏于教材的内核和深处，要准确筛选和确定学科大概念，教师可以从知识的产生与来源、事物的本质与规律、学科的方法与思想、知识的关系与结构以及知识的作用与价值等五个方面去深度把握和理解教材。①以小学语文为例，从《"诺曼底号"遇难记》（四年级下册）、《摔跤》（五年级下册）、《十六年前的回忆》（六年级下册）三篇课文中，能提取出有关写作的三个大概念，分别是"描写人物的语言要为表现人物的性格和品质服务""描写人物的动作要为表现人物的性格和品质服务""描写人物的外貌、神态要为表现人物的性格和品质服务"，将这三个大概念进一步提炼，可以得到更上位的大概念，即"要根据特定的表达目的来选择合适的表达内容和匹配的表达方法"。②三篇课文来自不同的学段，但可以通过深度凝练和总结提炼出更上位的大概念，这离不开教师对教材内容的横向贯通和对教材本质的纵深理解。

【资料链接】学科大概念形成的两种方法③

概念列表法，是指围绕主题内容在概念列表中寻找提示性大概念，进一步抽象出外延和内涵相符的大概念。概念列表可以是一组相关可能概念，也可以是一组相关且有提示性的概念词组，也有可能是一组相关的陈述语句等，教师可从中提取出大概念。

问题回溯法，是指围绕主题内容进行不断地发问，提出多个相关的挖掘性、渗透性问题，根据问题的回答进行大概念的发现与提取。例如为什么要研究，研究内容是什么，故事的寓意是什么，如何在更大的环境中应用这个规则，研究的意义是什么等等。问题回溯法能够全面梳理与主题内容相关的细枝末节，深入探寻问题答案之间的相关关系，最终归纳整理出学科大概念。

① 李松林. 以大概念为核心的整合性教学[J]. 课程·教材·教法，2020（10）：56-61.
② 吕映. 语文学科的"大概念"：概念辨析、要义解读与研究展望[J]. 语文建设，2021（18）：20-26.
③ 李刚，吕立杰. 落实学科核心素养：围绕学科大概念的课程转化设计[J]. 教育发展研究，2020（15）：86-93.

2. 以学科大概念为核心的课程内容组织

传统的课程中通常会花大量时间去教授那些不连贯的知识点等细节内容，然而这些细碎的知识点往往很快被遗忘，对学生知识学习的深层理解并没有提供有益帮助。学科大概念改变了课程试图覆盖全面知识点的传统，围绕学科大概念进行课程组织，有助于形成知识与知识之间的联结通路，能够有效组织零碎的知识与技能并将其应用到具体的情境中。围绕学科大概念进行课程组织和课程设计已经逐渐成为一个新趋势，以下是两种国外较为典型的设计模式①。

一是金字塔模式。韩国天主教大学的达米（B. Dami）研究团队以大概念为中心开发了金字塔模式的小学综合科学课程框架，金字塔模式由大概念、跨学科概念、学科概念以及示例模块四个部分组成。这种模式从大概念出发，明确了大概念与各层级概念之间的层叠关系。下面以大概念"结构性"为例来呈现该模式（图 5-2）②。

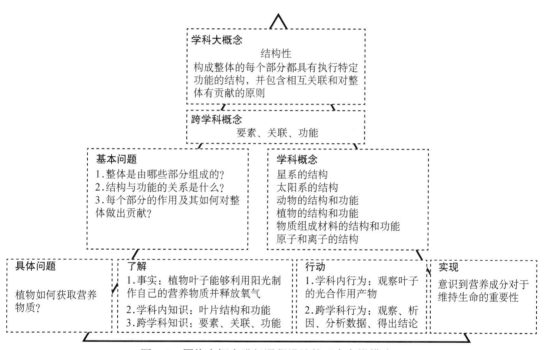

图 5-2　围绕大概念进行课程设计的"金字塔模式"

二是线性链模式。美国俄亥俄州州立大学学者沃克（S. Walker）认为课程设计的基本架构主要是由大概念、合理论证、关键概念和探索问题四类课程元素构成的。大概念在选择时，需要不断地反思和检视其对于学生的重要价值，可根据课程标准由教研组教师集体讨论确定；合理论证为大概念的选择提供合理性以及价值性说明；关键概念由抽象模糊的大概念展开直至明确、实用性强的具体概念；探索问题的功能在于综合关键概念并提出具体问题，从不同角度表征大概念，一般以 1—3 个为宜。这种模式从大概念出发，按照逻辑脉络一步步推演，最终建立起基于大概念的课程设计体系。

---

① 李刚，吕立杰. 国外围绕大概念进行课程设计模式探析及其启示[J]. 比较教育研究，2018（9）：35-43.
② 李刚，吕立杰. 国外围绕大概念进行课程设计模式探析及其启示[J]. 比较教育研究，2018（9）：35-43.

【资料链接】运用学科大概念确定课程内容的"基本问题"①

在确定学科大概念后，需要在此基础上编写基本问题（essential question）。基本问题是重要的、处于事物核心的问题。这些问题能促进对学科的探究和跨内容教学，且不能产生单一、直接的答案。基本问题隐含着四种含义：①在生活中不断重现的重要问题，比如"什么是正义？"；②学科内的核心概念和问题，比如"什么是健康的饮食？"；③学习核心学科内容的问题，比如"好的作家是如何吸引和保持读者的？""什么模式能最好地描述商业圈？"；④问题能吸引一群特定而多元的学习者，尤其是要吸引并维持学生的兴趣。

课程单元开发的七步框架（seven steps framework to curriculum unit around big idea, SFCBI）是目前在国内较有影响力的基于学科大概念的课程内容框架模式，包括选择单元主题、筛选大观念群、确定关键概念、识别主要问题、编写单元目标、开发学习活动和设计评价工具七个部分。②课程单元开发七步框架按照线性序列进行陈述，在具有操作性的同时也保留着较大的开放性，课程设计者可以在设计过程中进行大量的回溯和修改，具有很强的指导价值。下面以学科大概念为核心的单元设计案例来自人教版小学英语教材六年级下册 Unit 4 Then and Now，该案例强调依据课程标准、教材分析和学生的实际提炼学科大概念，以学科大概念统摄目标设计、评价设计和教学设计，追求教学目标、教学活动和教学评价的一体化，多方位提高学生的综合语言运用能力，最终落实英语学科素养目标。

【案例链接】Then and Now 的教学设计③

基于学科大概念的小学英语单元教学设计如表 5-6 所示。

表 5-6　基于学科大概念的小学英语单元教学设计

步骤	内容	说明
提炼大概念	主动应变、化危为机	Then and Now 这一单元虽然分 A、B、C 三部分，但每部分的子概念都与"变化"相关，在总结归纳子概念的基础上提炼出大概念
表征基本问题	① What are the different kinds of changes? ② Why and how do things change? ③ How do you like the changes around you? ④ Are changes always good?	将大概念转化为基本问题形式，创设探究情境，能促使学生围绕主题意义展开讨论、协商和对话
确定教学目标	理解人类是变化背后的主要推手，掌握主动作为，确保事情向好的方向转变的简单方法	教学目标要围绕大概念展开：一是为了让学生生成自己的大概念，并能用大概念把语言知识和文化知识建立有机联系、做出有效推断；二是为了让学生能够灵活准确地将所学应用到新情境中，解决新的问题
预设评价方案	设计小组活动，让学生合作完成一份环境保护倡议书等，并按照内容的丰富性及完整性、表达的准确性及连贯性、小组的参与度三个维度，分 A、B、C 三个等次进行评价	基于大概念的单元教学评价多采用综合性的表现性评价方式
设计教学活动	例如，针对大概念下子概念"身边的事物随着时间的流逝而不断改变"，可以设计以下三个具体的教学活动：①学习对话：梳理学校 5 年前后的变化。②找错误：图片中哪些事物不可能发生在唐朝。③讨论：身边事物变化的原因及方式	大概念教学注重学生能力表现，需要学生在教师的引导下，以基本问题为线索，将自主、合作、混合学习等多种学习方式与主题意义探究结合起来

① 盛慧晓. 大观念与基于大观念的课程建构[J]. 当代教育科学, 2015（18）: 27-31.
② 李刚, 吕立杰. 大概念课程设计：指向学科核心素养落实的课程架构[J]. 教育发展研究, 2018（Z2）: 35-42.
③ 周诗杰. 基于大观念的小学英语单元教学设计探析[J]. 课程·教材·教法, 2021（12）: 88-93.

【思考】结合上述案例，谈谈教师在围绕学科大概念组织教学活动时需要注意的问题。

【案例研究】重庆巴蜀小学的学科课程综合化实施①

为落实国家育人目标和建构学生核心素养，重庆巴蜀小学在学校层面整体推进课程改革，创造性地开展学科课程综合化实施。坚持立德树人的价值导向，基于学科又超越学科，以学生的综合能力和创新发展作为学科课程改革的重点，通过"化—联—跨—展"将学科课程进行转化和融通，既实现了学科课程不同内容板块的重组以减少课程内容上的重复，又能促进学生学习和成长，回归完整"生活"。践行"教育是做的哲学"和"律动教育"理念，采用"学科+"的跨界形式，通过"学科+学科""学科+生活""学科+技术"，打破时空界限，创造真实学习情境，避免了教育和生活实践的脱节，让每个学生在经历中学习、在体验中感悟、在研究中收获，不断提高学生综合运用知识和解决实际问题的能力。系统思考办学实践过程中的问题，强调"底线思维"，注重学科育人目标的转化与提升，通过寻求学科间的共通性，形成了学科课程育人目标的整体结构，构建了具有"巴蜀"特色的课程综合实施模式。

【思考】请结合以上材料，探讨如何推进学科课程综合化实施？

思 考 题

1. 选择某学校的一门校本课程，分析其课程要素是如何组织的？
2. 如何认识学科课程与活动课程的关系？
3. 如何制订科学、合理的学校课程计划？
4. 如何理解"基于教科书的教学"和"基于课程标准的教学"？
5. 结合实例，探讨如何围绕学科大概念来组织课程内容？

拓 展 阅 读

崔允漷. 课程实施的新取向：基于课程标准的教学[J]. 教育研究，2009（1）：74-79，110.

韩艳梅. 如何使学校课程从局部零敲碎打转向整体系统设计——学校课程计划的框架及其实践分析[J]. 基础教育课程，2013（10）：29-35.

李松林. 以大概念为核心的整合性教学[J]. 课程·教材·教法，2020（10）：56-61.

吕立杰. 大概念课程设计的内涵与实施[J]. 教育研究，2020（10）：53-61.

孙振东，田娟. 关于学科课程的若干认识误区及其澄清[J]. 教育学报，2020（4）：30-37.

参 考 文 献

陈旭远. 课程与教学论[M]. 北京：高等教育出版社，2014.

---

① 陈时见，邵佰东，潘南. 学科课程综合化的建构与实施——重庆市巴蜀小学校学科育人的创新路径[J]. 中国教育学刊，2019（12）：6-10.

格兰特·威金斯，杰伊·麦克泰格. 追求理解的教学设计[M]. 2 版. 闫寒冰，等译. 上海：华东师范大学出版社，2017.

林恩·埃里克森，洛伊斯·兰宁. 以概念为本的课程与教学：培养核心素养的绝佳实践[M]. 鲁效孔译. 上海：华东师范大学出版社，2018.

刘徽. 大概念教学：素养导向的单元整体设计[M]. 北京：教育科学出版社，2022.

吴刚平，安桂清，周文叶. 新方案·新课标·新征程——义务教育课程方案和课程标准（2022 年版）研读[M]. 上海：华东师范大学出版社，2022.

杨明全. 课程论[M]. 北京：中国人民大学出版社，2016.

模　块　二

专题六 课程实施与教学过程

【知识点导图】

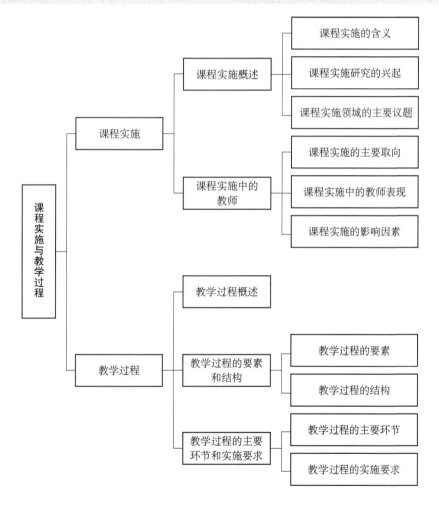

课程实施与教学过程
- 课程实施
  - 课程实施概述
    - 课程实施的含义
    - 课程实施研究的兴起
    - 课程实施领域的主要议题
  - 课程实施中的教师
    - 课程实施的主要取向
    - 课程实施中的教师表现
    - 课程实施的影响因素
- 教学过程
  - 教学过程概述
  - 教学过程的要素和结构
    - 教学过程的要素
    - 教学过程的结构
  - 教学过程的主要环节和实施要求
    - 教学过程的主要环节
    - 教学过程的实施要求

【学习目标】

1. 掌握课程实施的内涵、基本取向和影响因素。
2. 了解课程实施的意义，认同教师对于课程实施的特有价值。
3. 明确教学过程的要素和主要结构。

4. 掌握教学过程的主要环节和实施要求。

5. 能够运用教学过程的基本原理，结合自身的教学实践或教学案例，对"好的教学是什么"进行理论分析。

【案例链接】芬兰教师的角色转变

芬兰基础教育课程设置颇具"弹性"。国家规定义务教育课程设置的公共科目，但是地方政府和学校对于课程设置、课时安排、教学方法等具有一定的决定权，教师拥有教材选择权，学生也可选修其他科目。在芬兰以往的传统教学中，教学与课程是彼此分离的，教师只是充当课程的"代理商"，这种关系隐含着制定课程的专家、行政人员与教师之间权威与服从、控制与被控制的关系。教师从"代理商"的角色到作为课程创生者的角色转变，是芬兰1994年以来课程改革的结果。这样的改革对教师的要求也很高，芬兰中小学教师必须具备硕士学位，幼儿园教师必须具备学士学位。

芬兰的基础教育课程改革与教师角色的转变，给你什么样的启示？

让我们一起思考：课程实施是不是就等于课堂教学，如果不是，那它又是什么？ 在课堂里怎样实施课程才是有效的？哪些因素影响了课程的实施，以什么标准来判断课程是否得到落实？

纵观课程发展史，有许多轰轰烈烈的课程改革。这些改革的实施方案和计划尽管十分完美，投资也比较充分，但是却以失败而告终。究其原因，主要是课程改革的倡导者往往只关注于改革蓝图而忽视了课程实施过程，特别是忽视了课程实施中的中小学教师。为了提高课程改革的效果和质量，人们开始重视对课程实施及教学过程的研究。

一、课程实施概述

（一）课程实施的含义

"课程实施"（curriculum implementation）这一术语来自国外话语体系，原意是对课程改革计划或课程方案的贯彻、执行和落实。课程实施是课程开发中的一个重要阶段，是从"理想课程"到"实际课程"的重要环节。1998—2018年是我国课程实施研究发展最快的时期。目前对课程实施内涵的看法，国外的研究焦点在于教师怎样将规划的课程方案付诸实际的教学行动当中，国内对课程实施研究的范围相对宽泛一些，不仅包括教学层面的研究，还涉及课程推广层面的研究。总结归纳起来主要有以下几种观点。①课程实施是把经过试验、研究、编辑和审定的教材付诸实践的过程，课程实施主要依赖教学[1]。②课程实施是因改革而起的命题，是把一个新的课程计划付诸实践的过程[2]。③课程实施可视作课程发展中的一个重要环节，这个名词具有下列特征：它是一个过程，涉及课程变革或创新；它也可以理解为新的实践（或课程纲要）的实际使用情况；它是"课程设计"和"教学"周期的重要阶段。[3]可以看出，我国学者对"课程实施"这一概念进行了改造，把"教学"这一教育要素纳入课程实施的范畴，使"课程"与"教学"这两个相对独立的教

---

[1] 陈侠. 课程论[M]. 北京：人民教育出版社，1989：251-327.

[2] 施良方. 课程论[M]. 北京：教育科学出版社，2005：130.

[3] 李子建，黄显华. 课程：范式、取向和设计[M]. 香港：香港中文大学出版社，1994：311.

育要素产生了关联，由此形成以下结论：课程实施是课程论和教学论研究领域的重要课题。从课程论的角度可以将课程实施视为课程开发过程中的一个重要环节，而在教学论意义上的课程实施至少包括教学设计和教学过程[①]。概言之，课程实施指的是教师将规划的课程方案付诸实际教学行动的实践历程，亦即将"书面的课程"转化成课堂情境中具体的教学实践的过程。[②]④课程实施是教师和课程之间互动以实现设计课程和创生课程的过程，要从教师理解课程材料、教师设计课程、教师的课堂运作和教师的课程反思这四个维度来构建教师课程实施的行为域。[③]课程实施是通过协调课程实施中的诸多因素，将课程计划纳入具体教学实践中，通过教师与学生之间的互动，分层次地落实教学计划的过程。[④]

课程实施虽然是一个宏大的工程，但其中的关键环节却是教师的实质性参与。作为专业工作者的教师对于课程方案的实施，会不可避免地加入自己的理解和课程建构。教学就是教师对课程计划、课程标准、教材等文本材料进行课程分析和教学转化的过程。结合上述讨论，本书将课程实施定义为：课程实施是在课程计划的执行过程中，教师通过专业的课程分析、教学设计和课堂过程中的师生互动，对预期课程方案进行创造性教学转化的过程。

（二）课程实施研究的兴起

课程实施进入人们的研究视野，始于20世纪60年代末对美国的学科结构运动的反思。20世纪50年代末至60年代初，美国开展了以"学术中心课程"为核心的课程改革，也被称为学科结构运动。1957年，苏联成功发射了第一颗人造地球卫星，美国朝野一片哗然。他们认为，国家之间的军事竞争实际上是科技竞争，科技竞争本质上是人才竞争，人才竞争又离不开教育竞争。美国之所以在军事科技方面落后于苏联，归根到底是美国的教育落后，因此美国开始反思进步主义教育的不足，着手开发体现学科学术结构和发展前沿的"新课程"。这些课程主要是物理、生物、数学、化学、地球科学等自然科学领域的学科课程。1959年，美国科学院召集了35位科学家、学者、教育家在美国马萨诸塞州的伍兹霍尔集会，确定了课程改革的思路，这标志着学科结构运动开始在全国范围内展开。这次运动的主导者是美国心理学家、结构主义课程范式的代表人物布鲁纳和美国生物学家、教育学家施瓦布。布鲁纳在伍兹霍尔会议基础上撰写的《教育过程》一书是学科结构运动的纲领性文件，被西方教育界称为"有史以来教育方面最重要最有影响的一本书"。

学科结构运动中提出的学术中心课程有三个特征：①学术性。主张将人类认识最前沿的、不断发展提升的研究成果，如各学科领域的最新进展、引进中小学教材和课堂、让学生接受最前沿的学科知识。②专门性。学科结构运动的倡导者不主张课程的综合性、相关性、跨学科性，而强调学科本身的专门化，要求课程内容的选择体现本学科内在逻辑的发展。③结构性。这里的结构包括两个方面的含义，一是由一门学科特定的一般概念、一般

① 李臣之. 课程实施：意义与本质[J]. 课程·教材·教法，2001（9）：13-17.
② 钟启泉. 现代课程论[M]. 2版. 上海：上海教育出版社，2003：498.
③ 崔允漷，夏雪梅. 论互动视野下的教师课程实施：基于40年文献的建构[J]. 全球教育展望，2013（10）：3-12.
④ 李森，陈晓端. 课程与教学论[M]. 北京：北京师范大学出版社，2015：162.

原理所构成的体系，二是一门课程特定的探究方法与探究态度。[1]学科结构运动将这两个方面的结构相结合，要求在这些新课程的教学过程中，学习者能够像科学家一样开展发现学习和探究学习。

学科结构运动推行了 10 年之久，耗资巨大，但是却以失败告终。20 世纪 60 年代末，美国教育界对这次课程改革怨声载道，新课程被废止。学者开始对其进行反思，发现这一课程改革之所以失败，是因为没有得到真正的实施。这种以自上而下、外在于教师的方式推广和实施的课程改革，将教师视为课程之外的执行者，这也是"防教师"的课程改革失败的真正原因。自此，课程实施问题日益引起研究者的关注和兴趣，其中的代表人物是美国学者富兰（M. Fullan）和庞弗雷特（A. Ponfret）等。他们提出了若干课程实施的基本理论，为后续的课程改革提供了有价值的借鉴。

（三）课程实施领域的主要议题

早期课程实施研究的主要议题是对课程实施的含义、价值取向和影响因素的研究。20世纪 70 年代后期，美国学者富兰开始系统研究课程实施问题，提出了课程实施的三种取向，即得过且过取向、相互调适取向和忠实取向。富兰和庞弗雷特将课程实施界定为课程或教学方案的实际应用或者该方案在实践中包括什么。课程实施就是实施者学习新方法和新事物的过程，也就是具有革新性的课程方案在实施过程中所产生的一系列行为和信念的改变。20 世纪 90 年代初，学者又探讨了课程目标、组织结构、教学材料、师生角色关系、课堂策略和评价等课程实施过程中的问题。

我国对课程实施的研究在一定时期内并未引起人们的注意。受苏联教育理论的影响，我国没有独立、专门的课程论，所以也缺少有关课程实施的研究。直到 20 世纪 80 年代，国外课程理论大量被介绍进来，我国学者开始关注课程实施研究。80 年代中后期，课程实施研究开始归属课程论研究的范畴。90 年代后，除继续介绍、评价国外课程理论与课程实践研究的新进展外，我国学者逐渐开展本土化研究。在此期间，课程实施成为课程理论研究的热点问题，涌现大量的相关学术著作和学位论文。2001 年第八次基础教育课程改革后，研究达到高峰。

2001—2005 年义务教育阶段的课程实施划分为实施的准备与过渡、国家实验区的启动与推进、省级实验区的启动与运行、大面积快速推进、逐步调适并实现常态化五个阶段；2003—2010 年普通高中课程实施划分为酝酿与准备阶段、初期实验阶段、中期实验阶段和全面推进四个主要阶段。课程改革中后期，部分学者总结了课程实施过程中体现基础教育课程改革的一些主要特征，包括教师对课程改革具有较高和较稳定的认同感；课程改革带来观念的转变和方法的创新；实施过程中表现出较为突出的地区和学段差异等，同时呈现了推进过程中的一些困难和问题，包括城乡差异明显，农村课改进程存在一定难度；课程资源匮乏，经费投入不足；校本教研不够深入，教师缺少专业支持；部分课堂教学存在单纯追求形式的现象等。[2]有关高中课程实施现状，有研究发现，公众对学生的考试评价方式、高中生的社会适应能力、高考招生制度、高中生的社会责任感、高中生的个

---

[1]　张华. 课程与教学论[M]. 上海：上海教育出版社，2000：16-17.

[2]　马云鹏. 高中新课程实施条件与面对的问题[J]. 全球教育展望，2003（9）：8-9.

性发展最为不满，社会人士与高中生尤其认为高中课程缺乏选择性、灵活性、实用性与时代性。①这些研究成为后续高中实施分层走班、选科制和高考改革的重要理论依据。

有关义务教育阶段课程实施，教育部先后于 2001 年、2003 年、2004 年和 2006 年组织专家团队进行调研和评估，通过对调查结果的反思与分析，总结了新课程（即第八次课程改革）实施初期取得的进展和效果，分析了新课程实施的成就与存在问题。②结果显示，使用者对新课程的接受与认可程度较高，对课程改革必要性的认识较为深刻，为课程改革的顺利实施创造了良好的环境。教师观念的变化显著，教师的教与学生的学均发生了转变，教师认为学生解决问题能力、学习态度以及学习方式都得到改善，学生更加喜欢学习。③此外，学段间的差异同样值得关注，与小学教师相比，初中教师对课程与教材的适应和对新课程教学、评价理念与方式的认可程度相对低，初中家长对新课程的支持度要明显低于小学。

对于这一次改革的成效，学者也有着激烈的争论，大致包括四次学术争鸣。

第一次争鸣是 2004 年 7—10 月，争议焦点是新课改中如何对待知识教育的问题。代表人物是王策三教授和钟启泉教授。王策三教授在《认真对待"轻视知识"的教育思潮——再评由"应试教育"向素质教育转轨提法的讨论》中批判了这次新课程改革偏重学生经验，反映了一股"轻视知识"的教育思潮，干扰了教育的正常发展，并指出必须坚决克服之。④钟启泉教授进行了反驳，他从新课程所倡导的教育价值观、知识教育观以及新课程在继承与借鉴，追求理想与面对现实等四个维度，试图澄清新课程的基本理念，批驳了以"凯洛夫教育学"为代表的教育思想，提出教育理论工作者要敢于放弃陈旧的思想，与时俱进，树立良好学风。⑤

第二次理论争鸣的时间是 2005 年 5—8 月，争论的焦点是新课改的理论基础问题。代表人物是靳玉乐教授和高天明教授。靳玉乐教授撰文质疑新课改的多元理论基础，要求坚定不移地以马克思主义作为指导思想和理论基础。⑥同年 8 月，高天明教授撰文指出，马克思主义认识论是指导思想，但不是课程改革的直接理论，课程理论必须在知识、文化和社会三个维度解决理论基础问题。⑦

第三次理论争鸣是 2008 年 7 月—2009 年 1 月，主要是第一次争鸣的延伸，争论的焦点是凯洛夫教育学对于当今课改的价值问题。王策三教授指出，凯洛夫教育学反映了现代学校教育的基本规定性，提供了操作性强的教育实践规范，是现代教育学发展的重要历史成果，虽然它本身有局限和缺陷并时过境迁，但具有基本合理性，至今仍有意义，倡导学习凯洛夫教育学的精华。⑧钟启泉教授则进行了回应，指出早在 20 世纪 50 年代末苏联教

① 吴刚平，王俊. 普通高中课程的公众满意度调研报告[J]. 教育发展研究，2003（12）：48-53.

② 马云鹏，刘淑杰，吕立杰，等. 基础教育课程改革的成就、问题与对策——部分国家级课程改革实验区问卷调查分析[J]. 中国教育学刊，2003（12）：35-39.

③ 马云鹏，唐丽芳. 新课程实施的现状与对策——部分实验区评估结果的分析与思考[J]. 东北师大学报（哲学社会科学版），2002（5）：124-128.

④ 王策三. 认真对待"轻视知识"的教育思潮——再评由"应试教育"向素质教育转轨提法的讨论[J]. 北京大学教育评论，2004（03）：5-23.

⑤ 钟启泉，有宝华. 发霉的奶酪——《认真对待"轻视知识"的教育思潮》读后感[J]. 全球教育展望，2004（10）：3-7.

⑥ 靳玉乐，艾兴. 新课程改革的理论基础是什么[N]. 中国教育报，2005-05-28（003）.

⑦ 高天明. 新课程改革的理论基础究竟是什么[N]. 中国教育报，2005-08-13（003）.

⑧ 王策三. "新课程理念""概念重建运动"与学习凯洛夫教育学[J]. 课程·教材·教法，2008（7）：3-21.

育界就已彻底超越凯洛夫教育学。但我国教育学界某些人至今依然沉醉于"凯洛夫教育学情结"而不能自拔，更有甚者，把凯洛夫教育学捧为现代教育学术的精华。在我国改革开放三十年后的今天，重新捡起"学习凯洛夫教育学"口号不仅没有任何积极意义，而且是一种历史的倒退。[①]

第四次理论争鸣是 2010 年 1—8 月。郭华在《新课改与"穿新鞋走老路"》一文中指出，此次课改不成功，说明"新课程理念"存在某些问题，现实的状况也证明了它的某些内容至少是不适当的。[②]陈尚达在《应理性审视新课改下的"穿新鞋走老路"现象——兼与《新课改与"穿新鞋走老路"》一文商榷》[③]、余小茅在《究竟是什么导致了新课改中的"穿新鞋走老路"——兼与郭华教授商榷》等论文中进行了反驳[④]。前者针对郭华提到的新课改否定讲述法，重视学生体验这一观点，指出讲授法与对话法是相通和关联的，"讲授法"和"灌输论"并不是一回事，"灌输论"盛行有多方面原因。有效讲授与有意义对话的共同要求包括教师榜样示范、学生自主预习、教学情境创设与师生讨论协商等。后者则从教育体制、惯习和利益博弈等三个方面，分析了新课改"穿新鞋走老路"的原因，指出只有先让广大教师真诚地接受新课改的主张即"穿新鞋"，进而更加自觉地推进新课改健康地发展即"走新路"，才能最终过渡到"穿新鞋走一段老路之后顺利走上新路"。

总之，课程实施的相关议题在 2001 年之后不仅得到了丰富而且发展迅速。第八次基础教育课程改革之始就注重课程实施与教师教学的研究。前期主要关注基础教育课程改革、课程决策的制定与落实等问题，对基础教育中的课程设计、校本课程开发等存在的问题进行反思。到 2003 年前后，随着普通高中课程方案的公布与实施，课程实施研究更多地关注与高中课程实施相关的问题，集中讨论了高中新课程、研究性学习、课程评价等主题。2004 年以后，随着课程实施的推进，课程管理、课程领导、课堂教学、教师专业发展等课程实践层面的主题开始受到重视，相关研究逐渐增多。2005 年后，新的主题很少出现，主要是在原有主题基础上，从不同视角、基于不同层面、用不同方法进行研究。直到 2014 年前后，随着核心素养的提出，如何在学校教育的不同层面体现核心素养，成为课程实施研究的新议题。除了进一步讨论 STEM 等综合课程外，研究者开始更多地关注教学过程，包括学科核心素养实施、单元教学设计、大概念教学、学科德育等问题。

二、课程实施中的教师

（一）课程实施的主要取向

课程实施取向是指人们对课程实施过程本质的不同认识以及支配这些认识的课程价值观，它体现了人们对课程实施的认识和理解。课程实施的取向集中表现在对课程计划与课程实施过程之关系的不同认识上。美国课程学者辛德尔（J. Sayder）等在富兰研究的基础上，归纳了课程实施的三种取向，即忠实取向、相互适应取向和创生取向。

① 钟启泉. 凯洛夫教育学批判——兼评"凯洛夫教育学情结"[J]. 全球教育展望，2009（1）：3-17.
② 郭华. 新课改与"穿新鞋走老路"[J]. 课程·教材·教法，2010（3）：19-26.
③ 陈尚达. 应理性审视新课改下的"穿新鞋走老路"现象——兼与《新课改与"穿新鞋走老路"》一文商榷[J]. 全球教育展望，2010（8）：3-9.
④ 余小茅. 究竟是什么导致了新课改中的"穿新鞋走老路"——兼与郭华教授商榷[J]. 课程·教材·教法，2011（3）：25-32.

1. 忠实取向

忠实取向认为，"课程"的含义是指体现在学程、教科书、指导书、教师教案和课程革新方案中有计划的内容。"课程知识"主要是由课程专家、学科教学专家用他们认为最好的方法选择、创造并提供的，教师对课程知识的创造和选择没有实质的发言权。课程变革是一种线性过程：课程专家在课堂外制定课程变革计划，教师在课堂中实施课程变革计划，教师是课程专家所制定的课程变革的忠实执行者。

2. 相互适应取向

相互适应取向认为，"课程"不仅包括体现在学程、教科书和变革方案中有计划的内容，而且包括学校和社区中由各种情景因素构成的课程要素。课程实施过程是课程计划与班级或学校实践情景，在课程目标、内容、方法、组织模式诸方面相互调整、改变与适应的过程。课程变革是复杂、非线性和不可预知的过程。教师是主动、积极的"消费者"，为了使预定课程方案适合具体实践情境的需要，教师应对其进行改造。

3. 课程创生取向

课程创生取向认为，真正的课程是教师与学生联合创造的教育经验，课程实施的本质是教师在具体的教育情境中，通过与学生联合与合作，充分挖掘、利用一切课程资源，共同创造、建构、生成新的知识经验的实践活动。这一取向肯定了教师在课程实施中的主体地位，强调要充分发挥教师的能动性、激发创造性，并在此基础上指导学生创生，从而达到师生共同创生的目的。课程变革是教师和学生个性的成长与发展过程，是思维和行为上的变化，而不是一套设计和实施课程的组织程序。教师是课程开发者，教师与学生成为积极教育经验的建构主体。[①]

概括地讲，三种取向具有各自的优势：忠实取向强化了课程政策制定者和课程专家在课程变革中的作用，保证了课程方案在实践中的实现程度；课程创生取向强调教师和学生在课程实践中的主体性和创造性，把处于教育情景中的教师和学生在课程开发、课程创造中的积极性解放出来；相互适应取向主张要根据特殊情境的需要，把计划的课程变为调整的课程，这一取向综合考虑了具体实践情境之外的专家所开发的课程与对这种课程产生影响的学校情景、社区情景的因素，体现了关注实践的价值追求。

除了上述优势，它们也存在一定的不足。忠实取向把课程变革视为线性化地实施预定的课程计划的过程，使课程变革成为一个机械、技术化的程序，这就抹杀了课程变革的直接参与者——教师和学生的主体价值。相互适应取向在具体实施过程中需要面对预设方案与具体的课程实践之间如何进行调整和平衡这一问题，而对这一问题的回答是比较模糊的，实践中的相互适应取向也就带有明显的折中色彩。它在兼具另外两种取向的优点的同时，也不可避免地具有局限性。课程创生取向具有浓重的理想色彩，它要求教师不仅对专家开发的课程做出正确的判断、选择和解释，还要善于根据具体课程实施的状况，自主创造适合的课程，这与当下的教师专业发展现状有一定的差距。尽管如此，让教师参与课程制定过程已经成为国际课程改革的一种趋势。

从课程实施三种取向的关系看，课程实施从忠实取向到相互适应取向，再到创生取

---

① 张华. 课程与教学论[M]. 上海：上海教育出版社，2000：336-337.

向，反映了人们对课程变革本质认识的不断深化，也是学校教师和学生在课程实践中主体地位不断得以提升的过程。课程是一个开放性的大系统，课程标准和计划、课程专家、教材、教师、学生，都是课程系统的组成部分。课程变革不是政策制定者对变革方案和实施过程的控制，而是参与者之间民主交往、平等互助的过程。在基础教育领域，我们更应该尊重和提倡教师和学生在课程实施过程中生成的教育经验，将具体教育和社区情境因素纳入实施过程之中，最大限度地发挥教师和学生的主体参与作用。

（二）课程实施中的教师表现

课程实施是把变革付诸实践的过程，它离不开教师主体作用的发挥。改革意味着教师要对过去的教学常规进行反思，改变自己不合理的价值观念和行为习惯。为此，教师要做更多工作，有时还要在已经超时的工作量上再添加新的工作。对于教师而言，如何看待课程改革，决定了其开展课程实践的行动力度。

长期以来，我们对中小学教师的角色定位基本上是"国家课程的执行者"。第八次课程改革赋予教师更多参与课程的权力，教师开始实现从课程的"消费者"到"生产者"、从"点菜者"到"菜单提供者"的角色转换。这种角色的转变也对教师的专业水平提出了更高要求。借鉴古德莱德的课程层次理论，教师的课程行为大致经历三个阶段：①教师能够理解课程改革提出的教育教学观念，这是领悟的课程；②教师开始适应课程实施和课程评价方面的转变，这是运作层面的课程；③教师依据具体的教学情境和学生的经验基础，实现课程的创新发展，这是经验的课程。教师的课程实施是沿着"理解课程—适应课程—创生课程"的发展路径，促进课程与教学行为的对接。布罗菲（E. Brophy）在古德莱德的课程层级理论基础上，提出理想课程"现实化"的过程并不是一种简单的传递。正式课程到教师的实施课程需要经过学校一级的理解与应用，以及教师一级的课程理解、采纳与实施。这是一个多层级、多维度的转化过程。也就是说，课程在经过学校、个体教师和学生的不同解读之后，可能有一部分被忽视、转化、增加，甚至被歪曲。这在一定程度上说明教师层面的课程实施同样是一个不断变革的过程，需要经历教师个体对课程的不断内化。[①]美国学者霍尔（G. Hall）和霍德（S. Hold）提出了教师的课程使用水平模型，用来描述教师践行课程的不同使用水平。该模型将教师对课程方案的使用分为八种水平：不实施、定位、准备、机械实施、常规化、精致化、整合、更新。当教师的使用水平为前三种时，教师为不实施者；当教师的使用水平处于后五种时，教师则是课程方案的实施者。

此外，教师的教育观念与课程实施有互动关系。在课程变革的实施中，每位教师的课程理解都是在既有的以我国传统教学文化纵向积累而成的教学惯例基础上进行的，也是在中小学校这一教育变革场域中发生发展的。影响教师参与课程实施的主要因素既包括教师的教学观念系统、教学经验等因素，也包括教师与同行之间的交流、合作等因素。

（三）课程实施的影响因素

专家设计好的课程实施方案为什么在实践中得不到预想的实施效果？为什么在一些地

---

① 崔允漷，周文叶，董泽华，等. 教师实施课程标准测量工具的研制[J]. 华东师范大学学报（教育科学版），2018（2）：153-165.

方学校和课堂上能有效实施，而在其他地方则不能？这让人们产生一个问题：究竟哪些因素影响课程实施？探讨影响课程实施的因素，提高课程实施的质量，成为课程实施研究的重要内容。

20世纪80年代以来，加拿大著名的课程论专家富兰把影响课程实施的因素分为了四大类：课程变革的特征、学区的特征、学校的特征和外部环境的特征。我国学者陈侠将影响课程实施的因素分为人和物两大类，人的方面包括学生和教师，物的方面主要指教科书和教学设备。综合国内外的相关研究，立足于学校内的课程实施这一关键环节，我们将影响课程实施的因素主要归结为三个方面：课程实施方案、学校内部因素和学校外部因素。

1. 课程实施方案

成功的课程实施来自切实的课程方案。设计课程方案时要考虑到各方面的实际情况和实施课程时所需要的资源。好的课程方案需要具有合理性、明晰性、复杂性和实用性。合理性指向课程改革方案是否能够改进已有的课程；明晰性是指方案本身的目标明确、清晰思路，能够使不同环节的参与者获得相对一致的认识；复杂性是指课程改革方案本身既不能过于简单也不能难度过大，应该立足于既有的课程历史传统和具体的改革环境，既不脱离既有的实践条件又能够引领实践改进；实用性是指课程改革方案是否符合实际需要、能否方便教师的具体操作和满足教学实践的需求。

2. 学校内部因素

学校是课程改革的中心和基地，成功的课程实施离不开学校对课程改革方案的管理和执行。从学校内部因素看，主要包括以下几个方面。

（1）校长的角色

校长是学校课程实施的领导者，校长的影响实际上涉及课程实施的方方面面。如果校长对新的课程方案的实施没有信心或者没有课程实施能力，就不会有引领变革的积极性，改革就难以发生。特别是课程改革之初，学校的课程启动都是在校长的带领下对学校的教师进行宣传、指导、培训，提出具体的实施要求。美国学者哈尔和他的同事对不同州的9所学校进行的长期研究发现，校长在处理变革时的领导风格可以分为三种不同的类型：响应者型、管理者型和发动者型。响应者型校长会花时间听取教职工的意见和建议，从而建立信任、尊敬和忠诚，通过让教职工在自己的个人目标及工作方式的决策中发表意见，提升学校各部门工作的灵活性和责任感。管理者型校长更推崇制度的力量，热衷于确立各部门的规章制度和运作机制。这种领导风格下的学校，层级和分工较为明确，学校成员熟悉自己的职责和工作范围。发动者型校长多为理想主义者，具有创新精神。发动者型校长通过让员工了解自己的工作是整个组织宏伟蓝图中的一部分来激励他们。发动者型校长致力于改善学校的各种资源和条件，激发师生的革新思想，提出具体的革新策略，并敢于承担风险和责任。[①]要促进中小学校长从响应者型向发动者型转变，就需要通过调整教育评价政策、专题培训提高校长的课程领导力等措施，来保障课程实施中的管理成效。

---

① 罗刚. 对薄弱学校校长领导风格的权变分析[J]. 中小学管理，2009（5）：41-42.

（2）教师

教师是历次教育改革最大的主力，被视为课程实施成功与否的关键，其中包括：①教师的态度。教师是直接的课程实施者，任何课程理论与方案都需要在教师充分理解和转化后，才能被合理有效地运用于教学实践。教师在课程实施过程中是否具有参与的主动性和积极性，是否乐于接受新的教育理念，对改革是否充满信心，对课程实施的成败起着重要作用。因此，帮助教师理解课程改革的意义，增强教师对改革的认同感一直是教师教育的首要目标。②教师的能力。课程改革是对旧课程的超越，因此对教师的能力会有更高的要求。有的教师具备承担课程实施的能力，有的则表现为能力不足，从而影响课程的有效实施。③教师之间的合作。课程改革从来不是教师个体孤立无援的行为，它离不开教师专业共同体的互动、支持和合作。如果教师之间能够增加交流、广泛沟通，形成学习共同体，课程实施的成功就有了更大的可能性。

（3）学校内部的支持系统

学校内部的支持系统主要表现为四个方面：①学校办学理念、文化氛围、行政人员的工作态度和工作方式等；②学校的经费、政策、人力、物力方面的资源支持；③以家长委员会为主要平台的家校沟通效果；④教师培训，包括为教师的外出进修、校本培训创造条件，旨在提高教师的课程开发与实施能力。

此外，学生对课程方案的态度同样也影响着课程实施。每个学生可能都有各自的人生规划和学习目标，对于新的课程也会有与课程专家或教师不同的理解，学生与教师之间的互动也成为影响课程实施的重要一环。

3. 学校外部因素

课程实施不仅是学校内部的事务，还与学校外部的社会因素有着密切联系。这些外部因素主要包括：①政府机构的力量。政府部门特别是教育行政部门，对学校教育改革有直接影响。政府部门对地方课程政策的制定、课程选择与推广、经费提供和教育评价等方面都起着引导作用，是支持课程实施不可缺少的因素。②社区的支持。学校课程不仅有校内课程，还有校外课程。课程改革要求学校加强与校外联系，充分利用社区的教育资源和教育平台，拓展中小学的课程实施路径。例如，中小学必修的综合实践活动课程往往通过依托地方教育部门投资兴办的综合实践基地进行，从而避免课程资源的重复开发与浪费；中小学开展的校本课程开发也离不开社区的支持和对地方资源的充分利用。

总之，一项课程变革计划能否成功地实施，取决于该课程变革计划本身的特征、学校内部因素和外部因素三者之间交互作用的状态与水平。只有三者形成合力，才能使课程实施获得理想的效果。

三、教学过程概述

教学过程是整个教学系统的中心环节。无论是课程方案的实施，还是教学目标的达成、教学设计的运行，都需要在教学过程中实现。未来的中小学教师如果不了解实际的教学过程中发生了什么，就无法真正地了解教学实践，从而难以真正掌握教学实践要求的基本技能。

如同教学有广义和狭义之分,教学过程也有广义和狭义之分。广义的教学过程指整个学校教学的核心环节,是教师和学生以课堂为主渠道的互动过程;狭义的教学过程指某门课程、某个单元或某个课时的教学过程。对教学过程的解释,其实质是对教学过程本质的说明。在过去的几十年中,教育理论界对教学过程的本质进行了许多有益的探索。长期以来归纳起来主要有下列几种观点。

1. 特殊认识说

在我国,特殊认识说是一种形成最早、影响最大,在教学理论界占主导地位的教学过程本质观。这种观点源于苏联教育理论家凯洛夫。在他的著作《教育学》中提出,教学活动本质上是一种认识过程,学生的体力、智力和思想品德的形成都是以认识为基础并通过认识而实现的认识过程,认识在教学过程中占据着基础性的地位。教学活动中的认识不同于人类的一般认识过程,它首先是学生个体的认识,体现了学生作为认识主体的特殊性,其次是将人类社会历史经验转变为学生个体的精神财富,因而又具有认识的间接性。[①]特殊认识说揭示了教学过程的认识属性,但忽视了教学的实践方面,轻视了智能发展和情感培育,由此产生了发展说。

2. 发展说

发展说从心理学角度出发,认为教学过程是促进学生认知、情感、品质、个性发展的过程。在这一过程中,教师有目的、有计划地引导学生掌握文化科学知识,发展能力,逐渐形成辩证唯物主义世界观和优良道德品质。在当代教学论中,发展说有四种存在形式:认识-发展说、接受-发展说、结构-定向说和探究发展说。认识-发展说认为教学过程是以认知为基础的知、情、意、行相统一的发展过程。学生在掌握知识经验的同时,实现自己的身心发展;接受-发展说强调学生有意义的、接受学习的价值;结构-定向说也强调接受学习,但侧重于面向学生的认知和心理结构,强调通过学生经验来进行教学;探究发展说主张通过学生的主动探究、自主学习,使学生获得体验性知识,实现深度学习。

3. 活动说

活动说认为教学过程是教师的教与学生的学相结合的活动。学生的学是教学过程的出发点和归宿。教学的主要任务是解决学生现有的认识水平同教育者提出的教育要求之间的矛盾。这一观点又分为传递说、学习说、统一说及实践说。传递说是从教师教的角度,强调教师在教学过程中的主导地位;学习说是从学生学习的角度,重视学习过程中学生主体作用的发挥;统一说则是将以上两种认识结合起来,认为师生之间是合作的、双主体的关系;实践说强调师生关系的实践属性,认为教学活动不仅要帮助学生掌握理性认识,而且要将其掌握的理性认识再回到实践中去进行验证,培养学生运用知识的能力,教师要经常通过实验演习、实习参观、社会调查、生产劳动等多种形式,丰富学生的感性经验。

4. 交往本质说

交往本质说认为教学过程中教师和学生都是主体性的存在,师生之间通过交往方式确立双方的主体性。教学过程中的师生之间不仅是一种认识上的沟通和知识经验的传递与交流,更是一种情感上的交流、理解和体验,因此教学过程体现了师生间的特殊交往关系。

---

① 张华. 课程与教学论[M]. 上海:上海教育出版社,2000:358.

5. 多重本质说

多重本质说认为教学过程既然是多层次、多类型的，教学过程的本质也应该是多级别、多类型的，从而提出教学过程有认识论、心理学、生理学、伦理学和经济学五个方面的本质。

对于上述各种观点，李秉德教授从马克思主义认识论的角度进行分析，认为教学过程是一个包括认识和交往实践两个方面的活动过程，是一个认识与交往实践统一的过程。[①]张楚廷教授则从人的思维结构，尤其是青少年的思维结构及其变化特点出发，提出教学过程不仅是认识的发展，还包括意志力活动以及学生情感态度的变化。把教学过程作为一个特殊的认识过程，是忽略了人类的情感、意志、审美等心理过程并不完全由认识发展所决定这一点。[②]

对于教学过程究竟是什么，可以从不同的视角得出不同的结论，目前对于教学过程本质的多元化探讨已经成为主流。由于教学活动具有多样性和复杂性，所以对于教学过程的理解也应该秉持一种开放的和动态的心态，根据不同的课程类型、学生群体和采用的教学方法去理解教学过程的本质及其功能。从教师这一行为主体看，对教学过程本质的理解构成了教师的教学观，直接影响到教师教学设计的思路和教学活动的实施。从教学活动的最终目标看，教学过程是教师和学生以课程为媒介的交往互动过程，其目的是通过教师立德树人的整体性教学，促进所有学生在现有基础上获得最大限度的发展。

四、教学过程的要素和结构

教学是一种社会活动，教学过程必然有着多种要素的参与，课堂教学要素在教学开展的过程中相互作用形成结构，构成教学过程本身，推动教学的不断展开。了解教学过程的要素及其结构，有助于更好地进行教学过程的设计。

（一）教学过程的要素

教学过程是一个系统，系统由结构或部分组成，结构又是一系列要素的有机结合。因此，要素是系统的基础，对教学的系统分析就需要以要素为基本单位，讨论教学要素之间通过相互作用、相互影响而构成的结构体系。

哲学上的系统思想源远流长，但作为科学思维的"系统分析"一词最早是在 20 世纪 30 年代在管理领域提出的，作为一种专门的理论，系统论则源于一般系统理论（genernal system theory），这一理论最早由美籍奥地利理论生物学家和哲学家贝塔朗菲（L. V. Bertalanffy）提出。20 世纪 50 年代，随着系统论在军事、工业、商业、空间技术等领域的广泛运用，系统分析方法也开始在教育界日渐受到重视。特别是 60 年代末教育技术学将系统方法应用于教学实践的研究，逐渐形成了教学系统设计的理论与方法体系。

对教学要素的分析，当前理论界主要有四要素说、五要素说、六要素说。四要素说认为，传统的教学系统只有教师、学生和教材三个要素，在现代化的教学环境下，教学系统

---

① 李秉德. 教学论[M]. 2 版. 北京：人民教育出版社，2001：22.
② 张楚廷. 教学论纲[M]. 2 版. 北京：高等教育出版社，2008：110-111.

多了一个要素——教学媒体[1]；五要素说认为构成教学系统的要素有五个，即教师、学生、教学内容、教学手段和教学目的[2]；六要素说将教学系统分为基本因素和基本成分两部分。基本因素可以归纳为教学主体、教学内容、教学结构、教学活动；基本成分是教学目的、教学环境。其中，教学结构指教学的手段、方法与组织等。[3]以上要素的分类虽然不同，但都是围绕着"教谁？谁教？教什么？为什么教？怎么教？"等教学的基本问题进行的探讨。从教师这一教学实施的主体看，教学是教师在特定的教学情境中对这些问题的发现和解决，是对教学过程诸环节的判断与选择。

教学要素的界定既要遵循学校教育系统的一般要求，又须反映教学活动的特殊性。从判断要素的标准看，要素不仅具有相对独立性，而且对系统是必不可少的。[4]教学过程是目标与手段的统一，对教学系统的要素分析可分为主体类要素、功能类要素和价值要素三部分。教师和学生是主体类要素；教学内容是教书育人的核心载体，教学手段是实现教学科学性与艺术性的技术、方法和程序，教学手段与教学内容共同构成教学系统的功能要素；教学标准是价值要素。教学主体、功能与价值维度都是要素结合体，它本身就是教学系统的一个子系统，与其他要素相互联系、共同构成教学的系统。

（二）教学过程的结构

教学要素之间相互联系与作用方式的多元化决定了教学结构的复杂性。以主体类要素为系统的联结点，可以形成以"学"为中心或者以"教"为中心的教学决策结构；以功能要素为联结点，可以形成以知识为中心的教学结构和以方法、技巧为中心的教学结构。教师的教学决策都离不开一定的价值判断，因此价值要素是两类要素共同作用的前提和基础。[5]

1. 以"学"为中心的教学结构

以"学"为中心的教学是教师聚焦于学生的学习活动开展教学。教师作为决策者体现了他们在教学中的主导地位，但教师教学的最终指向是学生的学习与发展。教师对教学信息的搜集与判断、教学方案设计和选择都是围绕学生学力水平和学习兴趣，针对学生课堂行为表现、努力状况和学生业成就而进行的。不论是教学过程中教师对学生的引导、与之对话，还是将学生作为课程资源的一部分，教师机智地进行开发与利用都是把学生作为学习的建构者，在学生的自主、合作、探究中实现教师教学"为了学生、通过学生"的价值和意义。

2. 以"教"为中心的教学结构

以"教"为中心的教学是聚焦于教师的传授活动，将决策的重点放在教师的教学行为选择上。这种选择虽然也包含对学生学习基础、兴趣、能力的关注和判断，但主要是使教材的开发和教学方法的选择更具有针对性和有效性。如果说以"学"为中心的教师教学结构是教学诸要素围绕"学"的活动组织起来，以"教"为中心的教学结构则是致力于

---

① 何克抗. 教学结构理论与教学深化改革（上）[J]. 电化教育研究, 2007（7）: 5-10.

② 南纪稳. 教学系统要素与教学系统结构探析——与张楚廷同志商榷[J]. 教育研究, 2001（8）: 54-57.

③ 张建琼, 颜哲先. 教学系统结构探微[J]. 云南教育学院学报, 1993（4）: 30-32.

④ 南纪稳. 教学系统要素与教学系统结构探析——与张楚廷同志商榷[J]. 教育研究, 2001（8）: 54-57.

⑤ 张朝珍. 教师教学决策论[M]. 北京：人民出版社, 2011: 51-52.

"教"的决策质量的提升。"学"是教师教学的根本目的，两类结构之间具有内在的关联性。从目前的教学现状看，"以学定教"的观念已基本上成为共识，但实现"教"为中心到"学"为中心的转换仅有观念是不够的，更需要教师育人观念的改进和教学素养的提升等实施保障。

【案例链接】尊重儿童的精彩观念

几个学生正趴在树下兴致勃勃地观察着什么，一个教师看到他们满身是灰的样子，生气地走过去问："你们在干什么？""听蚂蚁唱歌呢。"学生头也不抬，随口而答。"胡说，蚂蚁怎会唱歌？"老师的声音提高了八度。严厉的斥责让学生猛地从"槐安国"里清醒过来。于是一个个小脑袋耷拉下来，等候老师发落。只有一个倔强的小家伙还不服气，小声嘟囔说："您又不蹲下来，怎么知道蚂蚁不会唱歌？"

【思考】案例反映的主要问题是什么？如何看待这一问题？

3. 以"载体"为中心的教学结构

教学载体既包括课程知识等本体性要素，也包括方法、技巧等条件性要素。以知识载体为中心的教学结构关注认知目标的达成，完成知识性教学任务是教师教学的核心。这一教学结构并非忽略学情和教学方法，而是将对学生状况、教学方法等的思考服务于课程知识的传递，以方法技巧为载体的教学结构重视教学活动中的策略与方法选择和创造，以教学方法的变革来统领其他要素。

五、教学过程的主要环节和实施要求

教师开展教学会经历哪些主要教学环节、好课的标准是什么、如何评价教学效果等问题，都是教师需要面对的现实问题。

教学环节是教学活动中"链锁式"结构的组成部分，各组成部分之间前后衔接。[①]教学环节体现了教师对教学过程的设计和谋划，它是教学过程中最具生成意义的部分。从教学目标的设定、教学内容的选择与组织、教学实施的计划与管理、教学结果的评价与改进都离不开教师的设计和实施。

（一）教学过程的主要环节

教学过程的主要环节包括备课、上课、布置课外作业以及课堂教学效果的测评等环节。

1. 备课

备课是上好课的前提条件。教师备课需要做好五个方面的工作：①了解特定学段的人才培养目标和具体学科的育人目标，使后续教学设计有明确的指向性；②钻研课程标准、解读教材，把握所任教课程的性质、结构、功能以及相应的学习方法；③了解学生，掌握具体的教学对象的综合学情；④以学定教，考虑学法和教法的选择；⑤设计教学评价方案，实现"教-学-评"的统一。

---

① 教育大辞典编纂委员会. 教育大辞典（第3卷）[S]. 上海：上海教育出版社，1990：211.

【案例链接】我该如何上出新意？ ①

教师：我下周有个课，讲的是交通运输。这些东西我把握不好，也不知道该从哪儿入手，整个课的设计我也不知道哪儿能出个亮点。

研究者：您没有讲过这个内容吗？

教师：是新教材，还没有讲过。原来的教材分铁路、公路讲，是分开的。现在合在一起了，不太会取舍。我想听听您的建议。（……）

研究者：是什么样的课？是学校的公开课吗？

教师：不是。是区里的比赛课。先是初赛，又是复赛，下面是决赛。我觉得很不好把握。

研究者：可以根据以前的教学经验……

教师：现在有一个什么问题啊，我们用的是别的学校的学生。他们说这个学校的学生不是很好，上次去这个学校听另外一个老师的课，就听学生说："我们又闷死一个老师。"本来对教材就不知道怎么把握，加上对学生一点都不了解，所以我不知道把握到什么度。（……）

教师：这节课太平淡了，可能还是老套子，想不出一个亮点。您觉得哪儿能出个亮点呢？

研究者：我想知道您具体是怎么设计的。

教师：我就把它做成一个大的活动，书上有一个县的图，我就说，我的亲戚来了，给了我这张图，上面有很多交通线，让孩子们看看，交通带动了经济发展。就顺着这个思路，亲戚要到北京去，希望我给他些建议，他还想去其他城市做一下考察，看看人家是怎么做的，怎么提高当地的经济，让孩子帮助设计线路……

【思考】案例中的对话体现了哪些教学理念？如果你是这位教师，打算如何解决面对的问题？

2. 上课

上课是整个教学工作的中心环节，也是提高学生培养质量的关键，因此要上好课。那么，什么是好课？虽然关于好课的标准有各种观点，但概括起来主要包括以下几个方面：①教学目标明确、恰当。教学目标是上课的出发点和归宿，目标明确、恰当是一节好课的首要条件。目标明确是指师生对一堂课应达到的目的、方向要有共同的认识。目标恰当主要指目标要符合年段的特点，符合教材的要求，符合学生的实际。②教学的重点、难点突出。教师要能深刻地理解和正确地把握教材，并运用多种教学手段引领学生理解重点、突破难点。③教学方法得当。"教无定法，贵在得法"，课堂上使用的教学方法应该符合具体课程的核心素养要求及相应的教学目标，体现学生的特征，能充分利用多媒体技术等资源帮助学生顺利完成学习任务。④学生的主体地位得到尊重。好的教学表现为课堂中的教师和学生都处于积极主动的状态。教师能引导学生、启发学生、激活学生的智力活动，随时关注全体学生的参与状况和程度，能够关注并满足不同类别、不同层级学生的学习需求。⑤教学气氛和谐，组织良好。在好的课堂教学过程中，师生关系融洽，课堂气氛温润，教

---

① 林培英. 课堂决策——中学教师课堂教学行为及案例透析[M]. 北京：高等教育出版社，2004：76.

学过程有条不紊，节奏紧凑，过渡自然。面对各种偶发事件和学生的课堂发言，教师能够机智地进行处理并获得良好的教学效果。

3. 作业布置与批改

作业布置与批改是课堂教学活动的必要补充。为了帮助学生巩固知识、形成能力、培养习惯，帮助教师检测教学效果、精准分析学情、改进教学方法，教师需要进行作业布置和批改。2021 年 4 月印发的《教育部办公厅关于加强义务教育学校作业管理的通知》强调严控书面作业总量。学校要确保小学一二年级不布置书面家庭作业，其他年级每天书面作业完成时间平均不超过 60 分钟；初中每天书面作业完成时间平均不超过 90 分钟；创新作业类型方式，合理布置书面作业、科学探究、体育锻炼、艺术欣赏、社会与劳动实践等不同类型作业；鼓励布置分层作业、弹性作业和个性化作业，科学设计探究性作业和实践性作业，探索跨学科综合性作业。切实避免机械、无效训练，严禁布置重复性、惩罚性作业。上述变革要求中小学教师转变传统的作业观，在减轻学生课业负担的前提下，丰富作业形式，创新作业类型。

4. 教学效果测评

教学效果测评是通过真实的评价教学效果，为诊断学生学习状况、改进教师教学工作、调控教学活动提供依据。效果测评并非教学活动结束后才进行的最后环节，也不是孤立的存在，而是持续地镶嵌在教学全过程之中，与教师的教、学生的学紧密交织在一起，彼此相互影响、相互制约。[①]"教-学-评"一体化中的教学评价要具有目标指向性，体现教师的教学目标、学生的学习目标、课堂评价目标的一致性；教学评价的主体是教师和学生；评价手段是形成性评价、过程性评价和表现性评价，而不是终结性评价。为此，教师在教学设计和教学组织中，要一体化地考虑教什么、怎么教、为什么教，明确教学应达到的预期学习结果，在教学过程中关注学生学会了什么、是否达到了预期的学习目标。

（二）教学过程的实施要求

1. 预设与生成相统一

课堂教学中的"预设与生成"是课前预先设计与课堂实施生成的简称，它是完成课堂教学任务所必需的、前后相连、密切相关且相互构成的两个阶段。二者不是对立的关系。[②]教师教学既要重视预设，又要在生成中不断进行调整，以更好地完成教学任务。在学校实践中教师大多习惯于将课前预设简称为"备课"或"教案设计"，还有教师为学生写的"导学案"等，这些都具有教学预设的性质。教学生成是教学预设的实施，是教师和学生在多向互动中不断生成、充满生机和活力的课堂生活过程，也是促进师生共同发展的过程。教学目标的实现、教学预设的合理性，都需要通过教学过程来检验。

处理好预设与生成的关系，需要注意以下两点。[③]

1) 依据既定的教学目标，实现有效生成。生成性教学是一种教师根据课堂中的互动

---

① 崔允漷，夏雪梅. "教-学-评一致性"：意义与含义[J]. 中小学管理，2013（1）：4-6.

② 叶澜. 课堂教学过程再认识：功夫重在论外[J]. 课程·教材·教法，2013（5）：3-13.

③ 辛朋涛. 生成与预设的关系：误解与澄清[J]. 上海教育科研，2010（5）：73-76.

状态及时调整教学思路和教学行为的教学形态。①由于教师对教学的预设和教学生成过程中的学生体验存在差异，容易出现偏重生成忽略教学目标甚至偏离教学目标的现象。教师在发挥教学机智、对课堂教学中的偶发事件等生成性节点做出适当反应时，要有教学目标意识。如果学生在课堂中提出的问题与既定教学目标无关，教师要善于调控，不能不加引导地跟着学生的思路走。反之，假如学生提出的问题属于达成教学目标的范畴，教师则可以围绕相关问题把教学内容引向深入，使学生从中获得学习意义。这样做不但为学生提供了个性化表现的机会，还促使学生各方面的潜能得到发展。这里所讨论的教学目标并非局限于某一课时的教学目标，教师可以在单元或专题教学目标的框架下，根据教学生成情况对相应的教学目标进行调整。

2）处理好手段与目标的关系，明确选择教学方法的依据。为了彰显教学的生成性，一些教师在教学方法上做文章，而对教学的目标缺乏深刻的认识，出现"满堂灌""满堂问""一动到底"等现象。教学方法是为教学目标、教学内容、教学对象服务的。在教学过程中，教师必须以学科核心素养要求为基础，根据特定教学单元或专题的内容结构、学生的理解能力和知识水平，选择适当的教学方法或技术手段。如果仅仅在教学方法上追求所谓的生成，就会出现表面、虚假的热闹，降低教学质量。

2. 实施差异教学，保证教育的过程公平

教育公平包括教育起点的公平、教育过程的公平和教育结果的公平，过程公平主要是通过教学过程实现的。差异教学是因材施教原则在教学过程中的体现。19 世纪末 20 世纪初，随着国外教育民主化思潮及个性化教育的发展，人们越来越多地反思传统教学整齐划一、压制学生个性发展的弊端，积极探讨面向每个学生个性化需求的差异教学。

在差异教学研究领域活跃着很多教育专家，其中被称为"迄今对差异教学做出最全面研究的人"——美国弗吉尼亚大学的汤姆林森（C. A. Tomlinson），在其关于差异教学的理论中对教师差异教学的"匹配"本质进行了比较权威和详细的说明。②汤姆林森指出：教师教学的起点应始于学生而不是课程指南；差异教学的目的是通过适应性的教学选择帮助每个学生尽可能地学快学好，而不是假定其学习过程都是相同的；教师要弹性地安排教学时间、使用各种教学策略，成为学生的合作者，而不是控制者；教师要了解哪些内容对学生最重要，使所有学生都投入有意义的学习活动中；教师要理解并欣赏学生差异，并通过各种评估手段准确判断学生的准备状态、兴趣及学习偏好，以便及时调整教学的内容、过程和结果的呈现方式。③也就是说，学生的差异不仅多种多样，还是一个永远存在的事实，这就决定了教师永远需要去探索、反思自己的教学设计，在调整中不断适应，在螺旋上升的适应中实现每个学生最大限度的发展。

3. 教学过程凸显教育性

教育作为价值传承、价值教化、价值引领最重要的社会实践，要努力培养个人良好的

① 罗祖兵. 生成性教学及其基本理念[J]. 课程·教材·教法，2006（10）：28-33.
② 普赖斯顿·D. 费德恩，罗伯特·M. 沃格尔. 教学方法——应用认知科学，促进学生学习[M]. 王锦，曹军，徐彬译. 上海：华东师范大学出版社，2006：327.
③ Tomlinson C A. The Differentiated Classroom：Responding to the Needs of All Learners[M]. Alexandria VA：Association for Supervision and Curriculum Development，1999：2.

价值品格，造就合格的社会公民，教学过程则是实现这一目标的主渠道。作为一种过程性存在，教学活动具有内在的教育性。赫尔巴特认为，人的观念、情感、善的意志是不可分割的。

作为知识传递过程的教学和作为善的意志形成的道德教育是统一的，"教学如果没有进行道德教育，只是一种没有目的的手段；道德教育如果没有教学，只是一种失去手段的目的"①。由此可见，所谓教学的教育性，就是指教师在对学生进行知识教学的同时，也在对其进行情感、意志、性格和世界观人生观的培养。教学过程的认知因素与教育性因素之间的相互影响、相互促进，构成了教学过程的内在动力。

教学教育性的载体，一是教学内容，二是师生交往。如果说教学内容本身的教育性品质是教学教育性得以可能的基本依据，那么充分的师生交往就是教学教育性实现的根本路径。教学教育性的根本是教学过程指向个体德性成人的根本目的。基础是合理的课程知识体系和师生的教学意向。实现的关键载体是师生以相关课程知识为基础的持续的生命互动与精神对话。知识的学习可以是灌输的，德性的生长则一定是启发的；知识的学习可以是个体性、小组性的，德性的生长一定是交往性、对话性的。知识学习可以是被动的，德性的生长只能是主动的，基于个人情感的自我转向。②师生交往过程也蕴含丰富的教育元素。教学过程是生命相互激励、彼此濡染的过程，究其根本是教师和学生代际间情感态度、价值精神的传递与创生的过程，而非仅限于技术化的知识授受。教师个人对情绪的把握和调控，对人生的积极乐观态度，在为人举止、做人行事的方式中流露出来的德性品质和价值观，对学生的关心、爱护，都蕴含着极其丰富的道德教育信息，不仅可以让学生"亲其师，信其道"，而且这种耳濡目染的教育对学生的成长也有着深远的影响。

【案例链接】童心可以欺骗吗？③

今年春天，我听了一节作文指导课——《金鱼》。

教师出示了三条可爱的小金鱼，让学生观察、介绍它们的样子，介绍得好的同学可以将自己的手伸到鱼缸里和金鱼"亲密接触"。但在教师将鱼缸转交给学生时，"砰"的一声，鱼缸摔在地上。惊慌失措的孩子们纷纷忙碌起来。几个小男孩飞奔出门，去借脸盆，找水管接水，教室里的学生更是乱成一团。

几分钟后，教师饱含深情地说："美丽可爱的小金鱼在经历了一场生死磨难后会怎样呢？"随手将装有这三条小金鱼的脸盆放在展台上。此时的鱼儿全没有了刚才的生气，一条已经死去，另外两条侧着身子停留在水面上，眼睛里满是哀怨与无助。不少同学看后眼睛里都含着泪水。此时的大屏幕上赫然出现教师事先准备好的作文提示：请你结合刚才的经历将自己感受最深的地方写下来，以《经历生死磨难的小金鱼》或《鱼缸摔碎以后》为题写一篇文章。

15 分钟后，展示学生作文。每个有机会展示自己作文的同学，无不怀着同情、伤感记录了自己当时的牵挂，特别是刚才那几个"把鱼缸打碎"的孩子，满怀愧疚、伤心，蘸

① 袁桂林. 当代西方道德教育理论[M]. 福州：福建教育出版社，2005：13.
② 刘铁芳. 重申教学的教育性：教学如何促成个体完整成人[J]. 中国教育科学（中英文），2019（4）：74-86.
③ 张君香. 童心可以欺骗吗？[J]. 人民教育，2004（21）：32.

着泪水写完作文，又泣不成声地将作文读完。这场闹剧的导演者却装得很宽宏大量的样子一遍遍地劝慰同学们：别伤心，小金鱼会原谅你的。（不知道是谁需要小金鱼的原谅？）

【讨论】案例反映的主要问题是什么？如何看待这一问题？

【案例研究】林则徐没有环保意识

一位教师正在进行《虎门销烟》一课的教学，在讲到第五自然段（销烟整整持续了23天，二百多万斤鸦片化为烟渣流入大海）时，教师让学生说说通过阅读知道了什么。一位学生起身说："从这段文字可以看出被销毁的鸦片数量很多，有二百多万斤。""从销烟整整持续了23天也可以看出被销毁的鸦片数量很多。"第二个学生说道。看到学生的体会很准确到位，教师暗自庆幸，于是准备顺理成章地进入下一个环节。

就在这时，一个学生高高举手，迫不及待地问："老师，这不造成环境污染了吗？"另一个学生也快速地站起来说："是啊，几百万斤烟渣都被冲入大海，会对海水造成多严重的污染啊！"

这时候，更多的学生加入进来发表意见，有的认为不光是烟渣，还有更多的石灰冲进大海，对海里的动植物危害更大，有的补充说，课文第三自然段有一句话写道："顿时，销烟池里像开了锅一样，'咕嘟咕嘟'直冒泡，散发出股股难闻的气味。"由此可见，销烟还带来了空气污染，而且长达23天之久。最后学生得出的结论是："老师，看来林则徐根本没有环保意识。"学生一连串的发问使这位教师顿时瞠目结舌，不知如何作答。《虎门销烟》一课的教学，本意是让学生了解林则徐销烟的伟大壮举，而现在，林则徐的英雄形象不但没有确立，反而成了破坏环境者。没办法，教师只好硬着头皮道："同学们，据教学参考书上说，林则徐采取这种销烟方法，也是请教了当地的老百姓，几经思考才决定的，也只有这种方法才能更彻底地销毁鸦片。"

结果，没等老师说完，一位学生就提出："可是这种方法确实会造成严重的污染啊！""其实还可以设计出更好的方法……"眼看教学无法进行，教师迫不得已拦住学生的话总结道："我想，鸦片是从罂粟这种植物的果实中提取出来的，它的残渣或许不会造成环境污染！总而言之，林则徐主持的虎门销烟是一个伟大的壮举，它向全世界表明：中国人民是不可欺辱的……"

【小组讨论】如何看待这一教学过程中的问题？

思 考 题

1. 课程实施的取向和影响因素有哪些？
2. 课程实施领域的主要议题有哪些？
3. 教师在课程实施中的地位和作用是什么？
4. 教学过程的要素与结构有哪些？
5. 简述教学过程的主要环节和实施原则。

拓 展 阅 读

陈秀玲. 建立动态生成的教学过程观——兼机制和特点分析[J]. 教育科学，2003（5）：24-26.

刁维国. 教学过程的模式[J]. 教育科学，1989（3）：19-22.

李臣之. 课程实施：意义与本质[J]. 课程·教材·教法，2001（9）：13-17.

李子建，尹弘飚. 后现代视野中的课程实施[J]. 华东师范大学学报（教育科学版），2003（1）：21-23.

刘启迪. 试论学生与课程实施的关系[J]. 课程·教材·教法，2002（2）：8-11.

马云鹏，唐丽芳. 课程实施策略的选择——课程改革中一个不可忽视的问题[J]. 比较教育研究，2002
　　（1）：16-20.

参 考 文 献

巴班斯基. 教学过程最优化：一般教学论方面[M]. 张定璋，等译. 北京：人民教育出版社，1984.

黄小莲. 教师课程实施之旅：决策与执行[M]. 杭州：浙江大学出版社，2012.

李龙. 教学过程设计[M]. 2版. 呼和浩特：内蒙古人民出版社，2001.

夏雪梅. 课程变革实施过程的研究[M]. 上海：上海教育出版社，2014.

熊川武. 教学通论[M]. 北京：人民教育出版社，2010.

专题七 教学模式与教学组织形式

【知识点导图】

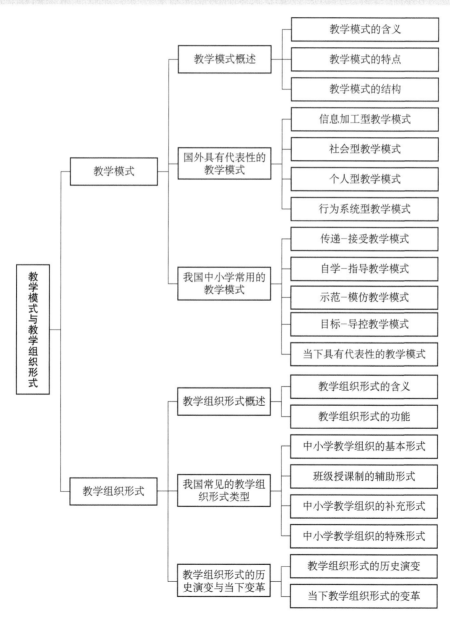

【学习目标】

1. 掌握教学模式的含义、特点与结构。
2. 认识国内外常见的教学模式。
3. 了解我国中小学常用的教学模式。
4. 理解教学组织形式的含义、功能及主要形式。
5. 能够结合中小学教学实践，分析教学组织形式的变革特点及发展趋势。

【案例链接】打造高效课堂的教学模式

"教无定法"，每一种课堂模式都体现出了课堂教学新理念，值得学习和模仿。由于学科中存在不同的教学内容，因此，需要用不同的课堂模式，如果把这些不同的模式根据教学内容分别综合应用于课堂教学，就会提高课堂效率。①

目前代表性的中小学课堂教学模式有山东昌乐二中的"271"模式、山东兖州一中的"循环大课堂"模式、山东夏镇一中"自学·释疑·达标"教学模式、江苏灌南新知学校的"自学·交流"模式、河北围场天卉中学的"大单元教学"模式、辽宁沈阳立人学校的整体教学系统、江西宁达中学的"自主式开放型课堂"、郑州第102中学的"网络环境下的自主课堂"、安徽铜陵铜都双语学校的"五环大课堂"等。

【思考】如何看待案例中的不同教学模式?

一、教学模式概述

教学模式是教育理论应用于实践的中介环节，研究和探讨教学模式不仅可以丰富和发展教学理论，而且有益于提高教学质量和教学效率。教学模式成为教学理论和实际工作者关注的一个热门话题。20世纪80年代以来，我国中小学在课堂教学模式改革上进行了大量探索，产生了若干实践成果。

（一）教学模式的含义

"教学模式"（model of teaching）是西方在20世纪70年代后兴起的一个术语，以1972年乔伊斯（B. Joyce）等出版的《教学模式》为标志，其教学模式概念建立在对人类及人类学习的理解基础上，认为"教学模式是一种方式，通过这种方式建立一个利于学生成长且具有激励性的生态系统，学生可以与这个生态系统的组成部分互动，以此实现学生的自主学习"②。这一定义在国外比较有影响力。国内从20世纪80年代开始研究教学模式，对教学模式的概念做出了不同的解释，典型的理解有以下四种。

1）方法系统说。教学模式是特殊的教学方法，适用于某些特定的教学情境，是协调应用各种教学方法过程中形成的动态系统，是教学方法或是多种教学方法的综合。

2）范畴结构说。教学模式是人们在一定的教学思想指导下对教学客观结构做出的主

---

① 参见：风靡全国的十大课堂教学模式——打造高效课堂[EB/OL]. https://mp.weixin.qq.com/s/6NRa1so15iA_MBDIjdACNA.（2017-04-13）[2022-04-25].
② 布鲁斯·乔伊斯，玛莎·韦尔，艾米莉·卡尔霍恩. 教学模式[M]. 9版. 兰英译. 上海：华东师范大学出版社，2021：4-5.

观选择，是教学结构在空间维度和时间维度上的稳定形式。

3）系统要素说。完整的教学模式至少包括理论基础、教学目标、教学程序、辅助条件、评价标准五个要素。

4）程序方法说。教学模式是依据教学思想和教学规律而形成的在教学过程中必须遵守的比较稳固的教学程序及其方法的策略体系，包括教学过程中诸要素的组合方式、教学程序及其相应的策略。[①]

近年来国内研究者对教学模式的研究越来越深入，对教学模式含义的认识逐步综合化。本书把教学模式定义为：在一定的教学理论指导下，通过相关理论的演绎或对教学经验的概括和总结所形成的比较稳定的教学范型，包括理论基础、教学目标、教学程序、教学策略、教学评价五个要素。

教学模式作为教学理论和教学实践的中介成为教学论研究的重要领域，具有实践和理论两方面的功能。教学模式的实践功能包括指导、预见、系统化和改进四种。理论功能表现为：一方面，以简约化的形式表达一种教学思想或教学理论，便于学生掌握和应用；另一方面，教学模式提出的框架通过不断地实践和检验，在理论上进一步系统化、规范化，不断为教学理论的研究提供各种素材。

（二）教学模式的特点

概括来说，教学模式的主要特点包括整体性、简约性、相对稳定性和动态发展性、操作性。

1）整体性。教学模式是一套体系，是由各个要素有机构成的整体，本身有一套比较完整的结构和机制。在运用时必须整体把握，既要透彻了解其原理，又要掌握其方式方法。如建构主义教学模式是以建构主义学习理论为基础，提倡教师指导下的、以学生为中心的学习；建构主义学习环境包括情境、协作、会话和意义建构四大要素。[②]

2）简约性。教学模式都是简约化的教学结构理论框架及活动方式，用精练的语言、象征性的图示或明确的符号表达出来。

3）相对稳定性和动态发展性。教学模式可以通过教学理论的演绎、教学实践经验的归纳总结而形成，在一定程度上反映了教学规律。教学模式虽有具体的适用范围，但一般不涉及具体的学科内容，所以操作程序对教学有普遍的指导作用，具有一定的稳定性。教学模式往往与社会的政治、经济、科学、文化等水平相联系，而且在选用教学模式时需要考虑学科特点、教学内容、教学条件和师生具体情况等因素，相应地调节和发展教学模式。所以，教学模式具有相对稳定性和动态发展性。

4）操作性。一方面，教学模式总是从某一特定角度、立场和侧面来解释教学的规律，比较接近教学实际且容易被人理解和操作；另一方面，教学模式有一套操作的系统要求和基本程序，从而使教学模式可以被传授、学习、模仿。

---

① 晋银峰. 改革开放 40 年我国中小学教学模式研究[J]. 课程·教材·教法, 2018 (11)：53-59.
② 何克抗. 建构主义的教学模式、教学方法与教学设计[J]. 北京师范大学学报（社会科学版）, 1997 (5)：74-81.

（三）教学模式的结构

结构由要素间的关系构成。人们对教学模式的构成要素理解基本一致。例如，教学模式由理论指导、主题、目标、程序、师生组合和互动、策略、内容、条件、评价九种要素组成①；教学模式包括指导思想或理论依据、达成目标、师生组合、操作条件、活动程序和评价方法六个基本要素组成②；教学模式包括理论基础、功能目标、实现条件、活动程序四个要素③；教学模式包含教学思想、教学目标、操作程序、师生组合、条件和评价六个要素④；教学模式包含理论基础、达成目标、结构体系、社会系统、教师作用的原则、支持系统五个要素组成。⑤概括之，教学模式结构包括以下基本要素。

1）理论基础。教学模式是在一定的教学理论或思想的指导下形成的，那么理论基础是指教学模式建立的理论依据。不同教学模式往往反映不同的教学思想，如杜威活动教学模式是以实用主义哲学为理论基础，斯金纳的程序教学模式以新行为主义学习理论为基础。

2）教学目标。每种教学模式都指向一定的教学目标，都是为了完成特定的教学任务和教学目标而服务的。教学目标作为教学模式构成的核心，影响着教学模式的操作程序、师生组合关系等其他因素的运行。例如，杜威的活动教学模式是以培养学生灵敏、缜密的思维习惯，使学生具有创造性思维能力为主要教学目标；斯金纳的程序教学模式的主要教学目标是教给学生某种具体的技能、观念或其他外部的行为方式。

3）教学程序。教学模式在实现教学目标的过程中都要经历一定的逻辑步骤和操作程序，它规定每个教学环节的主要任务和教学环节之间的顺序等。教学程序虽然具有相对稳定性，但也不是一成不变的。如杜威的活动教学模式主要包括设置疑难的情境、确定问题、提出假设、推理和验证五个教学步骤；斯金纳的程序教学模式的教学程序主要有解释、问题（提问）、解答、确认。

4）运用策略。运用策略指促使教学模式发挥效力的各种条件（教学、学生、教学内容、手段、时间、空间等）、原则、方法和技巧的最佳组合。如杜威的活动教学模式的主要策略有提倡活动中学习、注重儿童兴趣、采用发现式教学；斯金纳的程序教学模式主要策略有小步子、积极的反应、及时反馈、自定步调。

5）评价体系。评价体系是指每种教学模式为达成一定的教学目标而形成相对适合的评价标准和评价方法体系。由于不同教学模式所指向的教学目标不同，运用的教学程序和教学策略不同，因此其评价的标准和方法也应各有差异，不过有些不够成熟的教学模式尚未形成独特的评价体系。

教学模式结构的构成要素具有不同的地位和功能。指导思想或理论依据是教学模式建立的价值基础，在教学模式中起着导向作用；目标是教学模式的核心，制约着其他要素；教学程序是教学模式实施的环节和步骤；运用策略保障教学模式功能的有效发挥；评价体

---

① 黄甫全. 现代课程与教学论[M]. 2版. 北京：人民教育出版社，2011：432.
② 陈晓端，张立昌. 课程与教学通论[M]. 西安：陕西师范大学出版总社有限公司，2017：294.
③ 李如密. 关于教学模式若干理论问题的探讨[J]. 课程·教材·教法，1996（4）：25-29.
④ 晋银峰. 改革开放40年我国中小学教学模式研究[J]. 课程·教材·教法，2018（11）：53-59.
⑤ 布鲁斯·乔伊斯，玛莎·韦尔，艾米丽·卡尔霍恩. 教学模式[M]. 9版. 兰英译. 上海：华东师范大学出版社，2021：19-313.

系有助于了解教学目标的达成度，并对活动过程进行反馈和监控。

二、国外具有代表性的教学模式

根据教学模式指向人类本身还是指向人类的学习，把它们分成四种类型：信息加工型、社会型、个人型、行为系统型。[①]

（一）信息加工型教学模式

信息加工型教学模式强调人们的建构过程是通过获得及组织信息、感知问题并生成解决办法、为了表达问题去发展概念等活动来完成的。表 7-1 列出了各种信息加工型模式，下面以先行组织者模式为例介绍。

表 7-1　信息加工型教学模式

教学模式	创立者（修订者）	目的
归纳思维	塔巴（乔伊斯）	促进分类技能的发展，建立与检测假设，以及对于内容领域进行概念化的理解
科学探究	施瓦布	学习研究体系的学术准则，了解知识是怎么产生和组织的
概念获得	布鲁纳（莱特何）（坦尼森和科克奇瑞拉）（乔伊斯）	学习概念并研究获得和应用这些概念的策略；建立和检验假设
先行组织者	奥苏贝尔（劳顿和万斯卡）	提升吸收和组织吸收信息的能力，特别是在讲课和阅读中学习
图文归纳模式	卡尔霍恩	学习阅读和写作，对语言进行探究
探究训练	撒奇曼（琼斯）	理解因果关系和对怎么收集信息、建立概念以及建立和检验假设的理解
记忆术（帮助记忆）	普锐斯里、勒温、安德森	增强获取信息、概念、概念化体系的能力，以及对于信息生产的元认知能力
共同研讨法	高尔顿	帮助学生打破解决问题的固定思维并就一个主题获得新的视角
认知发展	皮亚杰、西杰尔、卡米伊、苏丽万	提升一般智力发展并为了适应智力成长而进行教学调节

1. 先行组织者模式的基本理论

"先行组织者模式"是认知心理学的代表人物——美国教育心理学家奥苏贝尔于1960年提出的一个教育心理学的重要概念，也是他在教学理论方面的主要贡献之一。奥苏贝尔把人脑看作处理信息和储存信息的场所，认为新概念和原理的学习只有与原有概念和原理的学习联系起来，新概念的学习和保持才是有意义的。奥苏贝尔主张在教学中运用两个原则，即"逐步分化"和"综合贯通"。逐步分化是把学科中最一般的概念层层分解为具体、详尽的概念；综合贯通是把新概念与先前学得的概念有意识地联系起来，从中比较、区分出新旧概念的异同，从而理解新概念。

2. 先行组织者模式的教学程序

先行组织者模式有三个教学阶段：呈现先行组织者、呈现学习材料、加强认知结构（表 7-2）。

表 7-2 先行组织者模式的教学阶段①

教学阶段	教学程序	
第一阶段： 呈现先行组织者	明确课堂教学目标	
	呈现先行组织者	①识别定义特征；②举例；③提供教学线索；④复述定义
	启发学生对相关知识的回忆	
第二阶段： 呈现学习材料	呈现学习材料	①讲解；②讨论；③幻灯或试验
	将学习材料按逻辑顺序组织起来	
	将学习材料和组织者联系起来	
第三阶段： 加强认知结构	运用综合贯通的原则	①复述概念；②复述新学习材料的主要特征；③重复概念的定义；④比较材料间的异同；⑤指出新材料如何论证了概念或原理中的观点
	促进积极的接受学习	①指出新材料与组织者之间的联系；②学生就概念或原理进行举例；③学生运用自己的语言和观点对学习材料进行阐述；④学生从不同的角度审视学习材料
	启发学科学习的重要方法	
	明确学科的主题范围及新材料与现有认知结构的统一	

3. 先行组织者模式的适用范围

先行组织者模式适用于结构性较强的教学内容，如概念和原理的教学，因为通过对概念或原理的一步步分解，学生能够对整个教学内容进行全面了解。该模式适用于有意义的接受学习。在教学中，教师可将关键性的思维方法和认知技能教给学生，学生可直接接受有条理的思维指导，最终掌握这种学习方法并将其运用到新知识的学习中。

【思考】先行组织者教学模式的局限性是什么？

（二）社会型教学模式

社会型教学模式认为学校是一个社会的缩影，而不仅仅是接受教育的个体的简单堆积，强调学习者通过学习社会行为、接受社会影响来促进学业成绩的提高。表 7-3 列出了各种社会型教学模式。

表 7-3 社会型教学模式

模式	开发者	目的
合作学习	大卫·约翰逊、罗杰·约翰逊、艾莉兹巴斯·科恩	掌握社会互动中的相互依赖策略，理解自我-他人之间关系和情绪
小组调查	约翰·杜威、赫尔巴特·赛伦、肖尔莫·沙兰	发展参与到民主进程的技能，同时强调社会发展、学术技能和个人理解
角色扮演	范尼耶·沙福特尔、乔治·沙福特尔	研究社会互动中的角色和价值，理解价值和个人行为
结构化社会探究	罗伯特·斯莱文及同事	促进学术探究及个人发展，掌握学术合作研究的策略与方法
社会探究	布莱恩·马斯艾拉斯、本杰明·寇克思	通过学术合作研究和逻辑归因解决社会问题
实验法	国家训练实验室	理解团队运作与领导，了解个人风格
法理学探究	詹姆斯·沙沃尔、多纳德·欧丽文	帮助学生学会对公共政策问题进行系统思考，并对这些问题可以采取的立场加以分析

下面以角色扮演模式为例介绍。

---

① 胡秀威. 一种信息处理的教学模式研究——先行组织者模式[J]. 教育理论与实践，1999，19（3）：44-46.

1. 角色扮演教学模式的内涵①

角色扮演教学模式的目的是让学生在其所处的社会环境中发现个人的意义，并在社会群体的帮助下解决个人的两难问题。角色扮演提倡一种以经验为基础的学习情境，"此时此地"成为教学的内容。

角色扮演能激起学生的情感，这些情感是他们能够意识到的或者能表露出来的。学生群体的反映也能加强这些情绪，引发新的观念。同时，角色自发表演与分析相结合能使学生意识到自我内隐的心理过程。

2. 角色扮演教学模式的步骤

马克·切思勒（Mark Chesler）和罗伯特·福克斯（Robert Fox）认为，角色扮演的效果取决于表演的质量，取决于学生对相似的现实生活情境中的角色体验，尤其是取决于表演后的分析。范尼·沙夫特（Fannie Shaftel）领导的研究小组提出了角色扮演活动的九个步骤：①使小组活跃起来；②挑选参与者；③培训观察者；④布置舞台；⑤表演；⑥讨论和评价；⑦再次表演；⑧讨论和评价；⑨共享经验与概括。活动的每个步骤都有具体的目的，保证中心内容的落实和活动的进一步丰富。通过这些步骤，学生的注意力集中在所扮演的角色上，保证了与主题有关的思维贯穿于整个复杂的活动。

3. 角色扮演模式对教师的要求

在这种模式中，教师应当以不做评价的方式关注学生的反应，了解学生的意见和感情；教师要帮助学生探讨问题情境的各个方面，帮助他们认识和对比可供选择的观点；教师要反映、解释和总结学生的反应，提高学生对自己思想和感情的认识水平；强调扮演同一角色可以有不同的方式，解决一个问题可以有多种方法等。

（三）个人型教学模式

个人型教学模式是从个人发展的角度提出的学习模式，试图通过教育的变革使学生更好地认清自我，为自身的教育负责，学会超越自我的现实状态，使自己变得更坚强、更有创造性，进而提升生活品质。表 7-4 列出了几种个人型教学模式。

表 7-4 个人型教学模式

模式	开发者	目的
非指导性教学	卡尔·罗杰斯	构建个人发展、自我理解、自治能力和自尊的能力
积极的自我概念/构思	阿巴拉海姆·马斯洛	发展个人对于发展的理解和能力
有意识训练	弗里茨·皮尔斯	提升自我理解、自尊和发展人与人之间的感知和同情的研究能力
班会	威廉姆·格莱瑟尔	自我理解和自我与他人之间责任的发展
概念化系统	大卫·汉特	提升在处理信息和与他人互动中的柔和性和灵活性

下面以"非指导性教学模式"为例，介绍个人型教学模式。

1. 非指导性教学模式的目的

罗杰斯的非指导性教学模式是建立在他的人本主义心理学思想和心理治疗的理论与实践基础上的。自我实现是罗杰斯的人格理想和非指导性教学模式的根本目的，该模式的核

---

① 桑青松，王世华. 当代西方社会型教学模式理论对高师教育教学改革的启示[J]. 教育科学，2003，19（3）：33-37.

心在于使学生潜能得到开发、个性得以完善，最终成为人格和自我健全发展、符合时代精神的人。

2. 非指导性教学模式的教学程序

罗杰斯指出，教师对学生独立思考及自学能力的信任，是实施非指导性教学模式的先决条件。教师是教学生自己去学，启迪学生自己去发现、创造，只在学生需要时才去辅导、帮其所需。其教学程序包括：①确定帮助情境。教师从学生自由流露的情感以及对某个问题表现出的困惑中，了解学生想要求助的问题。②探索问题。教师通过鼓励学生在自由讨论中发表自己的看法，澄清模糊或相互矛盾的观点，引出探索的实质性问题。③发展洞察力。教师在与学生一起讨论问题时，支持学生自由地发表看法，适时而灵活地给学生提供必要的帮助，促进其能力发展。④制定计划和决策。学生自己选择学习方向、制订初步学习计划，并积极地准备付诸实施，教师为学生提供学习资料、帮助澄清学生解决问题的各种判断。⑤整合。学生汇报并评价已实施的计划，教师引导并支持学生进一步完善计划、采取更为积极的行动以保持学习过程连续不断地进行。[①]

3. 非指导性教学模式的特点

（1）自我实现的教学目标

非指导性教学模式认为，要帮助学生自我实现，教学目标应该同时指向认知与情感领域这两个不可分割的领域。罗杰斯虽强调教学过程的知情合一，但他更注重情感领域的发展、情感的释放、情绪的表达。教师要重视教学过程中的情感投入和良好人际关系的建立，让学生置身于被关心、理解、信任的情境中，身心愉快地学习。

（2）教学过程体现学生主体性

学生是学习的主人，师生合作商议每学时的基本任务，由学生根据个人情况，在完成任务基本要求的基础上，自己做主选择学习目标与方向。教师主要是营造良好的学习氛围，帮助学生独自或与他人合作制订自己的学习计划，按自己的兴趣选择学习方向和程序，以培养其自由意识和责任心以及"自我实现"的能力。

（3）注重学生个性的充分发展

个性的充分发展就是个人能力、独立性、自觉性、能动性、创造性的发展，教师必须正视差异性，因材施教。学生个人选择的学习方向不同，提出的问题也不相同，但通过讨论可以统一起来，形成小组成员共同感兴趣的问题，确定教学目标，教学活动就要围绕这些个人目标和小组目标开展。

【思考】查阅相关文献，思考如何评价罗杰斯的非指导性教学模式？

（四）行为系统型教学模式

行为系统型教学模式由社会学习理论作为指导，认为人类具有自我修正调节系统，可以根据如何成功完成任务的信息对自身行为进行调整。该模式聚焦于可观察的具体行为，学生能拥有交流过程中清晰的任务和方法。表7-5列出了几种行为系统型教学模式。

---

① 周忠生，田宗友. 罗杰斯的"非指导性教学"模式评述[J]. 外国中小学教育，2002（6）：44-46.

表 7-5 行为系统型教学模式

模式	开发者	目的
社会学习	艾尔伯特·班杜拉、卡尔·瑟罗森、维斯·贝克尔	行为管理：学习新形式的行为，降低恐惧和其他与社会行为规范相悖的型式，学习自我控制
显性教学	P. 大卫·皮尔森和玛格丽特·佳乐赫尔、路斯·加纳、罗拉·罗荷乐及其他人	学习成为一个有策略的阅读者
掌握学习	本杰明·布鲁姆、詹姆斯·布洛克	掌握所有的学术技能和内容
程序学习	B. F. 斯金纳	掌握技能、概念和真实信息
直接指导	托马斯·古德、杰乐·布洛菲、维斯·贝克尔、西格弗里德·英格拉曼、卡尔·贝乐特	在一个宽泛的研究领域里掌握学术内容和技能
模拟学习	卡尔·史密斯、玛丽·弗洛兹	在一个宽泛的研究领域掌握复杂技能和概念群
消减焦虑	大卫·里尼、约瑟夫·沃尔普、约翰·马斯特斯	控制厌恶反应；回避性治疗和自我治疗、回应功能性障碍模式的应用

下面以掌握学习模式为例进行介绍。

1. 掌握学习模式的理念

掌握学习模式是本杰明·布鲁姆在其教育目标分类理论和教学评价理论基础上提出的。传统的教学观认为，一个学生的能力倾向越强，他就越能学好。布鲁姆等认为，学生学习成功与否是时间和机会问题，而不是能力问题，即使能力很差的学生在进行学习时，只要比能力较高的学生多花一些时间，也能掌握要学习的东西。教师在教学中根据每个学生的能力以及学习成就状况，有重点地给予其适当的学习课题，并且改变学习的时间量、教学方法、学习方法等，就能够帮助所有学生最终实现确定的学习目标。

2. 掌握学习模式的主要内容

布鲁姆认为，学生对新的学习任务的认知准备状态、情感准备状态和教学质量将决定学习结果的性质，如果这三个自变量适宜的话，所有学生的学习结果都会处于高水平。①认知准备状态，即学生已经习得的、完成新的学习任务所需要的知识与技能水平。认知准备状态是掌握新的学习任务的必要条件，而不是充分条件。②学生从事学习过程的动机程度及情感准备状态。情感准备状态是学生的学习兴趣、态度、动机的综合，在一定程度上决定或影响着学生的学习成绩。③教学质量。布鲁姆对教学质量的解释是在卡洛尔（J. B. Carroll）学习模式的基础上展开的。卡洛尔认为，教学质量是指学习任务各要素的呈现、解释和排列秩序是否对学生均达到最佳适宜程度。布鲁姆接受了这一观点，但对教学质量的定义做了调整。他认为，教学质量的衡量标准是向学生提供学习线索或指导的质量，学生参与学习活动的程度，是否给予有效强化以吸引学生学习这三个方面。①为此，布鲁姆提出了一套组织教学的策略。

3. 掌握学习模式的教学策略

对实施掌握学习模式的教师而言，他们工作的变化在于较少地对学生的以往学习成绩进行分等，而要更多地关注每个学生是否掌握了下一个学习任务所必需的知识与技能。在指导学生开展掌握学习时有一些可供教师选择的策略：①任何一门学科知识的掌握都可以用几套主要的学习目标来实现，这些目标代表一门学科的教程或单元目标；②把材料先分

---

① 施良方. 学习论[M]. 北京：人民教育出版社，2001：336-338.

成较小的学习单元，最终组成一套更大的单元系列；③每个小单元都有它自己的目标，这些目标是较大目标的组成部分；④在鉴定学习材料和选择教学策略时，每个单元都要有简单的诊断性测验，目的是测量学生在学习进程中的进步（形成性评估），并断定每个学生现有的具体问题；⑤运用测验所获得的反馈性结果，为学生提供补偿性教学，以帮助学生解决存在的问题。①

【讨论】掌握学习模式对我们的教育启示有哪些？

三、我国中小学常用的教学模式

20世纪80年代以后，随着教学理论研究和实践的发展，我国中小学构建了一系列有中国特色的教学模式，其中比较有影响的有传递-接受教学模式、自学-指导教学模式、示范-模仿教学模式、目标-导控教学模式，特别是第八次基础教育课程改革以来，更是呈现异彩纷呈的态势。很多新的教学理念已为广大教师所熟知，各种新的教学模式也被应用到教学实践中。

（一）传递-接受教学模式

这是我国中小学常用的一种教学模式，源于赫尔巴特及其弟子提出的五段教学法，经凯洛夫（N. A. Kaiipob）等重新改造传入我国。我国的教育工作者对这些理论和经验不断加以改造，形成了今天普遍使用的传递-接受教学模式。

1）理论基础。该模式的主要理论基础是辩证唯物主义的认识论以及心理学和教育学的基础理论，该模式把教学看作学生在教师指导下的一种对客观世界的特殊认识活动。

2）教学目的。学生掌握系统的基本知识、基本技能和技艺，发展认识能力，养成良好习惯和思想道德品质。

3）教学程序。激发学习动机—复习旧课—教授新知—巩固运用—检查评价。

4）教学策略。围绕"三中心"（即教师中心、课堂中心、教材中心）组织教学。

（二）自学-指导教学模式

自学-指导教学模式是以学生自学为主、教师的指导贯穿于学生自学始终的教学模式。属于这一类的教学模式较多，如卢仲衡主持的"中学数学自学辅导实验"、上海育才中学的"读读、议议、练练、讲讲"八字教学模式、魏书生的中学语文"六步法"教学模式、黎世法的"六课型单元教学实验"等。

1）理论基础。以教为主导、以学为主体的教学观，独立性与依赖性相统一的学生心理发展观，学会学习的学习观。

2）目的。培养学生强烈的自学兴趣和良好的学习态度，让学生主动参与学习，独立掌握系统的知识。培养学生掌握自学的方法，形成良好的自学习惯和具有一定的自学能力。

3）教学程序。提出要求—学生自学—讨论和启发—练习运用—评价和小结。

4）教学策略。教师的职责为定向、指导、启发。教师设计要有明确的自学提纲，提供必要的自学材料，保证学生的自学时间，并有一套指导学生自学的方法。该模式要求学

---

① 李金碧. 目标教学：掌握学习的模式[J]. 教育理论与实践，1994（1）：34-37.

生有一定的知识和能力基础，适用于小学高年级以上教学。

（三）示范-模仿教学模式

该模式是教师把技能的示范作为刺激手段引起学生的行为，使他们通过模仿有效掌握必要技能的一种教学模式，多用于以行为技能训练为主的教学。

1）理论基础。示范-模仿是人类经验得以产生和传递的基本模式之一，也是创造活动的基础。一个复杂的行为技能获得包括三个阶段：认知阶段、联系阶段、自主阶段。

2）目的。使学生掌握基本的行为技能，如读、写、算、唱、跳及各种运动技能、操作技能。在学龄初期或社会化早期，通过示范-模仿使学生掌握社会的道德习惯和行为模式。

3）教学程序。定向—参与性练习—自主练习—迁移。

4）教学策略。教师示范应该准确、到位；教师对学生的每次练习应及时提供信息反馈；注重学生之间的相互交流和观摩。在该模式中，技能的形成主要是学生自己练习的结果，因此教师起组织者、指导者的作用。

（四）目标-导控教学模式

目标-导控教学模式是以明确的教学目标为导向，以教学评价为动力，以矫正、强化为活动中心，让大多数学生掌握学习内容的一种教学模式。

1）理论基础。该模式的理论基础包括布鲁姆的掌握学习理论、教育目标分类学和形成性评价理论以及控制论原理。其核心思想是，学习是由低到高递进的过程，教师要设计出由低到高的序列化目标，通过评价学生对目标的达成度，调整学生的学习条件和学习时间，发挥学生的潜力，最终达成目标。

2）目的。依据课程标准划分单元，制定单元教学目标并按照单元教学目标组织教学，借助评价、反馈、强化和校正等活动，保证绝大多数学生达到教学目标，以此作为后续教学的基础。

3）教学程序。前提诊断—明确目标—达标教学—达标评价—强化补救。

4）教学策略。教师是目标的提供者和学生达标的组织者。教师根据课程标准设计单元目标，分析每个知识点，并用目标去界定知识点。

【思考】如何评价上述教学模式？

（五）当下具有代表性的教学模式

进入 21 世纪，特别是在基础教育课程改革的推进下，各种新模式不断涌现，影响较大的有洋思中学"先学后教，当堂训练"模式、杜郎口中学的"三三六"自主学习模式，与此同时，各地学校掀起了教学模式创新的热潮，各个地区、各个学校几乎都在争先恐后地推出自己的模式。近几年，"混合式教学""微课""翻转课堂"又成为不少学校教学模式改革的流行语。

1. 混合式教学模式

随着人工智能和信息技术的发展，教师讲授为主的传统教学模式已经跟不上社会发展的步伐，数字化与网络化学习逐渐兴起，时代呼唤教学模式的改革。同时，由于新冠疫情的特殊背景，采用混合式教学模式成为中小学课堂教学的现实需求。

混合式教学模式是为了满足学生的混合学习需要而采取的措施。混合学习（blending learning）是在线学习与面对面学习的混合，是把传统学习方式的优势和 e-Learning（即数字化或网络化学习）的优势结合起来，既要发挥教师引导、启发、监控教学过程的主导作用，又要充分体现学生作为学习过程主体的主动性、积极性与创造性。混合式教学模式采用"线上"和"线下"两种途径开展教学，线上教学是教学活动的必备，不是教学活动的辅助；线下教学不是沿袭传统的课堂教学活动，而是基于前期线上学习成果而继续开展的更深入的教学活动。混合式教学模式将有限的课堂教学时间拓展到课外，充分利用丰富的课程资源，提高学生自主探究和协作交流能力。这一模式的实施流程一般包括课前、课中、课后三个阶段（图 7-1）[①]

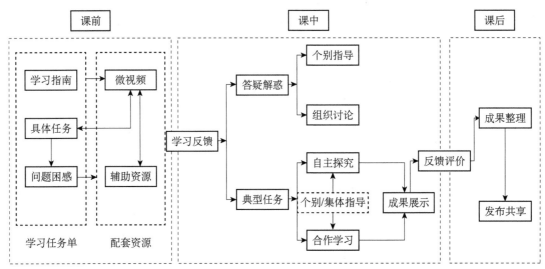

图 7-1　混合式教学模式的实施流程

（1）课前阶段

教师需要将课前制作好的自主学习任务单，以及微视频、文字资料、网络链接、PPT 课件等在线配套课程资源上传至学习平台。学生则利用网络学习平台上的相关资源，自主学习并完成任务单中的相关内容，还可以将自主学习过程中遇到的困惑及建议提交至学习平台，形成课前自主学习反馈。同时，教师应利用 QQ 群、钉钉群、微信群等网络交流工具与学生进行互动或对其进行指导。

（2）课中阶段

针对学生课前学习过程中存在的共性问题，教师可以采用集中讲授或组织讨论的方式进行答疑，也可以必要时进行个别指导。对典型任务的探究，学生可以根据不同问题，在教师的指导下采取自主探究或合作学习的方式开展学习。在后续的成果展示和交流阶段，学生可以通过辩论会、作品展览、演讲等形式，展示研究性学习成果，分享学习心得和感悟。教师不仅要进行适时的指导和点评，还要引导学生进行反思和总结。

---

① 李逢庆. 混合式教学的理论基础与教学设计[J]. 现代教育技术，2016，26（9）：18-24.

（3）课后阶段

在课中阶段的展示交流后，学生将根据教师和其他同学的建议，进一步完善和提炼学习成果和反思总结，并提交至学习平台，以便进行更大范围的交流。

2. 基于项目的学习模式

《义务教育课程方案（2022年版）》在"课程实施"部分指出，教师要整体理解与把握学习目标，探索大单元教学，积极开展主题化、项目式学习等综合性教学活动。基于项目的学习成为各学科教师要理解并学会运用的一个重要模式。

基于项目的学习（project-based learning）是突出以学生为中心的一种教学模式。"项目"是指一个与教学内容相关的具有一定挑战性和系统性的复杂任务，基于项目的学习模式是指以现实生活中真实、复杂的任务作为项目，学生借助一定的方法和工具参与到项目的探究活动和问题的解决过程中，自主建构有价值的知识与技能，并形成最终作品以展示学习成果的教学模式。[①]学生围绕项目进行探究活动和设计最终作品的过程注重学科的综合性，强调学习者的自主性和相互合作，着重培养学生收集信息、合作交流、解决问题等多方面的能力。

基于项目的学习模式主要由内容、活动、情境和结果四大要素构成。内容是现实生活、真实情境中复杂的、综合而开放的、学生有能力进行深度探究的主题；活动是指学生采用一定的技术工具和研究方法解决所面临的问题所采取的探究行动，在调查、探索活动中，学生可以达成知识的建构；情境是指支持项目学习的环境，既包括物质实体的环境，也包括信息技术条件所形成的虚拟环境；结果是指学生通过探究活动而学会的知识或技能，既包括运用知识的技能和策略，也包括特定的技能、态度和成功开展工作的信念等，促使学生"学会学习"。

基于项目的学习模式强调以学生为中心，注重小组合作学习和教师的指导，要求学生探究与现实生活中相联系的真实性问题。其操作流程一般包括选定项目、制订计划、活动探究、作品制作、成果交流和活动评价六个基本环节。[②]

1）选定项目。基于项目的学习模式中，项目的选择是基础，教师应指导学生选择与他们生活相关、具有研究价值，并与学生已有的知识水平、需要、经验、兴趣等相适应的项目。教师可以对学生选择的项目进行评价、适当调整，不能把某个项目强加于学生。只有明确要学习的项目，学生才能积极主动地完成学习和探索任务。

2）制订计划。制订计划主要包括对项目所需时间、流程的安排、组员的分工情况、研究小组的整体进展规划和项目所涉及的具体活动进行规划。

3）活动探究。活动探究是基于项目的学习模式的中心环节，关系着项目任务完成的成效，学生在此环节将获得大部分的知识和技能。学习小组通过多种形式的深入调查研究，提出解决问题的假设，而后对借助一定的研究方法和技术工具所收集的信息进行处理、加工，以验证假设，得出问题解决的结论。

4）作品制作。作品制作是基于项目的学习模式区别于一般活动教学模式的重要特征。学生运用在学习过程中所获得的知识和技能来制作作品，作品的形式可以是手工作

---

①　杜玉霞，赵淑芳. 研究生基于项目的学习策略[J].教育现代化，2017，4（33）：170-172.

②　刘景福，钟志贤. 基于项目的学习（PBL）模式研究[J]. 外国教育研究，2002（11）：18-22.

品、实物模型、图片、录音、小视频、手抄报、展板和表演等。

5）成果交流。完成作品制作后，各学习小组要相互分享作品制作的成功和快乐，交流学习过程中的收获和体会。成果交流的参与人员可以包括学生、教师、家长、专家、领导等，可以采用举行展览会、报告会、辩论会、小型比赛等多种形式。在交流过程中，学生对困惑之处可以向同学、老师寻求解惑。

6）活动评价。在成果交流的基础上师生要共同进行评价，应体现形成性评价和终结性评价相结合，对个人评价和对小组评价相结合，质性评价和量化评价相结合，以及教师评价、学生自评和同伴评价相结合。

四、教学组织形式概述

教学组织形式是关于如何组织教学活动的问题。教师要根据选择原则和教学实际，选择适当的教学组织形式。

（一）教学组织形式的含义

教学作为一种活动过程，必然包含各种各样的教学要素，这些要素之间的组合与相互作用就构成教学组织形式的主要内容。

关于教学组织形式的内涵，国内外学者有不同的表述。苏联学者斯卡特金认为，教学组织形式就是由既定的作息制度和规章制度规定的师生之间的相互作用。[1]日本学者朴圣雨则用"教授组织"一词来指代"教学组织"，认为教授组织是把教学过程中学生和教师的"搭配"在一定程度上定型化了的持续的模式。[2]我国学者李秉德教授指出，教学组织形式是关于教学活动应怎样组织，教学的时间和空间怎样有效地加以控制和利用的问题，是教学活动中师生相互作用的结构形式。[3]

综上，不同学者对教学组织形式的讨论大都关注教学活动的各种要素如何加以优化组合，怎样对时间和空间进行控制和利用的问题，其目的都是更好地促进学生的发展。因此，我们将其界定为：教学组织形式是教师与学生为了完成特定的教学任务，以课程为媒介，借助一定的教学手段，按照一定的活动程序，在特定时空关系中形成的组织结构。

（二）教学组织形式的功能

教学组织形式是随着社会生产力的发展和科技的进步，依据社会对人才培养的规格与要求，以及教学内容这些方法与手段的条件的变化而发展变化的。教学组织形式不同，其功能和产生的实际影响也各不相同。正确地运用教学组织形式，对完成教学任务、优化教学系统、提高教学质量和效率具有重要意义。

第一，教学组织形式是教学任务和教学内容得以实现的基本保证。教学组织形式是教学内容、教学方法、教学手段以及教学步骤在时间和空间上的集结或综合。例如，以班级授课制为主要形式的教学组织形式将学生的学习活动和过程划分为彼此相关又相对独立的部分。以班级或者学生群体为组织单位，在固定、统一的教学实践进行教与学，既便于学

---

[1] 斯卡特金. 中学教学论[M]. 赵维贤译. 北京：人民教育出版社，1985：265.
[2] 筑波大学教育学研究会. 现代教育学基础[M]. 钟启泉译. 上海：上海教育出版社，1986：423.
[3] 李秉德. 教学论[M]. 2版. 北京：人民教育出版社，2001：214.

校合理安排课程内容和教学进度，有效完成特定的教学任务，也使学生循序渐进地学习，不断成长。

第二，教学组织形式影响到学生个性的充分发展。教学组织反映师生之间的互动、学生之间的交流和交往方式，蕴含多方面的教育内容和精神生活内容，对学生的个性情感、学习态度、社会化过程产生不可忽视的影响。好的教学组织形式能够充分调动学生学习的积极性，促进学生个性的发展。

第三，教学组织形式影响着学校教育的质量。从宏观上讲，一种教育思想，无论它体现为教材的改革、教法的改革，抑或教学模式的变革，都要通过一定的教学组织形式去实施，教学组织形式的改进总是与教学方法乃至整个教学模式的改革融为一体，因而，教学组织形式的合理与否将直接影响教学活动的进程和效果。统一、规范、有序的教学组织形式，可以充分利用国家对于基础教育投入的人力、物力、财力，最大限度地发挥教育系统的育人功能，提高学校教育的效率和质量。从微观上讲，教学组织形式是教学活动的落脚点。不同的教学方法、教学手段只有运用到相应的教学组织形式中，才能充分发挥其效用；教学组织形式还决定着师生相互作用的方式与效果；作为教学活动的纽带，教学组织形式也直接制约着教学活动能否按照既定程序进行，从而最终决定教学的成效。[①]

五、我国常见的教学组织形式类型

中小学教学组织形式表现为宏观和微观两个层面。宏观层面的教学组织形式是指教师与学生从事教学活动的一般化的、比较稳定的外部组织形式或框架，分为班级授课、现场教学、个别化教学组织形式。微观层面的教学组织形式是班级授课制的框架内，在教学过程中采取的比较灵活的教学组织形式，分为同步学习、分组学习、个别学习。

（一）中小学教学组织的基本形式

中小学教学组织的基本形式是班级授课制。

1. 班级授课制的内涵

班级授课制是一种集体教学形式，是把一定数量的学生按年龄与知识程度编成固定的班级，根据周课表和作息时间表安排教师有计划地向全班学生集体上课的教学制度。在班级授课制中，同一个班的每个学生的学习内容与进度必须一致，但开设的各门课程通常由具有不同专业知识的教师分别担任。

2. 班级授课制的基本特征

班级授课制的基本特征包括：①学生被分配在各自固定的班级。一个班级里的学生通常是固定的，并同步接受教育。②教学在规定的课时内进行。每门学科每周预定的课时数一般根据国家规定的课时标准确定。各班的课时表规定每日的教学安排。通常每节课45分钟（或设大小课，大课30分钟，小课15分钟），课与课之间设休息时间。③教学一般分学科进行。一般每节课用于教授某一特定的分科或者综合课程。④根据国家规定的学科课程标准确定教学内容。每门学科一般依据课程标准制定各学年的教学任务、学科课程目

---

① 张朝珍. 大学课程与教学理论[M]. 济南：山东大学出版社，2020：114.

标等。

3. 班级授课制的优势和不足

（1）班级授课制的优势

班级授课制的优势包括：①班级授课制把相同或相近年龄和水平的学生组织在一起，按照统一的课程标准确定教学内容，可以保证所有公民的基础学力的发展；②教师面向全体学生进行教学，有利于教师发挥主导作用；③教学按规定的课时安排循序渐进，有利于预定的教学目标和教学任务的顺利完成；④在班集体中学生彼此之间可以相互作用、相互交流，有助于其社会性的健全发展。

（2）班级授课制的不足

作为时代的产物，班级授课制难免存在一定的局限性。①班级授课组织强调统一性，不利于照顾学生的个别差异。班级授课制以集体为中心，要求全班使用同一教材，按同一进度在同一时间进行教学。这种教学的"同步化"往往不能满足学生个性化学习的需要，这是班级授课制最受诟病的地方。②不利于发挥学生的独立性和自主性。班级授课制强调教师对教学活动的组织和领导，而教师对课堂教学的计划、组织和控制很容易限制学生的独立性，学生的自主性、创造性往往难以得到充分发挥。③不利于培养学生的创新精神和实践能力。班级授课制强调教师在课堂教学活动中的主导作用，往往缺乏民主、宽松的教学气氛。这种教学的"集中化"往往不利于学生主动探索精神和开拓创新能力的培养，而且班级授课制通常以教材为中心，强调系统的书本知识的传授和间接经验的学习。这种"唯书本化"的教学使学生的创新意识和实践能力难以得到锻炼和提高。

（二）班级授课制的辅助形式

中小学教学组织的辅助形式主要包括班内小组教学、班内个别教学和课后延时服务。

1. 班内小组教学

班内小组教学主要是指把一个班暂时分为若干个小组，由教师规定共同的学习任务，并由学生分组进行学习的班级授课形式。[①]在全班上课的基础上开展小组学习活动，首先，要组建学习小组。学习小组主要是为具体的教学活动而组建的，是临时性的，期限可能是几周也可能是一个学期；小组人员一般以4—6人为宜，小组规模根据小组所完成的学习任务及学科性质确定；学习小组成员在学习成绩或活动能力上并不要求"同质"，任课教师一般会将程度不同的几位学生安排在一组，以便他们可以互相交流，互相促进。其次，在具体活动过程中，学习小组可以是学科小组的形式，也可以是活动小组的形式，主要受学习任务、活动目的和活动性质的影响。最后，小组学习或活动结束后，小组成员之间要进行讨论、总结并向教师汇报。任课教师也应切实地对小组进行指导和督促，及时解决小组学习中遇到的问题。

2. 班内个别教学

班内个别教学也是全班集中上课这种组织形式的有益补充。班内个别教学主要是指教师因人而异地给学生布置学习任务，并花一定时间以一对一的形式给学生进行辅导。个别

---

① 李秉德. 教学论[M]. 北京：人民教育出版社，1991：242.

教学的对象可以是班上学习基础不太好的学生，也可能是学习速度较快的学生，教师要以学生的学习起点、学习难点和学习风格为依据，为他们提供有针对性的指导和帮助。班内个别教学的意义在于它使教学活动适合不同学生的学习需要、能力水平和学习速度，使后进生不至于失去学习信心，优秀生不至于失去进一步学习的机会和条件，有利于因材施教。

3. 课后延时服务

课后延时服务是指基于家长和学生自愿的前提下，学校为解决家长放学接孩子难的"三点半问题"并同时促进学生全面发展而为学生提供的课后服务。

以往为减轻学生学习负担，一些学校把小学生的放学时间提前到下午三点半，此时很多家长还处于工作时间，无暇接孩子放学，时间冲突就形成了"三点半问题"。2017年发布的《教育部办公厅关于做好中小学生课后服务工作的指导意见》要求广大中小学结合学校教学实际，积极作为，充分利用学校在管理、人员、场地、资源等方面的优势，主动承担起学生课后服务责任。按照该指导意见的要求，课后服务内容主要安排学生做作业、自主阅读、体育、艺术、科普活动，以及娱乐游戏、拓展训练、开展社团及兴趣小组活动、观看适宜儿童的影片等，提倡对个别学习有困难的学生给予免费辅导帮助。

课后服务工作要遵循教育规律和学生成长规律，坚决防止将课后服务变相成为集体教学或"补课"，鼓励中小学校与校外活动场所联合组织开展学生综合实践活动，或组织学生就近到社区、企事业单位开展社会实践活动，以保证中小学生德智体美劳全面发展。

【实践活动】以学习小组为单位，去中小学开展观察与访谈，了解"双减"背景下的课后延时服务现状。

（三）中小学教学组织的补充形式

中小学教学组织的补充形式是现场教学。现场教学是根据一定的教学任务，组织学生到工厂、农村、社会生活现场和其他场所，通过观察、调查或实际操作进行教学的组织形式。通过现场教学，学生既可以深入理解课程的理论知识，又可以为学习有关实践知识积累感性经验。现场教学能够实现直接经验与间接经验的有机结合，成为课堂教学的有益补充。

通过现场依据学习目的和任务的不同，可以将现场教学分为两类：一是根据传授理论性知识的需要，组织学生到有关现场进行教学；二是根据学生从事实践活动的需要，到有关现场向学生传授必要的技术。例如，中小学综合实践活动课程、劳动课程的实施等都适合采用现场教学的组织形式。

现场教学强调理论联系实际，具有生动、形象、具体、直观的特点。它可以通过使学生直接观察和理解学科知识、科学技术在社会生活、生产实践中的重要作用，激发其学习主动性；通过丰富学生的感性知识，帮助其更好地理解和掌握书本理论知识；通过让学生亲自动手实际操作，训练其综合运用知识的能力；通过教学和实践，帮助师生接触社会，感悟社会的各行各业，了解我国现代化建设的成就和实际，从中接受思想政治教育。

（四）中小学教学组织的特殊形式

中小学教学组织的特殊形式包括复式教学和全纳教学。

1. 复式教学

复式教学是为了普及义务教育，在人口居住分散、交通不便的山区、牧区和农村，由于师资缺乏比较严重，不得不采用的教学方式。复式教学是把两个或两个以上年级的学生编在一个班里，由一位教师分别用不同程度的教材，在同一节课对不同年级的学生，采取直接教学和自动作业交替的办法进行教学的组织形式。复式教学方便儿童就近入学，可以最大限度地节约教师资源和教学设备，适用于教育条件和经济条件落后的农村地区，有利于教育的普及。

复式教学的特殊性在于，当教师给一个年级上课时，其他年级的学生根据教师的安排进行预习，练习复习或做其他作业。一般前者叫直接教学，后者被称作自动作业。复式教学的特点可概括为"三多两少"。"三多"是指同一课堂里的年级多，教学内容多，自动作业时间多；"两少"指直接教学时间少，同一年级的学生人数少。

2. 全纳教学

全纳教学的实施理念是全纳教育。全纳教育（inclusive education）是1994年6月10日在西班牙召开的"世界特殊需要教育大会"上通过的《萨拉曼卡宣言》中提出的一种新的教育理念和教育过程。全纳教学是将具有身心障碍的学生编入普通班"随班就读"，与普通学生共同学习的教学组织形式。全纳教学对特殊儿童回归教育主流、培养健康人格意义重大。

我国已制定一系列开展"随班就读"的规定，并进行了大规模"随班就读"实践，逐步形成了以在普通学校附设特教班和随班就读为主体、以一定数量的特殊教育学校为骨干的全纳教育格局。

六、教学组织形式的历史演变与当下变革

随着社会政治经济和科学文化的发展及其对培养人才要求的不断提高，教学组织形式也不断发展和改进。在教学史上先后出现的影响较大的教学组织形式有个别教学、班组教学、班级授课制、分组教学制、文纳特卡制、道尔顿制、凯勒计划、开放教学、协同教学等。

（一）教学组织形式的历史演变

1. 个别教学

在古代教育中，无论在东方还是西方，教学组织形式主要是个别教学，即使孔子"弟子三千，贤人七十"，也是通过个别教学进行教育的，即学生在原有程度、学习内容、学习进度上各不相同，没有一致的要求和规定。我国宋代以前的各级官学和私学，欧洲古代和中世纪的教育均采用个别教学，它是漫长的奴隶社会和封建社会中主要的甚至唯一的教学组织形式。个别教学就是教师在同一时间以特定内容面向一个或几个学生进行教学。这种教学组织形式办学规模小、速度慢、效率低，但却能较好地适应个体差异。

【资料链接】中国古代私塾教学

私塾是我国古代私人所设立的教学场所。它在我国两千多年的历史进程中，对于传播祖国文化、促进教育事业的发展、培养启蒙儿童、使学童在读书识理方面起过重要的作用。私塾的设置往往是纵向混合班，就是不同年龄的学生在一起学，如蒙馆学馆从 3 岁到 18 岁都在一个班上，而县学府学从 15 岁到 50 岁也都在一个班上。私塾先生的教学基本分如下几个步骤：首先，学生拿着书走到先生的桌子那里，翻到要学习的这一页，交给先生；先生会先给他点句读，然后进行范读，学生跟着读，一句一句模仿；先生会给学生讲解句子的意思。然后，学生下去自己复习。复习的内容不仅仅是典籍本身，还包括典籍的注疏和老师的讲解。最后，学生背好书后，举手告知先生，再次去先生那里接受检查，检查通过后，就可以学习下面的内容。尽管私塾先生面对的可能是几个或十几个学生，但师生的互动交流方式是一对一的，本质上属于个别教学制。

2. 班组教学

班组教学是个别教学制和班级授课制之间的一种过渡性的教学组织形式，它是把相同、相近水平和层次的学生组织在一起，由一位或几位教师面向学生集体进行知识技能传授、学术宣讲的一种教学组织形式。我国东汉时期的"都授制"以及魏晋南北朝时期的"都讲制"，采取的就是班组教学形式。唐宋时期的书院也更多地采用这种教学组织形式。这种教学组织形式已经初步具备班级教学的特点，但它不是严格的固定班级、固定课程、固定课时、固定学生的班级授课制。[①]

3. 班级授课制

17 世纪近代资本主义兴起时期，由于社会经济和政治的发展对高素质的人才的需求大大增加，要求普及教育，扩大教学规模，提高教学效率和质量，个别教学组织形式已不再适应社会的发展。捷克教育家夸美纽斯在其《大教学论》中提出了班级授课制。19 世纪中期，班级授课制成为西方学校主要的教学组织形式。我国最早采用班级授课制在 1862 年创办的京师同文馆，并在 1904 年的癸卯学制中以法令的形式确定下来。

班级授课制的发展经过三个阶段：①以夸美纽斯为代表的教育家从理论上加以总结和论证，使它基本确立下来；②以赫尔巴特为代表，提出教学过程的形式和阶段的理论，对夸美纽斯的理论进行了完善；③以苏联凯洛夫等的教学理论为代表，提出课的类型和结构的概念，使班级授课制这个教学组织形式基本形成一个体系。

【调查研究】化解"大班额"难题，实施小班化教学，已经成为变革传统的班级授课制，促进基础教育提质发展的重要举措。小组合作调查附近的中小学校实施小班化教学的现状，写一篇调查报告。

4. 分组教学制

19 世纪末 20 世纪初，为了充分尊重学生的个体差异性，人们开始对班级授课制实行改革。分组教学制是按学生的能力水平或学习成绩分成不同小组进行教学的一种组织形式。分组教学包括外部分组和内部分组两类。外部分组就是打破传统的按年龄编组班级的

---

① 司成勇. 走向个别化教学——论教学组织形式的发展历史与逻辑的统一[J]. 教育探索，2011（2）：71-75.

惯例,按学生的能力或学习成绩编组;内部分组是在传统的按年龄编组的班级内,按学生的能力和学习成绩编组。外部分组在实践操作中往往以考试成绩为标准将学生进行分类,会带来歧视差生的"标签效应",产生教育不公平的问题,所以在1994年印发的《国家教委关于全面贯彻教育方针,减轻中小学生过重课业负担的意见》中明确指出,义务教育阶段不应分重点学校(班)与非重点学校(班)。

内部分组主要有两种形式:①以不同学习内容和不同学习目标进行分组。教师要在教学内容、教学方法、教学进度、课堂评价等方面针对具体的学生层次开展适应性教学。这种针对不同层次的教学不仅仅是目标、内容和作业等方面在数量上的增减,更重要的体现在质的差异上。这种质的差异即教学任务的难度梯度、学习时间的要求、学习方法的使用要与学生多样化的学习需求相匹配。②采取凸显选择弱化分层的隐形分层的做法,例如,教师让那些先于同学完成规定学习任务的学生,从教师提供的阅读材料中选择更具有挑战性的读物或者认领额外的学习任务;或者通过有意识的教学空间调整,让学生在位置变化中实现分层的教学与层际的互动。一些学校在这方面做出了探索,例如,山东历城二中将学生座位按照1A2B1C(C类为高层次)比例前后位组合,这种组合是教师引导学生灵活进行的安排。在合作学习时小组协商选择学习任务,由C类带动B类、A类学生共同攻关,教师鼓励B类、A类学生就合作探究的问题代表本小组参加讨论。这种隐性的分层教学虽然对学生进行了分层,但并不标识各层次的学生,从表面看与常规教学没什么根本区别,实际上,教师在充分了解本班学生具体情况的前提下,将隐性分层与学习小组结合起来,进一步加强了教学的差异性和有效性。①

5. 开放教学

开放教学亦称"开放课堂",第二次世界大战期间,由于战乱破坏了正规教育的进行,故20世纪30年代初在英国出现了开放教学这种教学组织形式。20世纪60—70年代,开放教学流行于美国和英国。

开放教学强调尊重儿童的天性、兴趣和需要,强调儿童的自然发展,不拘泥于传统的教学结构,没有固定的教学计划、教材和教室,不同年龄、不同程度的儿童聚集在一起,根据各自的爱好选择各种学习活动。我国也进行了开放教育的实践探索,例如,北京市海淀区中关村第三小学将三间教室加上一间几乎同等大小的开放教室,组成了学校的结构单元。用灵活组合的活动隔断取代了教室和教室之间的墙壁,让教室可以根据教与学的需求进行"变形"。其还组建了"班组群"和"校中校"。班组群就是将过去以班级为单位的管理空间,延展为三个教室组合在一起的群组空间,将三个年级不同年龄的孩子放在一个班组群中生活、学习,它是一个家庭式的学习基地。四个班组群组成了一个校中校,实行人财物、责权利的统一和自治。山东杜郎口中学撤掉讲台搬走讲桌,取消插秧式课桌,变为以小组为单位对桌而坐;增加黑板,提高板面利用次数;把时空还给学生②,都体现了开发教学的理念。

开放教学的特征包括:①放弃班级授课制,采取不分年级、不按能力、灵活组合的学

---

① 张朝珍,杜金山. 学生自主选择:高中分层教学的困境突破[J]. 中国教育学刊,2010(9):36-41.
② 和学新. 从规范教学秩序到构建学生发展的有效教学机制——我国教学组织形式变革70年的回顾与展望[J]. 课程·教材·教法,2019(3):4-13.

习小组形式；②学习的内容、程序、方法都十分开放，由儿童自由选择；③教师与学生小组或单个学生之间开展活动；④强调创设一种令学生喜爱的环境和气氛。目前，人们对该教学组织形式褒贬不一。

6. 协同教学

协同教学是指由两位或两位以上的教师及教学助理人员，以一种专业的关系组成教学团队，彼此分工合作，共同策划和执行某一单元、某一领域或主题教学活动的一种教学形式。

从协同教学的主体看，中小学协同教学主要表现为同一年级或同一学科领域的教师共同承担备课、教学、训练、检查和反馈的职责，也包括不同年级教师的纵向协同教学、跨学科的横向协同教学和校际协同；从协同教学的主题看，协同教学的核心可以是学科知识，也可以是学生实践活动。主题式协同教学（表 7-6）充分体现了跨学科整合的协同教学特点。

表 7-6　风土民情主题式协同教学[①]

学科领域	教学计划	任教老师
语文领域	选读与风土民情相关诗词，并做"诗中有画，画中有诗"的作品	级任
信息教育	运用网络查询江南、塞北及本地地理特征； 仿作诗书画（运用计算机文档处理）	计算机科任
社会领域	参观博物馆； 观看大陆塞外风情录像带	社会科任
艺术人生	教唱采莲谣； 画出荷花之美	艺术科任
综合领域	煮莲子汤，师生共享	综合领域

协同教学的特点包括：①教师结构优化组合，可充分发挥教师集体力量和个人特长；②采取大班、小组、个别学习相结合的方式，将因材施教与学生自学能力的培养结合起来；③强调合作和竞争的有机统一，培养学生正确的合作观与竞争观。

【案例链接】语文课程与音乐课程的协同教学[②]

我校课程统整的目标是"协同、高效、乐学"。为了达到这一目标，我们选择了单科协同、多科协同、循环协同三种课程统整方式，建立了三支专长互补的教学团队，包括单学科教学团队、跨学科教学团队、智能教学团队，并在教学策略与学校的支持方面做了多方面的探索。单学科教学团队主要由不同年级的某一个学习领域的教师组成，如语言学习领域或者数学学习领域等，跨学科教学团队由语文、数学、英语、科常、音乐、美术等不同学科的教师组成，智能教学团队则以个体教师的智能强项为核心，团队的每位教师确认自己的智能专长，担负一种智能课程的规划，相互支持。

课程统整以新课程中的语文教材为主线，其他学科有机渗透融合，形成一系列知识群。在探索自然中，设置了"动物天地"（一年级）、"植物王国"（三年级）、"生物天地"（四年级和五年级）等主题；在关心社会中设置了"手牵手，共成长"（二年级）、"奇妙大

---

① 刘颖. 协同教学组织形式在综合课程中的实施探索[J]. 教育理论与实践，2008（4）：63-64.
② 陈珏玉. 课程统整理念下的小学协同教学实践研究[J]. 全球教育展望，2007，36（9）：89-91.

世界"（三年级）等多个主题；在体验成长中设置了"我是快乐的小学生"（一年级）、"鲜艳的红领巾"（一年级）、"我十岁了"集体生日派对（三年级）、"广阔天地任我行"社会实践活动（四年级）、"追寻新的理想"（五年级）等。这些主题内容的安排由近及远、由浅入深、循环往复、循序渐进。

比如在一年级的"动物天地"主题中，将语文学科的《小乌鸦爱妈妈》《比尾巴》《小溪生病了》《小海马》《小猪问路》；数学学科的《海底世界》；美术学科的《我绘制的鱼》；常识学科的《亲近动物》；音乐学科的《跟着动物走》；体育学科的《滚翻、走和爬》等内容进行有机统整，形成目的明确、内容连贯的主题，以达到协同、高效、乐学的目的。在课程的实施方法上也进行了协同，如《小乌鸦爱妈妈》的教学中，从以下方面进行了方法协同：①协同音乐课中的同名歌曲，使学生在吟唱的同时深入体会课文内容；②协同课程中有关鸟类喂养的知识，突破难点，体会小乌鸦对妈妈的爱；③在语文教学中渗透爱的教育，让孩子懂得要有爱心，并学会关心别人。

【思考】如何看待这一案例中的协同教学实践探索？

（二）当下教学组织形式的变革

教学组织形式并非一成不变的，随着社会政治、经济和科学文化的发展以及社会对人才培养要求的不断提高，教学组织形式也在不断发展和变革。

1. 差异教学：对班级授课制的变革

19世纪末20世纪初，随着国外教育民主化思潮及个性化教育的发展，人们越来越多地反思传统教学整齐划一、压制学生个性发展的弊端，积极探讨面向每个学生的差异教学（differentiated instruction & differentiating instruction）理论。1961年，沃德（V. Ward）在其天才教育的研究中首次提出了"差异教育"一词，围绕这个名词，他设计了一系列原则来引导差异化的课程与教学设计，以激发那些表现出众学生的思维和能力。

差异教学是为了促进所有学生在原有基础上得到充分的发展，教师针对学生在学习态度、学习方法、学习速度、能力倾向、兴趣爱好等多方面的巨大差异，通过调整教学内容、过程和学习成果的呈现方式，以满足不同学生的个性化需求的教学活动。[1]在差异教学研究领域活跃着很多教育专家，其中被称为"迄今对差异教学做出最全面研究的人"是美国弗吉尼亚大学的汤姆林森（C. A. Tomlison）教授。差异教学既不是仅仅面对个体学生的个别教学，也不是固定的同质分组教学，更不是简单地表现为学习任务的多少。差异教学的精髓是面向学生不同的学习需要进行教学，这种需要不是单方面而是多层次，不是一成不变而是不断发展的。教师要主动关注学生的差异，以学生不同的智力结构和智力水平、个性特征、认知风格；以不同的学习准备状态、兴趣差异、习惯偏好等为教学决策的前提，围绕知识与能力、过程与方法、情感态度与价值观等目标领域进行有选择的、针对性的调适教学。这样的教学赋予学生课程与学习的选择权，使每个学生的发展结构中的强势领域得到扩展和提高，使其弱势领域得到弥补和加强。[2]更具体地说，差异教学主要体现为教学目标、教学内容、教学方法和教学进度的差异化处理。这种差异化不仅仅是目

---

① 张朝珍，姜文. 差异教学中的教师决策——国外研究述评[J]. 外国教育研究，2012（10）：65-71.
② 汤姆林森. 多元能力课堂中的差异教学[M]. 刘颂译. 北京：中国轻工业出版社，2003：2.

标、内容和作业等方面在数量上的增减，更重要的体现在质的差异上，如果仅仅简单改变学习任务的数量而不改变学习任务的质量，就无法适应学生的学习需要。美国学者黛安·荷克丝（Diane Heacox）把布鲁姆的教育目标分类学和加德纳的多元智能理论视为差异教学的理论基础，并在此基础上提出一个分层递进的差异教学模式。①她指出，教师可以根据学生准备状态和发展潜能，在"学科事实→核心概念→基本原则→态度价值观→技巧"几方面实现渐进、循环的层递式提高。

对于教师而言，实施差异教学要做到以下几点：①教师教学应该始于学生起点而不是课程指南；②差异教学的目的是通过适应性的决策选择帮助每个学生尽可能地学快学好，而不是假定他们的学习过程都是相同的；③教师要弹性安排教学时间、使用各种教学策略、成为学生的合作者而不是控制者；④教师要了解哪些内容对学生最重要，使所有的学生都投入到有意义的学习活动中；⑤要理解并欣赏学生差异并通过各种评估手段准确判断学生的准备状态、兴趣及学习偏好，以便及时调整教学的内容、过程和结果的呈现方式。

我国的差异教学实践主要表现为对"分层递进"这一教学组织形式的探索。"分层递进"这一教育主张最初由上海市教育科学研究所提出，20世纪90年代在上海、江苏、浙江、安徽等地开始采用，目的是探索在班级授课制基础上如何促进差异明显的学生获得最优发展。

分层递进的教学组织形式基于以下假设：①学生层次具有可行性，同一班级的学生存在不同的个性特征，学习方式、原有基础与水平等方面也存在较大差异，可以根据不同标准将其区分为不同的层次；②学生层次具有多样性，单从一个维度分层，并不一定能客观反映学生学习可能性的整体水平，根据实际情况变化实现动态分层，更有助于全面把握学生特点，提高教学质量。分层教学可以在同一课程的前提下，采用走班分层的形式。走班分层即行政班与教学班分离，几个行政班确定一个走班单元，分层的课程需要学生走班到相应的教室上课，其他必修科目仍在原行政班上课。2001年第八次基础教育课程改革之后，我国开始在普通高中推行分层走班的教学组织形式。

【资料链接】从"个别化"到"混合制"：教学组织形式的变革

个别化教学是对班级授课制的变革，其代表是美国的文纳特卡制、道尔顿制和凯勒计划。但是与班级授课制和分组教学一样，三者各有其利弊。如何克服它们各自的缺点？一种趋势是尽量综合三者的优势，由此引发对综合性教学组织形式的探索，特朗普制是国外综合性教学组织形式变革的典型代表。

文纳特卡制是指美国进步教育运动中出现的一种教学制度，由教育家华虚朋提出。1919年起在伊利诺伊州文纳特卡镇公立学校进行实验。将课程分为两部分：①指定作业。为适应未来生活的需要，是所有学生均需掌握的"共同的知识或技能"（包括读、写、算等）。教学按学科进行，以学生自学为主，适当进行个别辅导；要求每个学生按照自己的能力和可能的进度拟定学习计划，并在工作簿上记录进展情况；最后以考试形式检验学生学习结果，并由学生自己根据考试成绩决定下一步学习方向。②团体活动与创造性活动。由文化的和创造性的经验组成，分小组活动或施教，目的是发展儿童的社会意识。

---

① 荷克丝. 差异教学：帮助每个学生获得成功[M]. 杨希洁译. 北京：中国轻工业出版社，2004：3.

通过手工劳动、音乐、艺术、运动、集会以及商业、编辑、出版等团体活动随机进行，无一定程序，亦不用考试。其主要特点为提倡教学个别化、学校社会化。因影响学科的深入学习及具体实施颇为困难，1943 年该实验停止。20 世纪 20 年代末 30 年代初，文纳特卡制传入中国，并在由陈鹤琴主持的上海工部局所办的小学试行。文纳特卡制的特点包括：第一，有具体的学习目标和内容，对每个单元都有非常细致的规定和自学教材。第二，应用各种诊断法测验检查学生每个单元的学习情况。在这种测验之前，先进行练习测验，由学生自行练习、自行改错，直到做对为止。第三，通过自学及诊断测验后，方可学习下一单元的教学内容。第四，教师经常深入学生，因人、因时、因事地进行个别指导。

1920 年，美国的 H. 柏克赫斯特在马萨诸塞州的道尔顿中学创建了一种新型的教学组织形式，人们通常称之为道尔顿制。道尔顿是指教师不再通过上课向学生系统地讲授教材，而只为学生分别制定自学参考书、布置作业，由学生自学和独立完成作业，有疑难时才请教师辅导，学生完成一定阶段的学习任务后，向教师汇报学习情况并接受考查。道尔顿制是以自由与合作为原则，以实验室、教师和目标明确的功课任务为三根支柱的一种个别的自我教育的制度和形式。它将教室改组为包括各个科目尽可能多的参考书籍和用具的实验室，教师作为专家指导学生自主学习。这一切是通过合同制来组织学生完成相应任务达到相应目的的。

20 世纪 60 年代中期，美国心理学家凯勒依据行为主义学习原理首创凯勒计划。它由教师编写学习指南，按单元详细说明学习的目的、要求及为达到要求所必须学习的内容，如阅读指定的教材与文献、资料，完成指定的练习、作业和其他实际工作等，还可出一些自行测验的题目或方法，帮助学生自我衡量是否完成单元学习任务。学生按照学习指南自定时间、地点、进度进行学习，当认为自己掌握单元学习内容时，向负责测验的人员提出测验申请。学生达到本单元的全部要求后可进入下一个单元的学习；未通过者须重学本单元，次数不限，直至通过。其主要特点为强调学习书面材料、高度掌握学习内容、允许学生自定学习进度等。这种计划有利于发挥学生学习的主动性，有利于因材施教，更适合学习能力较强的学生，但也存在学生与教师接触过少、学习仅限于若干书面材料等问题。

特朗普制由美国教育学教授特朗普（L. Trump）于 20 世纪 50 年代提出。它将大班上课、小班讨论和个人自学相结合，以灵活的时间单位代替固定统一的上课时间。大班上课是指把几个平行班的学生集合在一起，采用现代化的教学手段，统一上课；然后由 15—20 人组成一个个小班，分小班研讨大班课上的教材或授课材料；最后由学生个人独立自学、研习、完成作业，教师可以给予有针对性的指导，以满足学生的差异性学习需求。总的来说，大班上课时间占 40%，小班讨论占 20%，个人自学占 40%。特朗普制是一种综合性的教学组织形式，既照顾到学生集体，又照顾到教师集体。

2. 小班化：世界各国缩小班级规模的运动

小班化教学（class size reduction，CSR）也称"小班化教育"，主要是指以缩小班级规模、减少班级人数为基本特征的教学组织形式。20 世纪 70 年代以来，以美国为代表的欧美国家围绕小班化教学开展了丰富的实践和研究。小班化教学研究的兴起一方面缘于人们对班级授课制的不断反思和批判，另一方面也是教学组织形式改革不断深入的结果。20

世纪 90 年代中后期，我国上海、北京等地的中小学相继开展小班化教学实验。与大班教学相比，小班化教学具有明显优势，如更有利于因材施教，更有利于培养大学生发现问题、分析问题、解决问题的能力，更有利于教师与学生之间的互动交流，也更有利于优化学习条件、提高教学资源的使用效率和效果。[①]

我国从 1997 年开始在上海、天津、北京等地开展了小班化教育的探索。如上海的试点班学生数控制在 20—24 人，随机编班。教师采取语、数包班教学或分科包教。教室采用几何课桌椅，根据教学需要随意组合成马鞍型、对称型、周边型、秧田型等形式；铺地毯或地板，师生可以席地而坐进行教学；教室内四周做壁橱，供学生专放学习、生活等用品。教室四周建成教室办公角、学生图书角、电化教学角、玩具角、体育器材角等。除教室外，还配备准备或活动教室，走廊也配置了壁橱、鞋箱、雨具箱等。天津小班化教育班级规模在 35 人以下，教学实施语、数包班，教室环境配置与上海类似。

3. 互联网+教学：教学组织形式的立体化

随着信息技术的不断发展，教育技术对教学组织形式变革的影响也越来越大，信息终端和技术手段如平板电脑、电子书包、微视频、云课程等进入课堂教学，涌现出大批开展此类改革的学校，极大地改变了教育教学的时空样态和存在方式，翻转课堂、智慧课堂等成为新的教学组织形式。

（1）微课

微课是以教学视频形式表现的教学课例片段，同时包含与该教学主题相关的教学设计、素材课件、教学反思、练习测试及学生反馈、教师点评等辅助性教学资源。微课具有以下特点。

1）教学时间较短。根据中小学生的认知特点和学习规律，微课时长一般为 5—8 分钟，不宜超过 10 分钟。

2）教学内容较少。相对于传统一节课要完成的复杂众多的教学内容，微课的教学内容更加精简，主要是为了突出课堂教学中某个学科知识点的教学，或反映课堂中某个教学环节、教学主题的教学活动。

3）资源容量较小。微课视频、动画及配套辅助资源的总容量一般在几十兆，师生不仅可以流畅地在线观摩课例，查看教案、课件等辅助资源，还可以灵活、方便地将其下载保存到终端设备，非常适合教师的观摩、评课、反思和研究。

（2）翻转教学

翻转教学是指学生在课前或课外利用微课或 PPT 等教学视频资源，完成对基础知识的掌握，然后再到课堂上进行知识的内化与巩固的教学形式。学生根据自身情况安排学习进程而不必担心教学节奏快慢的问题，如果遇到不理解的问题还可以寻求老师或同伴帮助。它可以使学生充分利用有限的时间来攻克难点问题，提高学习效率。教师不再占用课堂时间来讲授知识，而是通过了解学生的学习困难，在课堂上给予有效辅导，包括答疑解惑、合作探究、完成作业等，从而达到更好的教育效果。翻转课堂在以多媒体和计算机网络为基础的信息化环境中，将信息技术与学科课程整合，通过对教学内容进行信息化加工

① 杨中枢. 我国小班化教学研究综述[J]. 教育研究，2012（4）：103-107.

与在线交流，为学生提供更加丰富多彩的学习资源。成熟的翻转教学还可以利用互联网的实时通信技术和数据挖掘技术，对学生在线学习进行大数据分析，在一定程度上为翻转教学提供迅捷的评估反馈机制。

（3）智慧教室

所谓智慧教室，是以建构主义学习理论为依据，利用大数据、云计算等新一代信息技术打造的智能、高效的课堂环境（教室）。随着5G、人工智能、"互联网+"等技术的快速发展，以及移动学习终端设备的普及应用，智慧教室也应运而生。智慧教室的质是基于动态学习数据分析和"云+端"的运用，实现评价反馈即时化、交流互动立体化、资源推送智能化，全面变革课堂教学的形式和内容，形成了大数据时代的教学模式。

智慧教室在教学组织形式上的创新表现为以下方面。

1）智慧教室没有传统的讲台与黑板，课桌以分组讨论的方式进行摆放，教师面向学生教学并直接融入小组讨论。教师可以通过手中的任意移动终端设备实现书写，并向教室内大屏幕投射。

2）智慧教室注重学科整合、单元化的教学设计和多元化的活动组织，既有助于教师的精准化教学、培养学生的问题解决能力和协作创新能力，也能够使学生的个性化学习成为现实。

3）通过微课推送、智能评测系统等形式，精准掌握来自学生的学习数据，实现精准教学。

4）教师依据课前评测分析，以学定教，分层教学，通过微课、分组讨论、课堂精讲等方式组织更具个性化的课堂教学。

综上，中小学教学组织形式的变革是基础教育课程与教学变革的重要组成部分，也是课堂教学的落脚点，具有重要的现实意义。在教学组织形式的设计与选择过程中要注意以下几点：①教学组织形式的选择要基于教育实际情况。既要考虑到我国不同地区、城乡、民族之间的发展不均衡，经济、科技、文化差别比较大的现状，也要根据不同的学生群体和课程性质灵活地加以选择。②辩证地看待每种教学组织形式。任何教学组织形式都只能解决教学过程中的特定问题，都有其优越性，也必然存在某些不足。这就要求教师不能盲目地照搬照抄他人的经验，而要根据自己面对的教学问题实事求是地进行分析，选择合适的教学组织形式。③选择教学组织形式必须善于对教学活动的构成要素进行有机的组合。要将教师和学生、教学时间空间、教学目标、教学内容、教学手段等恰当地组织起来，形成一个有机的整体，实现教学效益的最大化。

思 考 题

1. 21世纪改革开放以来，我国中小学有哪些主要的教学模式？评析其优缺点。

2. 人工智能时代的课堂教学模式，有哪些新的特点？

3. 历史上出现了哪些教学组织形式？试列举三种，并说明它们的优缺点。

4. 有人认为"在未来的社会里，班级授课制将被取消"。你怎么看待这一观点？

5. 智慧教室的出现对教学组织形式变革提出了哪些要求？

拓 展 阅 读

陈玉琨. 中小学慕课与翻转课堂教学模式研究[J]. 课程·教材·教法，2014（10）：10-17.

和学新. 从规范教学秩序到构建学生发展的有效教学机制——我国教学组织形式变革 70 年的回顾与展望[J]. 课程·教材·教法，2019（3）：4-13.

李逢庆，王政，尹苗. 智慧课堂的嬗变与趋向[J]. 现代教育技术，2021（9）：13-19.

王鉴，李泽林. 探寻课程与教学论研究的"知识地图"[J]. 教育研究，2019（1）：27-41.

赵茜，马力，范彦等. 以教学组织形式的变革实现因材施教：校内公平的可能路径[J]. 中小学管理，2020（12）：28-31.

参 考 文 献

鲍里奇. 有效教学方法[M]. 9 版. 杨鲁新译. 上海：华东师范大学出版社，2021.

布鲁斯·乔伊斯，玛莎·韦尔，艾米莉·卡尔霍恩. 教学模式[M]. 9 版. 兰英译. 上海：华东师范大学出版社，2021.

陈晓端，张立昌. 课程与教学通论[M]. 西安：陕西师范大学出版总社有限公司，2017.

陈旭远. 课程与教学论[M]. 北京：高等教育出版社，2014.

和学新. 从规范教学秩序到构建学生发展的有效教学机制——我国教学组织形式变革 70 年的回顾与展望[J]. 课程·教材·教法，2019（3）：4-13.

荷克丝. 差异教学：帮助每个学生获得成功[M]. 杨希洁译. 北京：中国轻工业出版社，2004.

黄甫全. 现代课程与教学论[M]. 3 版. 北京：人民教育出版社，2014.

晋银峰. 改革开放 40 年我国中小学教学模式研究[J]. 课程·教材·教法，2018（11）：53-59.

李允. 繁荣背后的危机：中小学课堂教学模式同质化[J]. 课程·教材·教法，2015（11）：43-48.

刘颖. 协同教学组织形式在综合课程中的实施探索[J]. 教育理论与实践，2008（4）：63-64.

汤姆林森. 多元能力课堂中的差异教学[M]. 刘颂译. 北京：中国轻工业出版社，2003.

王本陆. 课程与教学论[M]. 3 版. 北京：高等教育出版社，2017.

杨中枢. 我国小班化教学研究综述[J]. 教育研究，2012（4）：103-107.

张朝珍，杜金山. 学生自主选择：高中分层教学的困境突破[J]. 中国教育学刊，2010（9）：36-41.

专题八　教学方法与教学手段

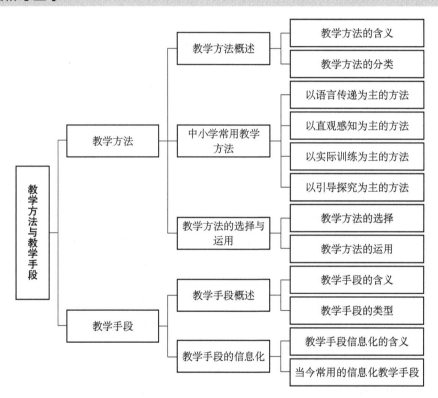

1. 了解教学方法和教学手段的概念及分类。
2. 掌握中小学常用的教学方法。
3. 理解教学方法的选择与运用。
4. 了解教学手段信息化及其对教学的影响。

一、教学方法概述

（一）教学方法的含义

教学方法是教学理论与实践中为大家所熟知的一个基本概念或术语。如何理解教学方法的内涵，我国一些代表性学者给出了各自的定义。例如，王策三在1985年出版的《教学论稿》中指出，"教学方法是为达到教学目的，实现教学内容，运用教学手段而进行的，由教学原则指导的，由一整套方式组成的，师生相互作用的活动"[①]。李秉德认为，"教学方法是教学过程中，教师和学生为实现教学目的，完成教学任务而采取的教与学相互作用的活动方式的总称"[②]。王道俊和王汉澜认为，"教学方法是教师和学生为完成教学任务而采用的方法，它包括教师教的方法和学生学的方法，是教师引导学生掌握知识技能、获得身心发展而共同活动的方法"[③]。尽管学者对教学方法的界定不尽一致，但也存在一些共通之处：①教学方法与教学目的密切相联系，它是实现教学目的的必要工具；②教学方法不是教师单方面的行为，而是师生相互作用的活动方式，包含教师的教法和学生的学法；③教学方法的育人功能是多方面、全方位的，要着眼于学生知识、能力、素养的全面发展。总之，教学方法是指为了实现一定的教学目标，师生围绕教学内容相互作用而采用的方式和手段的总和。

为了进一步理解教学方法的概念，有必要区分教学方法与教学方式、教学手段、教学模式等相近概念。①教学方法和教学方式是两个不同的概念。教学方式是构成教学方法的细节，是运用各种教学方法的技术，是教师教和学生学的具体动作。可以说，教学方法是教学方式的上位概念。任何教学方法都是由若干教学方式构成的，同一种教学方法可以由不同的教学方式构成，同一种教学方式也可以运用于不同的教学方法中。[④]②教学方法和教学手段是两个有明显区别的概念。教学手段是指教师在进行教学活动时所运用的某种具体的物体和工具，它存在明显的物质属性，如黑板、粉笔、多媒体等。教学方法并不是某种具体的东西，而是对教学手段的操作和运用。所以说，教学方法与教学手段是紧密联系的，但是不能将其完全等同。③把教学方法等同于教学模式是不恰当的。教学模式是在一定教学思想指导下建立起来的一种指向特定教学目标的、比较稳定的基本教学范型，通常包括理论基础、教学目标、教学程序、运用策略、评价体系等基本构成要素。[⑤]教学模式中包含对教学方法、教学手段等方面的具体要求，教学方法是服务于教学模式的。

【思考】教学方法与教师的关系分析[⑥]

中小学教师一直怀有一种对教学方法的迷恋。虽然在不同发展阶段的教师对教学方法的理解会有所不同，但是他们都有意或无意地将教学方法作为实现教学目标的手段和展示自身技艺的方式。那么，教学方法仅仅是一种"工具"吗？使用这些教学方法的教育意义

---

① 王策三. 教学论稿[M]. 北京：人民教育出版社，1985：244.
② 李秉德. 教学论[M]. 北京：人民教育出版社，1991：197.
③ 王道俊，王汉澜. 教育学[M]. 北京：人民教育出版社，1989：244
④ 余文森，刘家访，洪明. 现代教学论基础教程[M]. 长春：东北师范大学出版社，2007：128.
⑤ 王本陆. 课程与教学论[M]. 3版. 北京：高等教育出版社，2017：249-250.
⑥ 余闻婧. 教学方法即教师——存在主义视域下教学方法与教师的关系分析[J]. 教育发展研究，2011（8）：47-52.

是什么？教学方法和教师之间究竟是什么关系？

（二）教学方法的分类

在长期的教学实践中，教师积累和创造了众多教学方法，而且当前各种新的教学方法仍不断出现。要把握这些教学方法，就需要对教学方法加以分类，弄清楚它们的共同特点和不同之处，帮助教师更好地认识教学方法本身的特点及其适用范围。人们可以从不同的角度和标准出发对教学方法进行分类，以下介绍三种教学方法的分类方式。

一是从运用教学方法的指导思想来看，将其划分为注入式教学方法、启发式教学方法和体验式教学方法。这种分类更多的是一种带有方法论性质的框架，在实践中对各种具体教学方法的规定并不明确，但在思想或观念层面上能够指导教师选择和使用正确的教学方法。

二是从教学方法的层次构成来看，可以划分为原理性教学方法、技术性教学方法和操作性教学方法。[①]其中，第一层次是原理性教学方法，主要解决教学规律、教学思想、新的教学理论与教学实践直接联系的问题，是教学意识在教学实践中方法化的结果，如启发式教学、发现式教学、设计教学法等。第二层次是技术性教学方法，它既可接受原理性教学方法的指导，也可与不同学科的教学内容相结合构成操作性教学方法，在教学方法体系中发挥着中介性作用，如讲授法、谈话法、练习法、讨论法等。第三层次是操作性教学方法，指不同学科教学中具有特殊性的具体方法，如语文课的分散识字法、外语课的听说法、音乐课的视唱法等。

三是按照教学方法的外部形态以及相对应的学生认识活动的特点，把教学方法分为五类，即以语言传递为主的教学方法、以直接感知为主的教学方法、以实际训练为主的教学方法、以欣赏体验为主的教学方法、以引导探究为主的教学方法。这是我国最为常用的一种教学方法分类。这种分类能把很多具体的教学方法归纳在一起，容易被人们接受和理解。

二、中小学常用教学方法

教师应采用多种教学方法进行教学。以下对我国中小学常用的教学方法加以简要分析。

（一）以语言传递为主的方法

以语言传递为主的方法是指在教学过程中以语言尤其是口头语言为主要传递媒介的教学方法。这是在教学中被广泛使用的方法，其特点是能充分发挥教师教学的主导作用，在较短时间内帮助学生获取大量间接经验。它主要包括讲授法、谈话法、讨论法和读书指导法等。

1. 讲授法

讲授法是指教师运用简明、生动、连贯的口头语言向学生传授系统的科学文化知识，提高学生的思想认识，发展其智力和能力的教学方法。从教师教的角度看，它是一种传授性方法；从学生学的角度说，它是一种接受性方法。根据教学内容和讲授方式的不同，讲

---

① 黄甫全. 现代课程与教学论[M]. 3 版. 北京：人民教育出版社，2014：345.

授法可分为讲述、讲解、讲演、讲读四种类型。

讲授法是历史最为悠久、使用最为普遍的一种教学方法。在运用讲授法的时候，应该注意遵循以下基本要求。

1）讲授的科学性和思想性。这是教师运用讲授法最基本的要求。讲授的科学性就是要求教师传授的教学内容必须准确无误；思想性则要求教师在讲授时应充分挖掘教材内容中蕴含的德育要素，实现教学的教育性目的。

2）讲授的启发性。在以往的教学实践中，由于教师的错误认识和不当操作，往往容易将讲授法变成"注入式"和"满堂灌"的教学方法，因而教师在进行讲授式教学时，一定要坚持启发性教学的指导思想，基于学生的"最近发展区"设置一些问题，启发学生的主动思维，积极引导学生分析和思考问题。这也对教师的教学能力提出了更高的要求。

3）讲授的语言艺术。讲授主要以口头语言为媒介，这就对教师的语言表达能力和语言艺术提出了较高要求。当教师有了高水平的语言素养，讲授法的运用就可以突破呆板的规则、僵化的套路，而进入一种游刃有余的自由状态，讲授法的启发、唤醒、对话、探究等意蕴也就能自然彰显出来。[①]在教学中，教师的发音要清晰，表达要准确，言语应条理清楚且通俗易懂；讲授的音量和速度要适中，语调要抑扬顿挫；口头语言的运用要结合肢体语言，以提高语言的感染力和讲授的吸引力。

4）与其他教学方法搭配使用。讲授法调动学生学习兴趣和学习动机的方法较单一，学生课堂上的学习活动受制于教师的支配，长时间采用讲授法会使学生出现疲劳和注意力分散的情况，因此教师应注意和其他教学方法配合使用，使学生的思维始终处于较为活跃的状态。

【资料链接】"系统直接讲授法"的9种教学行为[②]

所谓系统直接讲授法，是指在直接讲授中，学生和教师关注一种目标和需要学习的知识；学生了解当前学习的重要性，教师的示范和讲解能使学生确切地掌握完成一个过程的方法。

洛森西因（B. Rosenshine）的研究结果表明，有9种教学行为在直接讲授中发挥着不可替代的作用：①上课后首先简短复习业已学过的内容；②上课后先把学习目标简要地告诉学生；③小步骤地讲授新教材，学生在每一步骤后进行练习；④讲授和解答要清楚、详细；⑤指导学生的初步训练；⑥提出大量的问题，检查学生的理解情况，并争取所有学生的回答；⑦为全体学生提供高级主动训练的机会；⑧提供系统的反馈和修正；⑨针对课堂作业进行明了的讲解和练习，必要时监督学生完成作业。

2. 谈话法

谈话法也称问答法，是教师根据一定的教学要求向学生提出问题，引导学生利用已有的知识经验来回答问题，在（教师）问与（学生）答的过程中使学生掌握知识的一种教学方法，它既可用于新知识的学习，也可用于旧知识的巩固。谈话法也是一种在中小学运用较为普遍的教学方法。根据谈话的目的和任务不同，谈话法可以划分为复习性谈话、启发

① 李允，李宁宁. 以道驭术：讲授法的坚守与超越[J]. 课程·教材·教法，2021（6）：45-51.
② 原青林. 美国有效教学方法简介[J]. 比较教育研究，2004（6）：38-40.

性谈话、总结性谈话、研究性谈话等多种形式。谈话法能帮助教师有效了解学生对知识的掌握情况，以便对教学进行及时调控；采用谈话法有助于启发学生的思维，培养学生善于思考的习惯，帮助学生深入理解知识；在回答的过程中，学生的口头语言表达能力能够得到较好的锻炼。

谈话法耗时较长，当学生人数过多时，难以让每个学生获得充分表达的机会。为了有效提高问答的质量，教师在运用谈话法时应注意以下问题。

1）在谈话前要做好充足准备。教师在提问前要明确谈话的目的，透彻地理解所提问题，以便更好地对学生的回答进行分析和讲解。教师应提前预估学生被提问后可能出现的各种情况，事先准备好应对方法。

2）注意问题的质量。谈话法的关键在于问题设计的质量。所提问题要针对教学内容中的重点难点进行设计；问题的难度和数量要根据学生的学习情况而定；问题的排列顺序要合乎逻辑，一般遵循先易后难、先封闭后开放的原则。

3）注意提问的技巧。提问是一门教学艺术，在什么时机提出什么样的问题非常考验教师的教学功底。在学生疲倦或注意力不集中时，恰当地运用提问可以使学生集中注意力；教师向学生提出的问题要表述正确，避免语义不清引起歧义；提问后要给学生留有思考的时间；应耐心倾听学生的想法，不随意打断学生的发言；提问要根据学生的学情，按照问题的难易程度分层次进行提问。

4）做好谈话后的归纳总结。谈话结束后，教师要根据学生回答的问题及时做好归纳或总结，帮助学生纠正错误认知，厘清思路，促进知识学习的系统化，增强对知识点的理解和认识。

【资料链接】谈话法何去何从？[①]

谈话法是古今中外的教育家广泛运用的一种教学方法，然而在课程改革的探索中却显露出不足。其一，传统谈话法是一种控制性教学方法，提问权、话语权及主动性实际上掌握在教师手中，而学生只是被动的应答者，这就难以避免使学生总是处于紧张、局促和不安的消极氛围中，不利于形成学生的创造性思维和对问题阐述的自主意识。其二，由于提问主动权掌握在教师手中，教师的能力也制约着提问的水平和层次。其三，这种"师问生答"模式，导致教师在课堂实践中容易重"问"轻"谈"，因而失去师生间相互启发交流的本质，使之流于形式。

【思考】你如何看待当前盛行"满堂问"的教学？谈话法的改革方向如何？从"师问生答"的教学向"学生作为课堂提问主体"的教学转变是否可能？谈谈你的看法。

3. 讨论法

讨论法是指学生在教师的指导下，以全班或小组为单位，围绕某一问题展开讨论、辨明是非真伪，以提高认识或弄清问题的方法。通过讨论、辩论，有助于促进学生的思维能力、语言表达能力发展。

要有效运用讨论法，既要求学生有良好的知识储备，也要求教师有高超的教学调控能

---

① 赵卫，何小华. 谈话法：从传统到现代的变革[J]. 电化教育研究，2007（2）：15-18.

力。教师在运用讨论法时应注意以下问题。

1）明确讨论的目的。教师在备课时应明确课堂中要讲授的内容哪些是适合讨论的，以及讨论的价值和目的是什么。不能单纯地为了讨论而讨论，使讨论失去本质意义而出现表面化、形式化。

2）实时监控讨论进程。教师应营造良好的讨论氛围，鼓励学生独立思考，勇于发表个人见解；在学生讨论时认真倾听，善于捕捉讨论中反映出来的问题。在讨论遇到障碍、深入不下去时，教师要及时给予启发和点拨；在讨论偏离主题时加以提醒，引导讨论向纵深发展。在讨论过程中，教师不要急于当"裁判"暗示问题结论的对错。

3）及时做好概括总结。讨论结束后，教师要对各种不同的讨论意见进行必要的分析和整合，使问题的结论更清晰、明确；要指出并纠正学生讨论中出现的错误或模糊认识。

4. 读书指导法

读书指导法是教师指导学生通过阅读教科书和课外读物来获取知识，养成良好阅读习惯，不断提高认知和理解能力的教学方法。

运用读书指导法应该注意以下问题：①提出明确的目的、任务和范围，让学生带着问题进行阅读；②教给学生科学的阅读方法，培养学生良好的阅读习惯，比如指导学生在阅读过程中划重点、做标记、写批注等，做好读书笔记；③适当组织学生交流读书心得体会，促进学生对知识的理解和分享交流。

（二）以直观感知为主的方法

以直观感知为主的方法，是指教师在教学过程中以实物、教具等进行直观演示的方式，让学生通过直观感知来获取知识的方法。这类方法的突出特点是具有形象性、直观性、具体性，主要包括演示法等。

演示法是指教师在教学过程中，通过展示实物、直观教具、示范性实验或采取现代化教学手段等方式，使学生获得知识或巩固知识的方法。演示法作为一种辅助性教学方法，常与讲授法搭配使用。随着教学手段的现代化，演示的内容、方法也更为丰富、复杂，但其主要价值在于丰富学生对事物的直观清晰的感知。

教师在运用演示法时应注意以下问题：①做好演示前的准备，教师要根据教学要求，做好演示工具或材料的准备工作；②使学生明确演示的目的、要求与过程，让学生主动观察与积极思考；③在演示过程中要充分调动学生多种感官参与，必要时要配合适当的讲解和讨论，引导他们在感知过程中进行思考；④注意演示后的总结。帮助学生将演示过程中获得的感性认识上升到理性的高度，增强理解的深刻性。

【思考】有人说，"直观"不仅是教学的手段，还是教学的目的。对此你怎么看？

（三）以实际训练为主的方法

以实际训练为主的方法，是指在教学过程中以形成学生的技能技巧、行为习惯等为主要任务的教学方法。这类方法以学生的实践活动为特征，通过学生练习、实验等实践活动，使学生的认识得到更深层次的发展，主要包括练习法、实验法等。

1. 练习法

练习法是指学生在教师指导下，运用所学知识反复完成一定操作，以巩固知识、形成技能技巧的方法。练习法是中小学运用最为普遍的教学方法之一，不同年级、不同学科的学习都离不开一定的练习。从练习形式来看，可分为口头练习、书面练习、操作练习等；从练习层次来看，可分为模仿性练习和创造性练习等。

练习法的主要价值在于帮助学生形成熟练的技能技巧，加深所学知识的理解和巩固。如果运用不当，就容易出现"题海战术"的现象，严重损害学生的学习兴趣。因此，运用练习法时应注意以下问题。

1）明确练习的目的和要求。要让学生清楚地知道为什么练习，以及通过练习要达到什么效果，以提高学生练习的自觉性和积极性。

2）科学合理地组织练习。练习要有计划、有步骤地展开，要基于学生的身心发展水平来合理安排学生的练习时间，将集中练习和分散练习相结合，提高练习的有效性。

3）精选练习内容。练习内容的安排应围绕课堂上所讲的重点难点进行，练习的难易程度、数量要根据学生的学情有层次地布置，切忌不加选择地滥练。

4）要严格检查学生的练习结果。对于布置的练习，教师要做到及时批改讲解、精准给予反馈，帮助学生纠正错误，同时也要培养学生自我检查的能力和习惯。

【案例链接】匪夷所思的"创造性作业"[①]

女儿刚升高三的时候去了美国。我原来认为，女儿在美国首先遇到的最大问题会是语言。只要语言过关，理科课程有国内底子，可以"后来者居上"。没学过的课程只有美国历史，但是二百年的历史又有多少东西呢？然而，让我大跌眼镜的恰恰是这门"最容易"的美国历史。试举一个作业题目，便可知道其中的分量了。

关于南北战争：①你是否同意林肯总统关于美国不能存活，除非它全部解放或全部奴役的声明？请解释。②解释为什么北方白人反对奴隶制，南方白人拥护奴隶制，但他们却都感觉自己在为自由而战？③在内战期间，女人开始担任很多以前男人的工作。你对由于内战造成的社会、经济和政治冲突的问题做出怎样的概述？

就这样，女儿不仅没有在美国教育中"减负"，反而经常一夜只睡三四个小时，有一次竟只睡了一个小时，因为她遇到了一些匪夷所思的"创造性作业"。

不久，我突然又看到美国学校里竟有这样的作业，我愣了半天——制作你的家谱：写出从祖父母至你的全部男女亲属的姓名和生卒年份。

这个作业也让我的朋友们大为感叹，这是在培养"寻根"意识呀！别忘了"你从哪里来"。我又一次惭愧：因为两岁时我便离开了祖父，直到他去世再没见过，我甚至不能说出他的名字！我无法完成这个作业。无奈，我们全家开始"总动员"，依据一份不够完善的家谱，开始"作业"。直到这时我才发现，中国的家谱记男不记女，家族中最早的女性甚至连名字都没有，以张氏王氏记之，到嫁出去就"消失"了。而且，有生卒年份的只有男性姓名。幸亏女儿的爷爷健在，凭记忆一个个推算出来。当我看到这份写满密密麻麻姓名的家谱时，一种家族的历史感油然而生！

---

① 毛毛. 匪夷所思的"创造性作业" [N]. 浙江日报，2007-11-15.

我要强调的是，所有这些作业，不需要"背功"，更没有"标准答案"。你获得什么等级的评分，全看你收集材料的功夫和有没有独特而又言之有据的观点——你不必担心"对"还是"错"。

【思考】结合上述案例，谈谈在当前"双减"背景下如何进行学生作业改革？

2. 实验法

实验法是在教师指导下学生运用一定的仪器设备进行独立作业、观察事物或现象的变化过程、探求事物的规律，以获得知识形成技能技巧的方法。实验法常用于中小学的科学教学中。根据实验目的和任务不同，实验法可分为感知性实验、验证性实验和复习性实验三种类型。

运用实验法时应注意以下问题：①做好实验前的准备。主要包括编写实验计划，准备好实验用品，向学生具体说明实验目的，必要时教师还可进行示范性实验。②加强实验过程中的指导。在实验过程中，教师要巡回检查学生的实验情况，确保学生的操作规范，更重要的是要加强学生进行实验时的安全意识。③做好实验后的总结。实验结束后，教师要对实验过程和结果进行全面总结，使学生对实验的重点难点理解透彻，并指导学生写好实验报告。

（四）以引导探究为主的方法

以引导探究为主的方法是指教师组织和引导学生通过独立的探索和研究活动，从而习得知识、培养创新能力的方法。这类方法的特点在于强调学生的自主探究，是当前非常倡导的一种教学方法类型，主要表现为探究法。

探究法又称发现法、研究法，是指在教学过程中学生在教师的指导下自主地发现问题、探究问题、获得结论的方法。它对激发学生学习的内在动机、培养学生分析和解决问题的能力、发展学生的创新精神和探究品质具有重要价值。

在运用探究法时应注意以下问题：①根据教学要求、教材内容的特点和学生实际，确定合适且有价值的课题，使学生产生"研究"的兴趣。②突出学生的主体地位，积极引导学生的发现活动。在探究过程中，教师要鼓励学生发散思维，多角度思考问题，促进学生实现深度学习。③加强教师的过程性指导。学生自主探究并不意味着教师的"放手"，仍需要教师适时启发和点拨学生，妥善解决探究过程中存在的问题。

【案例链接】"沸腾"现象的教学片段①

在初中科学教学中，对水的"沸腾"现象的教学，是培养学生观察能力的良好材料；通过对水的"沸腾"现象的实验与观察，还能说明"沸点随气压变化"知识。以此来说明指导发现教学法的具体教学过程。

一、观察水的"沸腾"过程，从物理的角度发掘问题

首先让学生观察：用酒精灯给烧瓶中的水加热，在温度达到沸腾以前，水中产生气泡，气泡上升，由大变小，并消失在水中；而当温度达到沸腾时，水中上升的气泡由小变大，直到水面而破裂。教师首先让学生注意到两种情况下的不同现象，进而发掘问题，

---

① 吴茂江. 科学课程教学导论[M]. 银川：宁夏出版社，2010：108-109.

如：为什么会出现气泡?为什么沸腾前与沸腾时不同?究竟什么叫沸腾?

在此基础上，教师进一步提问：由课文中的沸点数据可知，水在标准大气压下的沸点是多少? 学生很快答出是 100℃。然后让几位学生上讲台测出沸水的水温。

接着教师问：沸水的温度是多少摄氏度?学生答：98℃。

教师再问：为什么沸水的温度课文中是 100℃，而实际上测出来的只有 98℃ 呢?

有了问题，就能激发学生积极思考、回答这些问题的兴趣。

二、复习旧知识推知新知识，积极进行科学思维

教师问：随着高度的增加大气压如何变化?

学生答：随着高度的增加大气压减少。

教师继续问：如果我们站在大山下，大气压的值比一个标准大气压大还是小?

学生答：小一些。

教师追问：大气压与水的沸点之间有无关系?

学生就能联想到教室里的大气压比标准大气压小一些，因此水的沸点就低一些这个事实，认识到大气压对水的沸点是有一定影响的。

教师点题性地问：请同学们推测一下，大气压是如何影响水的沸点的?

学生回答：大气压减小，水的沸点降低。

三、实验验证

正在沸腾的水，拿去酒精灯，水停止沸腾。让几位学生上讲台，用抽气机把烧瓶中的空气抽出。

教师问：同学们看到了什么现象?

学生答：水又沸腾了。

教师问：这次水沸腾的原因又是什么?

学生答：抽气时烧瓶内的大气压减小，水的沸点降低。

四、归纳总结得出结论

教师问：通过刚才的实验能得到什么结论?

学生答：大气压减小时，水的沸点也随之降低。

教师问：当大气压增大时，水的沸点又会怎样变化?

学生答：当大气压增大时，水的沸点也会随之升高。

归纳：一切液体的沸点都是随着大气压的减小而降低，随着大气压的增大而升高。

【思考】结合上述案例，分析该教师采用了哪些教学方法，并谈谈你对这些教学方法运用的看法。

三、教学方法的选择与运用

当前教学方法改革层出不穷，有人认为"新的"教学方法总是比"老的"教学方法好，对此你怎么看? 请谈谈你对"教学有法，但无定法，贵在得法"这句话的理解。

（一）教学方法的选择

每种具体的教学方法都有各自的优点和局限性，以及自己的适用范围和条件，教师能

否依据教学实际合理、有效地选择和运用教学方法，是影响教学质量和效果的一个关键问题。

教学目标和任务、教学内容的特点、学生的学情、教师自身的特点、教学方法本身的特点、教学环境或条件等诸多因素，都影响着教学方法的选择。教师在教学方法的选择中要坚持系统、整体的观点，既要看到各种教学方法之间的联系，也要看到教学方法与教学系统中其他各要素之间的联系。

1. 教学目标和任务

不同的教学目标和任务需要依靠不同的教学方法来完成。由于每个教学单元或每节课的教学目标具有多样性和层次性，所以教学方法的选择也应该是多样的、有层次的。

2. 教学内容的性质和特点

教学内容是教学活动发生的一个根本性要素，不同的教学内容所要求的教学方法也存在一定差异。如文科类的教学宜采用讲授法、谈话法等；理科类的教学宜采用实验法、演示法等。同一学科在不同学段、不同单元、不同课时的教学内容不同，对学生的知识掌握、能力要求也不尽相同，同样也要求教学方法的选择具有多样性和灵活性。

3. 学生的实际特点

学生的实际特点主要是指学生现有的知识水平、智力发展、学习动机、年龄发展阶段的心理特征、认知方式与学习习惯等因素。不同生活区域、不同家庭背景、不同年段的学生在这些因素上都存在不同程度的差异，这些差异对教学方法的选择提出了不同的要求。为此，教师要科学准确地研判和分析学生的学情特点，有针对性地选择和运用教学方法。

4. 教师自身的特点

教师是教学方法选择和运用的主体，其个性品质、已有的教学经验、教学风格、教学能力、兴趣偏好等都直接影响教学方法的选择。任何教学方法只有适应教师个人的素养条件并被教师充分理解和内化，才能发挥最佳教学效果。因此，教师应全面、客观地分析自身条件，充分利用自身特长，选择适合的教学方法，不必一味地模仿、照搬他人或盲目追赶潮流。

5. 教学方法本身的特征

任何一种教学方法都不是万能的，都有自己的特点、适用范围和条件、优势和局限。只有在充分把握各种教学方法自身特性的前提下，用其所长、避其所短，才能做出最优选择。比如讨论法的使用，若讨论的问题设计合理，组织安排得当，便能充分调动学生学习的积极性；但若班级规模过大、学生自觉性较低、教师管控能力较差，讨论法便有可能演变为学生漫无目的的争论。

（二）教学方法的运用

【案例链接】如何科学选择教学方法[①]

师：小朋友，怎样记"菜"字？

生：菜，上下结构，上面草字头，下面是采字，合起来是"菜"字。

---

① 黄小莲. 没有最好，只有更好——如何科学地选择教学方法？[J] 中小学管理，2002（6）：30-32.

师：还有其他方法吗？

生：菜，上面草字头，下面彩色的彩去掉三撇，合起来是"菜"字。

师：很好，还有其他方法吗？

生：菜，上面是辛苦的苦去掉古，下面是彩色的彩去掉三撇，合起来是"菜"字。

师：很好，还有其他方法吗？

生：菜，上面是花字去掉化字，下面是彩色的彩去掉三撇，合起来是"菜"字。

师：很好，还有其他方法吗？

……

【思考】结合案例，谈谈在选择和运用教学方法时应坚持什么样的原则。

教学方法的运用应坚持启发性、综合性、灵活性等原则。

1. 坚持以启发式教学思想为指导

教学方法是多种多样的，但无论选择或采用哪种教学方法，都要以启发式教学作为运用各种教学方法的指导思想。启发式是与注入式相对而言的，它并不是一种具体的教学方法，而是一种指导思想或者价值观念。所谓注入式，也被形象地称为"填鸭式""灌输式"，这种教学方法简单地把学生当作知识接收的容器，无视学生的兴趣偏好、知识基础、接受能力和主观能动性，抑制了学生学习的主动性和积极性，使其自主思维活动长期被"架空"。与此相反，启发式教学则强调在教学过程中以学生为主体，积极采用各种具体的教学方法，调动学生学习的积极性和主动性，引导学生通过自己的独立思考掌握知识、发展能力、涵养价值观。要特别注意的是，每种教学方法都有可能是启发式或注入式的，关键取决于教师如何运用。

2. 注意多种方法的优化组合和综合运用

任何一种教学方法都不是"包治百病"的"灵丹妙药"，每种方法都有其优点和不足之处。在实际教学过程中，教师需要认识到各种教学方法本身的价值和适用范围，考虑每种教学方法的优势和局限，以教学目标的实现为基本依据，选择多种教学方法的相互搭配和综合运用，切实发挥教学方法体系的整体功能。

3. 重视教学方法的创新与活用

教学方法本身并无所谓"新""旧"之分，更不是说"新的"就一定比"旧的"好。因而在运用教学方法时，既要紧跟教学改革的潮流，适当借鉴参考国外新的教学方法，积极推动教学方法改革，又要加强对传统教学方法的改造。"推陈出新是教学方法发展的必然和常态，但这并不意味着传统方法就失去了效用。就方法而言，大多数教学方法在过去几十年没什么变化，在不久的将来也不会发生实质性的变化。对传统教学方法只要加以完善，合乎教育发展潮流，也可以做到旧法新用。"[①]

四、教学手段概述

任何有目的的实践活动都需要借助一定的手段来达成。有合适的手段，目的的实现就

---

① 吕红日. 教学方法的有效性思考——欧美日近三十年教学方法变革的历程与启示. 外国中小学教育，2010（10）：38-43.

会更加顺利。对于教师的教学来说，要想提高课堂教学的效率和质量，就必须熟悉并有效运用各种教学手段。因此，我们有必要弄清楚教学手段的基本理论问题。

（一）教学手段的含义

所谓教学手段，是指为实现教学目的，师生在教学过程中所采用的互相传递教学信息的工具、设备或媒体，以及所借助的技术条件。从这一定义出发，可以从三个方面来把握教学手段的内涵。

第一，教学手段的目的在于为教师和学生的教学活动提供中介桥梁和支持辅助作用。作为传递教学信息的工具和媒体，既包括物质性工具，如黑板、模型、计算机等，也包括精神性工具，如教师的口头语言、体态语等，还包括对媒体运用提供技术支持的条件，如互联网、大数据等。

第二，教学手段为教学活动实施提供了基本条件。教学手段是构成教学活动系统的基本要素之一。有什么样的教学手段，往往决定着教学活动如何组织实施。对教师来说，教学手段只是为教学活动的开展提供了丰富的潜在资源，而采用什么教学手段、何时采用教学手段等问题则更为重要。

第三，教学手段与教学媒体是相互联系的概念。手段不是设备、媒体，教学媒体是一种物质化的存在方式，教学手段不是某种具体的物件或工具，只有在教学中对教学媒体的运用才可称为教学手段。例如，计算机是教学媒体，计算机教学才是教学手段。

【思考】你如何看待教学手段中"传统"与"现代"、"人"与"技术"之间的关系？请阐明你的观点。

（二）教学手段的类型

依据不同的分类标准，教学手段可以划分为不同的类型。根据教学手段的载体性质，可划分为无形的教学手段和有形的教学手段（表 8-1）[①]。其中，无形的教学手段侧重"人-人"关系，强调教师通过自己的言传身教影响学生，是师生教学活动中最为基本的教学手段。这种教学手段是最经济、简便的，但由于它无法复制，也难以保存，所以往往容易被忽视。有形的教学手段是一种直观辅助教学手段，往往与无形的教学手段相互配合使用。相对来说，无形教学手段强调教师自身综合素质作为教学手段的独特性，有形教学手段则强调手段的物质性、技术性。我们通常讨论的教学手段，更多偏重物质化的、有形的手段。

表 8-1　依据载体性质划分的教学手段

类型	含义	举例
无形教学手段	主要以教师为载体，凭借教师自身的身体器官乃至整体人格结构发生作用	语言手段、非语言手段（如教师仪表、体态语）、教学机智等
有形教学手段	是以教师身外之物为载体，即外在于教师自身的工具、设备或媒体等，直接对人的视听感官起作用	教学媒体、教具、设备等

随着科学技术的快速发展和教学需求的不断增长，教学手段也从传统向现代转变。根

---

① 陈旭远. 课程与教学论[M]. 北京：高等教育出版社，2012：261-263.

据教学信息与人的感官的作用机制，可将教学手段划分为视觉手段、听觉手段、视听结合手段、交互教学手段（表 8-2）[①]。从中可以看到，这些教学手段的电子化、信息化、智能化等特征非常明显，体现了现代科学技术对教学的支持。

表 8-2　依据感官通道划分的教学手段

类型	含义	举例
视觉手段	教学信息主要作用于人的视觉器官	印刷材料、图片、实物、模型、幻灯机、投影仪等
听觉手段	教学信息主要作用于人的听觉器官	扩音机、收音机、录音机、CD 机、多媒体语音实验室等
视听结合手段	教学信息同时作用于人的视觉器官和听觉器官	电视、电影、录像、VCD/DVD 等
交互教学手段	教学信息与学习者可以实现双向互动，往往是多重感官通道的同时唤起	计算机辅助教学系统（CAI）、网络学习平台、多媒体等

根据教学活动的历史发展脉络，从时代变迁和技术发展的双重维度审视，可将教学手段划分为原始教学手段、传统教学手段和现代教学手段。在人类社会早期，教学主要通过年长者的身体动作示范、实物观察和口头语言来完成，因而，言传身教也就成了最原始的教学手段。随着传统社会生产力的发展，教学手段也逐渐呈现多样化的发展趋势，其特点表现为对自然物的直接利用、形态较为原始、存储教学信息的能力较低，比如印刷书籍，以及大量的模型、挂图、标本等直观教具。当然，一些传统教学手段的出现曾在教育领域产生了很大影响，如夸美纽斯编撰的《世界图解》中搭配的教学插图、裴斯泰洛齐开发的"算术箱"教具、福禄贝尔创制的"恩物"幼儿教学用具，等等。20 世纪后，幻灯、电影、广播、电视、计算机、互联网等各种新媒体、新技术在教学领域的出现，引发了教学手段现代化的巨大发展。而这些现代教学手段与传统教学手段相比，具有设备电子化、智能化、存储信息大容量化、呈现信息的手段现代化、多媒体化、教学时空的广泛适应性等优点[②]。21 世纪以来，信息化教学手段的广泛运用，更是成为教学改革的新焦点。

【资料链接】技术进步引领教育变革[③]

社会技术发展与教育变革如表 8-3 所示。

表 8-3　社会技术发展与教育变革

社会发展阶段	技术发展形式	知识呈现方式	教育教学方式
第一阶段	石器木器时代	动作、语言	耳提面授、示范模仿
第二阶段	金属时代 文字发明	甲骨文、钟鼓文、丝帛文、简牍文	文字书籍，书写记录
第三阶段	造纸术印刷术 发明时代	纸质书籍	黑板粉笔，讲授记诵
第四阶段	电气化时代	幻灯、电影、录音、胶片	声、光、电等有形手段和方式
第五阶段	信息化/数字化时代	电视、多媒体、软件、网络、数字信息、远程传输	远程教育、电子课程、电子平台、知识电视、虚拟课堂、虚拟学校、软件和数据创造互动教育"空间"

---

① 王本陆. 课程与教学论[M]. 3 版. 北京：高等教育出版社，2017：181-182.
② 张祥沛. 现代教学手段对教学理论和实践的影响[J]. 电化教育研究，2000（4）：17-19.
③ 张传燧，彭玲艺. 新中国现代教学手段发展演变述析[J]. 湖南师范大学社会科学学报，2008（1）：107-110.

五、教学手段的信息化

（一）教学手段信息化的含义

教学手段信息化是信息技术发展及其在课堂教学领域中应用的结果。在学校中不同程度使用的多媒体课件、交互式电子白板、云书包、平板电脑、微视频等，都是教学手段信息化的典型表现。教学手段信息化需要信息技术条件的广泛支持，但也不能离开信息化时代教学理论和学习理论的有力支撑。因此，教学手段信息化就是在现代信息化教学理论和学习理论指导下，将信息技术应用于教学，使教学手段不断朝着促进教学活动优化的方向发生变革的过程。[①]

从积极的方面来看，信息化教学手段有助于扩大优质教育资源的覆盖面，提高课堂教学的效率和质量，改变了教与学的关系，在一定程度上弥补了传统教学手段的缺憾。同时，也要认识到信息技术在教学应用中的条件限制。

【讨论】当前学校教学中存在这样一些情况：现成的课件和网络下载的教学内容代替了教师的教案；多媒体屏幕代替了黑板板书；教师按照课前下载好的"课件"，进行照本宣科式的讲解，不关注学生的反应，不做重难点说明，只要把 PPT 念完就算完成教学任务。

请谈谈你对上述现象与问题的看法。

（二）当今常用的信息化教学手段

随着以计算机网络技术、多媒体技术为代表的信息技术迅猛发展及其在教育教学领域中的广泛应用，出现了许多新型教学手段。以下简要介绍三种当前较常用的信息化教学手段。

1. 多媒体课件

当前，多媒体课件已经广泛应用到教师的课堂教学之中，成为一种重要的信息化教学手段。所谓多媒体课件，就是利用计算机技术，按照教师的教学设计，将文本、图形、图像、音频与视频等多种媒体信息有机整合，制作出一套适合教与学的辅助教学系统。

在课堂教学中运用多媒体课件的优势主要体现在四个方面：①图、文、声、像并茂，可以让课堂教学生动、形式新颖，有助于激起学生的学习兴趣。多媒体课件将声音和影像素材相结合，充分调动了学生的听觉、视觉等多方面的参与，学生的注意力更为集中，对知识的记忆和理解也更为深刻。②很好地实现人机之间的交互。交互性是多媒体技术的一个最根本特性。多媒体课件不仅在学习内容的使用上能够提供良好的交互控制，而且还可以运用适当的教学策略，对学生进行个别化的教学指导。③以网络为载体的多媒体课件为教学资源的广泛共享提供可能。④与"黑板+粉笔"的传统教学相比，运用多媒体课件极大地增加了课堂教学容量，让师生有更多时间进行交流互动，有助于提高课堂教学效率和优化教学效果。

教师在利用 PPT 等课件制作工具制作和运用课件时，需要考虑实用性、艺术性、适

---

① 王本陆. 课程与教学论[M]. 3 版. 北京：高等教育出版社，2017：186.

应性、交互性等问题①。①课件主题要注重实用性。选择那些能激发学生兴趣的内容、突出教学重难点的内容，以及常规教学难以表达或不能表达的内容。②在课件中涉及的多媒体信息越多，就越需要多感官的协调，这就要求课件设计应讲究艺术性和审美性，让学习者在轻松愉悦的情境中保持良好的学习状态。③不同年段的学生在心理特征、认知结构、思维方式上都存在差异，接受知识信息的能力也有所不同，这就要求进行课件设计时充分考虑学习对象的特点。④在课件设计的交互性上，应通过超链接的使用来加强知识点之间的内在联系。

2. 交互式电子白板

交互式电子白板（interactive whiteboard）出现于 20 世纪 90 年代初，其雏形是由美国著名的施乐（Xerox）公司研发出来的。1991 年，加拿大斯玛特（SMART）公司开发生产出了真正意义上的第一块交互式电子白板，引发了教育信息技术领域的一场革命。交互式电子白板由感应电子白板、电子笔等硬件以及白板软件等组成。它融合了计算机技术、微电子技术和电子通信技术，具有传统黑板、普通白板、投影幕布、电子复写板等多种功能，是一种具有人机交互功能的教学设备。②作为一种新型的教学工具与手段，交互式电子白板已经开始在中小学课堂教学中得到广泛应用。

交互式电子白板不仅具有传统黑板的板书功能，还具有多媒体教学的功能，以及课堂教学的交互功能，教师和学生可以在感应电子白板上进行各种操作。它不仅为教师提供了更简单方便的操作和教学体验，也为学生提供了清晰、良好、动态的视觉体验，还提供了丰富的教学资源，极大地方便了教师的教和学生的学。

【资料链接】交互式电子白板与课堂交互性③

交互式电子白板对课堂交互的支持作用主要表现在"技术性交互"与"物理性交互"上。"技术性交互"主要解决的是教师"教"的层面的问题，"物理性交互"更多地促进了学生记忆、理解等低阶思维的发展，而有利于深层次学习、高阶思维发展的"概念性互动"目前尚不多见。

Moss 等认为，概念性的交互是最有价值的交互，在这样的课堂上，教学为交互活动留有足够的空间，教师通过利用交互式电子白板鼓励开放性的讨论与对话，这样的课程或者教学片断往往有如下一些特点。

1. 显示的文本是用来以新的方法进行标注、操作和集体讨论的。
2. 不再只是使用交互式电子白板的拖拽、隐藏或显示功能。
3. 对于课程中嵌入的数字文本（资源）有效和集中地使用它们。
4. 使用交互式电子白板鼓励学生不只与已经预备好的答案交互，而且还要做得更多。
5. 尽量少地直接提供或者传递信息给学生，不要让学生只是简单地将交互式电子白板上的内容抄写到他们的练习本上。
6. 使用动态的展示来促进学习。

---

① 刘育涛，安素平. 多媒体课件设计中应注意的问题[J]. 中国远程教育，2004（7）：60-63.
② 石映辉，杨宗凯，杨浩，等. 国外交互式电子白板教育应用研究[J]. 中国电化教育，2012（5）：99-103.
③ 吴筱萌. 交互式电子白板课堂教学应用研究[J]. 中国电化教育，2011（3）：1-7.

7. 通过利用技术支持学生对交互式电子白板上的元素进行各种操作，以为师生、生生之间的谈话创造机会。

3. 教学微视频

微视频以其短小、灵活、高效的特点受到普遍青睐。当前大家熟悉的翻转课堂、微课教学中都要依托教学微视频的开发利用。在教学中运用的微视频，主要是根据课程标准的要求，由教师将知识内容按照学科逻辑和学生认知特点，划分为若干个较小的知识模块，运用现代信息技术手段整合图、文、声、像等多媒体要素，制作成便于学生学习的教学视频资源。

【资料链接】好的教学微视频是怎样的[1]

优质的教学微视频评估标准如表 8-4 所示。

表 8-4　优质教学微视频的标准

一级指标	二级指标	主要说明
目标设计	选题聚焦	选择一个小知识点，集中阐述；可以是一个原理、一个操作技巧、一组习题、一个实验分析等
	设计合理	教学内容与教学目标紧密结合，选题对应的设计思路与实际讲述思路一致，突出重点难点
内容呈现	科学准确	科学性要求视频无知识性错误，包括不准确的概念解析、不当的举例与不规范的书写等
	容量适中	简明扼要，深入浅出地阐述知识点最基础的部分，并非一堂课的压缩，时间控制在 10 分钟左右
	逐步推出	基于建构主义学习理论，从学生的角度出发展开知识点的讲解，教师边讲解边呈现知识点
	思路清晰	知识内容之间有明确的逻辑关系，教师在讲解的过程中展示思维方法，引导学生分析、比较、判断
技术运用	媒介恰当	所使用的图、文、声、像等媒介与知识内容密切结合，为教学服务，具有悦读性，没有产生预期外的干扰
	录制适当	所选择的录制方式与学科特点、学科内容特点紧密结合，使知识内容最优化呈现
	版面协调	整体版面协调，所突出的内容与教师正在讲解的内容保持一致
	制作精良	视觉效果好，界面清晰、简洁、友好，与学生的年龄特点和心理特点相符；无杂音干扰
语言表达	亲切生动	语言表达力求生动、活泼，具有亲和力，营造一种与学生"面对面聊天式"的氛围，使教师的讲解具有怡听性
	节奏适当	尽量放慢语速，在重难点问题上有意识地做短暂停留，给学生思考的时间

【案例研究】信息技术走进课堂[2]

徐老师是广州一所中学的物理教师，曾经用一个教学软件上了一堂《电》的拓展课：软件主界面做得和学校校园非常相似——四栋建筑物上分别标示着"电影院""图书馆""实验室"和"演播室"，徐老师只是简单地介绍了这四个区域的作用，提出学习主题和要求后，同学们就按小组自由地展开了学习活动。各小组首先进入了"电影院"，这里有几部长度在三分钟左右的科普影片，分别对应着"电"学中的主题。大约 15 分钟之后，各小组都看完了影片，然后根据小组成员的意见，找好了大家感兴趣的主题，成员进行分

---

① 田爱丽，刘冬梅. 论教学微视频编制的原则与方法. 上海教育科研，2014（8）：7-10.
② 教育部基础教育司. 课程资源的开发与利用[M]. 北京：高等教育出版社，2004：72.

工：有的进入了"图书馆"查找资料，有的上网浏览，有的进入"实验室"进行工作，还有的则进入"演播室"开始制作演示幻灯片，然后各成员再一起交流、讨论。徐老师则只是在各个小组之间来回巡视，不时地指点学生操作，或是倾听他们的争论。

第六组选的主题是很有挑战性的"闪电"，这个内容对他们来说是陌生的，也是他们十分感兴趣的。他们不可能在现实中捕捉闪电，却在软件所提供丰富的视频和音频资源成功地捕捉到了闪电。

30 分钟后各组的代表一一走上了讲台，调出他们共同研究的成果，开始了精彩的汇报：有的比较偏重学术性，有的更多的是想象。第六组的汇报尤其精彩，当胖乎乎的戴眼镜男孩，一边播放自己制作的幻灯片，一边配合讲解"闪电是巨大的，长度最长的可以达到数百公里，但是最宽也不过是 25 米……"时，课堂上传出一片惊叹之声。

【思考】1. 结合材料，分析徐老师所采用的教学方法与教学手段。

2. 谈谈教学手段的信息化对教学有怎样的影响。

思 考 题

1. 请实地观摩某个中小学教师的一节课，分析该节课中运用了哪些教学方法，以及这些教学方法运用的效果如何。

2. 结合实际，谈谈你认为应如何科学合理地选择和运用教学方法。

3. 谈谈你对教学手段中"人"和"技术"之间关系的认识。

4. 你如何理解教学手段的现代化、信息化及其对教学变革的影响？

拓 展 阅 读

陈振华. 讲授法的危机与出路[J]. 中国教育学刊，2011（6）：41-43，51.

石映辉，杨宗凯，杨浩，等. 国外交互式电子白板教育应用研究[J]. 中国电化教育，2012（5）：99-103.

赵婧，王本陆. 我国教学手段研究 40 年：回顾与前瞻[J]. 课程·教材·教法，2018（11）：46-52.

赵鑫，李森. 我国教学方法研究 70 年变革与发展[J]. 课程·教材·教法，2019（3）：14-21.

钟启泉. 教学方法：概念的诠释[J]. 教育研究，2017（1）：95-105.

参 考 文 献

鲍里奇. 有效教学方法[M]. 9 版. 杨鲁新译. 上海：华东师范大学出版社，2021.

黄甫全. 现代课程与教学论[M]. 3 版. 北京：人民教育出版社，2014.

王本陆. 课程与教学论[M]. 3 版. 北京：高等教育出版社，2017.

王升. 教学策略与教学艺术[M]. 北京：高等教育出版社，2007.

张良田. 教学手段论[M]. 长沙：湖南教育出版社，1999.

模 块 三

专题九 课程与教学评价

【知识点导图】

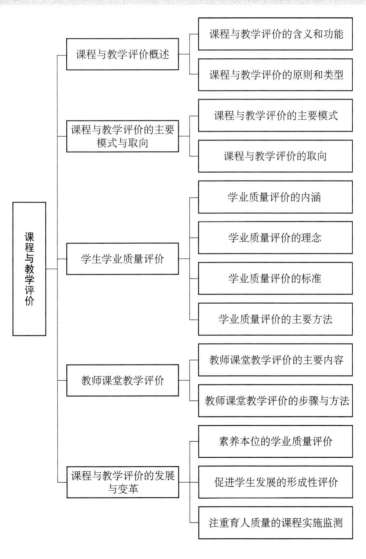

【学习目标】

1. 认识课程与教学评价的功能和类型。
2. 知道课程与教学评价的主要模式和取向。
3. 了解学业质量评价的内涵、理念和标准。
4. 明确教师课堂教学评价的实施步骤与方法。
5. 把握课程与教学评价的发展趋势。

20世纪30年代，美国学者拉尔夫·泰勒首次提出了"课程评价"的概念。最初的课程评价主要是用以评估教学目标和改进教学的成绩测验，评价更多的是获取学生所学内容或学习效果的证据。课程与教学评价是促进中小学教育教学高质量发展的关键一环。对教师而言，要把握课程与教学评价的理念与方法，科学地做好学生的学业质量评价和课堂教学评价。

一、课程与教学评价概述

（一）课程与教学评价的含义

评价是对某一事物的价值的判定。课程与教学评价可以包括课程评价与教学评价两个方面。课程评价是依据一定的评价理念，采用必要的方法、途径对课程的计划、结构、活动以及结果等有关问题的价值或特点做出判断的过程。课程评价的对象不仅包括参与到课程实施当中的学生、教师和学校的活动即对课程效果的评价，还包括对课程计划的评价，即课程理念与课程结构的反思、课程目标合理性与达成度的评价、课程设置与培养目标一致性的评价。教学评价主要涉及教师对教学的设计、落实以及结果等一系列相关问题，是对课堂教学设计教学过程、教学组织与方法、教学要素、教学评价的评价。①

将课程与教学评价作为一个整体来看其属性，有几种代表性的观点。

1）目标说。该观点强调教育评价是对教育目标或教育计划实现程度的判断，以泰勒为代表。他认为评价就是对课程实施的预定结果与实际结果进行比较，看其在多大程度上实现了课程目标。

2）搜集信息说。该观点强调通过评价搜集信息，为教育决策服务。美国的克隆巴赫（L. J. Cronbaeh）认为，评价是为了制定有关教育方案去收集和使用信息的活动；斯塔尔比姆（L. D. Stufllebeam）认为，教育评价不应局限于评判决策者所确定的教育目标所达到预期效果的程度，而应该是收集有关教育方案实施全过程及其成果的资料，使评价为决策提供信息。②

3）成绩考察说。强调教育评价是考察教育成绩的一种手段、方法。日本的长谷川荣认为，教育评价就是系统地、有步骤地从数量上测量或从性质上描述学生的学习过程与结果，以此判定是否达到所期望的教育目标的一种手段。③

4）价值判断说。强调教育评价是一种价值判断的活动，是对教育活动满足社会与个

---

① 李森，陈晓端. 课程与教学论[M]. 北京：北京师范大学出版社，2016：242.
② 王景英. 教育评价[M]. 2版. 北京：中央广播电视大学出版社，2016：2-3.
③ 筑波大学教育学研究会. 现代教育学基础 [M]. 中文修订版. 钟启泉译. 上海：上海教育出版社，2003：400-402.

体需要的程度做出判断的活动。[①]

5）满足需要说。强调教育评价是现实的人同满足其某种需要的客体属性之间的一种关系。[②]

上述关于教育评价的侧重点存在着差异，但是我们可以从中归纳出课程与教学评价的若干属性。课程与教学评价是根据一定的教育目标，对课程与教学活动进行价值判断的一种活动，包括对学生学习过程与结果的定量描述和定性描述，从而实现为课程与教学服务的功能。

（二）课程与教学评价的功能

课程与教学评价是教育评价的重要组成部分，考察课程与教学评价的功能，需要评价者深入思考教育评价本身的价值，正确把握课程与教学评价的功能。根据美国学者艾斯纳的观点，课程评价（教学评价内含其中）主要有以下几个方面的功能。[③]

1）需要评估。在拟定一项课程计划之前，应首先了解社会和学生的需要，将需要作为课程开发的直接依据。这一任务可由评价来承担。

2）课程诊断与修订。对正在形成中的课程计划，评价可以有效地找到其优缺点及成因，为修订提供建议。在这种不断重复的过程中，可使课程达到尽可能完善的程度。评价还可以诊断学生学习的问题，为矫正性教学提供依据。

3）课程比较与选择。对不同的课程方案，通过评价可以比较其在目标设置、内容组织、教学实施以及实际效果等方面的优劣，从整体上判别其价值，再结合需要评估对课程做出选择。

4）目标达成度的了解。对一项已经实施的课程计划，评价可以判定其结果，并通过与预定目标的比较、对照，判断其达成目标的程度。

5）成效的判断。一项课程方案或教学计划在实施后究竟取得了哪些成效，可以通过评价全面衡量，做出判断。判断不同于上述对目标达成程度的了解，而是对效果的全面把握，包括对那些预定目标之外的效果的把握。

（三）课程与教学评价的原则

以促进青少年核心素养提升为目标的教育改革所倡导的"立足过程，促进发展"的课程与教学评价观正受到教师们的普遍关注。如何真正把握发展性、表现性课程评价的精髓，发挥课堂评价促进学生发展的功能，引导学生不但"好学"，而且"会学"和"学会"，是课程与教学评价所要研究的问题。为了合理、准确地进行课程与教学评价，就需要一定的评价原则来指导课程与教学评价实践。

1. 方向性与发展性原则

方向性就是评价要有正确的标准和方向，不要盲目地评价学生。例如，教师对学生的评价不仅要有学业成绩方面的标准，还要有学生的道德品质、合作交流、个性与情感等方面的标准。有了这些标准，教师才能全面地了解学生，改进教学，促进教学质量的提高。

① 陈玉琨，李如海. 我国教育评价发展的世纪回顾与未来展望[J]. 华东师范大学学报（教育科学版），2000（1）：1-12.
② 冯永潮. 论教育评价的科学性[J]. 教育研究，2002（1）：58-64.
③ 丁念金. 课程论[M]. 福州：福建教育出版社，2007：442.

发展性就是通过评价让学生了解自己的优缺点，明白自己还有哪些方面需要改进，从而促进学生的可持续发展。"在教学过程中进行""为了反馈学生和调整教学""为了促进学生更好地学习"是发展性评价的关键特征。例如，教师为促进学生发展，在教学过程中不断了解学生学习情况，及时为学生提供反馈或做出教学调整，就体现了评价的发展性原则。

贯彻方向性与发展性原则，要注意以下三点：①要把促进课程与教学质量的提高和促进学生全面发展作为评价的核心要求；②要把评价作为课程与教学实施的手段，通过分析评价结果促进学生的学和教师的教；③要使课程与教学评价自觉遵循教育教学规律，体现立德树人的教育性。

2. 科学性与客观性原则

科学性与客观性原则是为了避免课程与教学评价中的盲目性、随意性、科学水平不高等问题而提出的。首先，评价的标准与方法必须是科学合理的。例如，在进行教学评价时，可以利用数据进行定量评价，以教学目标为依据，确定合理、统一的评价标准，认真编制、预试、修订评价工具。在此基础上，使用先进的测量手段和统计方法、科学的评价程序，对获得的各种数据进行规范的处理，结合被评价对象的真实情况，做出正确的判断。其次，评价的过程与结果应该符合客观实际，遵循评价活动的客观规律。如在组织教师互相评课时，应及时将课堂教学的结果实事求是地反馈给被评教师。被评教师可以根据这些评价调整自己的教学行为，发挥优点，改正不足。

贯彻科学性与客观性原则，要注意以下四点：①提高课程与教学评价的理论与技术的科学性；②组织教育工作者学习评价的理论与技术，帮助他们掌握先进、科学的评价手段，提高评价能力；③有明确、具体的评价标准且保持标准的相对稳定性；④确保评价过程的严密合理、公平公正。

3. 全面性与差异性原则

课程评价要注重全面性和差异性的统一，没有全面性，课程评价就丧失了普遍指导意义，评价的导向性和权威性就无从体现；没有差异性，课程评价则是机械、呆板的。那么，教师如何在教学实践中把握好二者之间的关系呢？

全面性是评价者根据被评对象的真实状况，做出完整、连贯的价值判断。教师在课程与教学评价中，不宜过分突出某一方面的评价而忽视对其他方面的评价，避免出现前后不衔接、顾此失彼甚至相悖的评价现象。比如，对教学质量的评价，就不能片面地以考试分数为唯一评价指标，而应涵盖知识、能力、价值观等方面。具体到某一门课程，其所实现的课程目标不止一个，即使不同的目标之间也会有主次之分，所以课程评价要涵盖多个课程目标。

评价的差异性原则要求关注学生差异、教师差异、学科课程差异等因素，确保课程评价方式恰如其分地契合被评价对象。例如对教师的教学评价，要根据不同的课型有所区别。对于那些主要依赖教材和作业的讲授课，重点评价教师与学生交流的能力、布置的作业与提供的课外阅读材料的质量；对于实验课，主要评价实验指导教师回答学生的疑问、激发学生的实验兴趣以及帮助学生处理异常问题的能力；对于远程教学的课程，重点评价教师的反应能力和提供的支持材料的质量。

4. 公平性与宽松性原则

公平性就是指在评价活动中，评价指标的制定要体现公平竞争原则，评价结果的解释与处理要体现公正、平等原则。学生是教学活动的主体，也是教学活动最主要的参与者，学生对教学质量有发言权，在教学评价中应对学生一视同仁，善于发现每个学生身上的闪光点，公平合理地给予奖励或惩罚。

宽松性是指评价过程要注重创设宽松和谐的心理环境，体现人文关怀。比如，教师可以通过谈话法来了解学生，通过一些幽默放松的话语让学生放松心理消除戒备，在融洽的气氛中深入了解学生，做出有价值的判断。

贯彻公平性与宽松性原则，要注意以下两点：①要一视同仁，坚持评价面前人人平等，不夹杂私心，不搞远近亲疏；②通过创设轻松、和谐的环境消除评价对象的紧张情绪，减轻其心理负担，做到真正地了解被评价者，做出真实、有效的评判。

（四）课程与教学评价的类型

依据不同的标准可以对课程与教学评价进行分类，形成各种类型。

1. 形成性评价和终结性评价

根据评价的功能目的划分，可以把课程评价分为形成性评价和终结性评价。

（1）形成性评价

形成性评价（famulative assessment）是指其结果能够指导以后的教学和学习的评价，是在课程开发或者课程实施尚处于发展或者完善过程进行的、为了不断了解活动进行的状况，及时对活动进行调整、提高活动质量而进行的评价。形成性评价的主要目的在于搜集课程开发或各个局部的优缺点，作为进一步修改、完善课程计划的依据。

（2）终结性评价

终结性评价（summative assessment）是教育教学、管理服务和学习结果的效果评价，主要侧重于课程开发效果、学生学习效果、教师教学质量和学校管理服务水平的最终结果评判。比如，课程的期中考试、期末考试都属于终结性评价。虽然终结性评价在一定程度上也有反馈教学的作用，但其主要目的在于评判教育教学的结果。这种评价在实际操作中往往被简化为学生的考试成绩，容易形成"唯分数"的倾向。

形成性评价与终结性评价是中小学常用的两种评价手段。二者既有区别，又不是相互排斥的，在具体教学情境中应当相互配合，共同发挥评价促进学生发展的作用。形成性评价和终结性评价的对比如表 9-1 所示。

表 9-1 形成性评价与终结性评价的对比[1]

特征	形成性评价	终结性评价
目的	提供及时反馈促进学习	在阶段性学习之后记录学生学习
时间	在教学之中	在教学之后
学生参与	参与	不参与
学生动机	内在动机	外部动机
教师角色	提供及时、针对性反馈	测量学生学习结果并打分

① 王烁，宗序连. 形成性评价的理论内涵与实践反思[J]. 教学与管理，2020（15）：1-4.

续表

特征	形成性评价	终结性评价
认知水平结构	深层的理解、应用、推理	知识与理解力
个性化水平	高度个性化	普通化和群体化
结构	灵活、适应性	结构、高度结构化
评价工具	非正式	正式
对学习的影响	强、积极、持续	弱、短暂

（3）诊断性评价

与形成性评价、终结性评价相关的另外一种评价手段是诊断性评价（diagnostic assessment）。诊断性评价是在课程实施开始前或者课程实施进展至某一阶段的开始之前，对课程实施过程中可能出现的问题做出诊断，以求发现问题所在并且确定下一阶段的任务。诊断性评价往往与形成性评价和终结性评价相结合而使用，在形成性评价和终结性评价过程中，会经常运用诊断手段摸清情况、条件、基础和可能性，设法预测问题、发现问题、诊断问题产生的原因，从而为课程实施的顺利进行提供服务。

2. 内部评价和外部评价

根据评价的主体划分，可以把课程评价分为内部评价和外部评价。

（1）内部评价

内部评价是指以课程设计者或者课程实施者作为评价的主体，对其行为的指导思想、活动过程和结果等方面的评价。内部评价有助于评价者了解课程设计方案的内在理念和技术处理技巧，评价结果也可以进一步作为课程方案的修订和完善的依据。

（2）外部评价

外部评价是指评价以课程设计者或者课程实施者以外的其他人作为主体而进行的评价。外部评价的实际效果取决于评价对象的参与程度和评价本身的科学性和公正性。外部评价可以为课程实施者提供更宽广的视角和更开阔的评价思路，因而能够取得比较令人信服的评价结论。

3. 量化评价和质性评价

根据评价的方法范式差异，可以把课程评价分为量化评价和质性评价。

（1）量化评价

量化评价又称定量评价，是指通过收集数量化资料信息并运用统计分析方法得出评价结论的一类评价。常用的量化评价方法有测验、考试、结构性观察、等级量表与测验等，或者说数字、计算、统计分析是量化评价采取的主要手段。

量化评价方法的认识论基础是科学实证主义、实验心理学和精神测量学，偏重事实、关系和原因，强调大量的样本和人为控制，注重进行一般化的推论，同时对结果或产品予以极大的重视。[①]该方法常将事实与价值分离，侧重评价的标准化程序和预先设计。

（2）质性评价

质性评价相比于量化评价出现较晚。20 世纪 70 年代以后，随着课程研究领域"课程

---

① 钟启泉. 课程与教学概论[M]. 上海：华东师范大学出版社，2004：202-203.

理解范式"的兴起和课程主体意识的觉醒，人们开始反思和批判量化评价方法，追求质性评价方法。质性评价是描述性的，评价资料的收集多以文字或图片说明，即使采用统计数据，也是为了描述现象，而不是对数据本身进行相关分析。常见的质性评价方法有行为观察和行为记录、成长记录袋、情景测验、苏格拉底谈话法等。

质性评价的功能主要是沟通、反思、改进，在一定程度上弥补了量化评价的不足。评价者就是一个评价工具，评价者需要与评价对象有直接接触，在评价情境中对其进行观察、了解和交流。质性评价主要是一种过程评价，是对过程的描述与反思。它更加注重评价的整体性、情境性、深层性和差异性，要求评价者注重现象的整体性和相关性，对评价对象进行整体的、关联式的考察。

任何单一的评价方法都不能满足课程与教学评价的需要，量化评价和质性评价各有其价值，要把两种方法统一于教师"教"与学生"学"的过程中。

二、课程与教学评价的主要模式与取向

（一）课程与教学评价的主要模式

评价模式是"评价人员或是研究工作者依据某种教育理念、课程或特定的评价目的，选取一种或是几种评价途径所建立起来的相对完整的评价体系，它对评价的实施做了基本的说明。"①评价领域具有影响的课程与教学评价模式包括目标达成模式（goal-attainment model）、外观模式（countenance model）、决策模式（CIPP 模式）、应答模式（responsive model）等。

1. 目标达成模式

目标达成模式是以目标作为课程评价的核心与依据，由美国课程评价专家泰勒倡导，他在 20 世纪 30 年代所进行的"八年研究"中首次提出了这一模式。泰勒认为，教育的目的在于改变学生的行为，评价就是对课程实施的预定结果与实际结果进行比较，看其在多大程度上实现了课程目标。目标达成模式的评价程序包括如下步骤：①拟定一般目标或具体目标；②将目标加以分类；③用行为术语界定目标；④确定应用目标的情境；⑤发展或选择测量目标的技术；⑥收集学生的行为表现资料；⑦将收集到的资料与行为目标比较。

目标达成模式侧重于对课程实施后所达到结果的评价，增强了评价的可操作性，评价者可以清晰、准确地判断目标达成的情况。但该模式仅关注预期的目标，忽略了未预期的目标和丰富的课程实践过程，因而受到较多批判。

2. 外观模式

外观模式也被译为外貌模式或全貌模式，由美国教育评价专家斯塔克（R. E. Stake）于 1967 年提出。外观模式在继承、分析、批判泰勒评价模式的基础上，提出了"先在因素""实施因素"和"结果因素"等概念，并由此建构起教学评价的外观模式。所谓先在因素就是教学的前提条件，是指"教学之前业已存在的某种条件"；实施因素是指教学中学生与有关人员和事务之间的相互作用；结果因素是指教学所产生的全部影响。

斯塔克提出，课程评价既需要描述也需要评判。描述包括获得两类材料：打算做的

---

① 李雁冰. 课程评价论[M]. 上海：上海教育出版社，2002：66.

（intent）和观察到的（observation）；评判包括两个方面：根据计划实现的内容所作的判断和根据实际观察到的情况所做的判断。但不论是描述还是评判，其材料都是建立在三个来源基础之上：①前提条件（antecedent）。指课程设计、课程实施前业已存在的可能与结果有关的条件。如学生的兴趣、经验、教师的意愿、课程内容的特点、社会的背景。②相互作用（transaction）。即课程设计、课程实施的过程因素如设计者与实施者的沟通、师生关系、师生互动作用的氛围。③结果（outcome）。是课程实施后的效果，如学生的成绩、态度、动作技能、对教师和学校的影响。

外观模式主张课程评价人员一方面要收集描述课程实施前提条件的资料，另一方面要收集实际发生的资料，通过比较确立两者间的一致性。从"打算做的"和"实际观察到的"两个维度分析各个维度中"前提条件""相互作用""结果"三者之间逻辑上的可能性和经验上的可能性。

外观模式是一种比较全面的、对课程进行评价的模式，它不仅关注课程产生的结果，还关注产生特定结果的条件和运用的方法。运用这种评价模式可以对课程的全貌进行评价，这比前述的目标达成模式更为周到，但在观察、描述和判断中容易带有主观性，从而影响评价结果的可靠和可信。

3. 决策模式

决策模式由斯塔弗尔比姆于 1966 年首创，是在 20 世纪 50—60 年代泰勒评价模式受到冲击的背景下，经十余年研究而形成的一种评价模式，也是对泰勒评价模式的一种改良。决策模式也称 CIPP 模式，是由背景（context）评价、输入（input）评价、过程（process）评价和成果（product）评价组成的一种综合评价模式[①]。

1）背景评价。背景评价的任务是确定课程计划实施机构的背景，明确评价对象及其需要，理清需要解决的基本问题，考察现存的目的与重点是否与使用者的需要相一致。在斯塔弗尔比姆看来，作为泰勒评价模式中心和依据的目标本身也是需要接受评价的。

2）输入评价。输入评价即对达成目标所需要且可以得到的条件的评价，实质上是课程计划的可行性评价。其涉及的主要问题有：可供选择的计划有哪些？为什么选中了某一种计划？计划的合理性如何？成功的把握如何？各种人员的利用及其他资源的需求如何？等等。

3）过程评价。过程评价是对计划实施情况的不断检查，主要是通过描述实际过程来确定或预测课程计划本身或实施过程中存在的问题，包括有关活动是否按预定计划加以实施、是否以一种有效的方式利用现有的资源、是否能证明最初的决定存在缺陷而需加以修改等。

4）成果评价。成果评价即测量、解释和评判课程计划的成效，以确证人们的需要被满足的程度。这就要求收集与结果有关的各种描述与判断，将其与目标、背景、输入条件和过程方面的信息联系起来，并对它们的价值和优点做出解释。斯塔弗尔比姆认为，在CIPP 模式中，成果评价仍然是质量控制的一种手段，而不是最终的鉴定，这与泰勒的评价模式是不同的。

---

① 瞿葆奎. 教育学文集（第 16 卷）教育评价[M]. 北京：人民教育出版社，1989：297.

CIPP 模式认为，评价最重要的意图不是为了证明而是为了改进。评价不应局限在评定目标达到的程度上，而应该是为课程决策提供有用的信息，因而评价要覆盖全过程。CIPP 模式是较为全面的一种综合评价模式，但正因为它的综合性，使评价操作有一定的复杂性和难度。

4. 应答模式

应答模式也被称为回应模式，由斯塔克于 1973 年提出，古巴、林肯等进一步发展了这一模式。斯塔克认为，评估可以有不同的方法，但没有一种方法绝对正确，要使评估能真正产生效用，评估必须关心活动决策者与实施者所关心的问题，从这些问题出发，通过信息反馈使评价结果能满足大多数人的需要。[①]应答模式特别强调评价要回应委托人的需要和请求，认为评价的宗旨是为特定的人们提供服务。如果评价人员不了解委托人的需求和问题，那么评价结果可能是毫无意义的。因此斯塔克的评价模式常被称为"以委托人为中心"的评价。他的后继者古巴和林肯则进一步指出，应答模式就是"以所有与方案有利害关系或切身利益的人所关心的问题为中心的一种评价"。[②]该模式强调对课程完整过程的描述，在方法上注重与科学主义相对的自然主义方法，如非正式的观察、交往、协商等。

应答模式被认为是迄今为止所有评价模式中最全面、最有效的，因为：①这种模式不再单纯从理论出发，而是从关心评价结果的听取人的需要出发；②这一模式回答了其他模式希望回答的问题。它不仅关注被评价者所关心的问题和需要，而且评价过程是灵活的，其结果是对评价过程中多元价值和个体差异的尊重，因而更适合当下多元、复杂的课程与教学实践。

（二）课程与教学评价的取向

课程与教学的评价活动是一项复杂的工作，评价本身会受到不同价值取向的影响，即无论评价者对评价对象做出何种决定，他们在评价时必然会反映出某种基本取向。代表性的课程与教学评价的取向有三种：目标取向、过程取向和主体取向。

1. 目标取向的评价

与目标模式相一致，目标取向的评价把是否达成预定目标是作为评价的唯一标准。课程开发科学化运动兴起以后，这种评价取向在课程领域渐居支配地位，其主要代表是被称为"现代评价理论之父"的泰勒，以及布鲁姆等。

目标取向的评价在本质上是受"科技理性"或"工具理性"支配，评价者是主体，被评价者是客体，其核心是追求对被评价对象的有效控制和改进。这种评价取向推进了课程评价科学化的进程，它简便易行，易于操作，因而在实践中一直处于支配地位。这种评价取向的缺陷是忽略了人的行为的主体性、创造性和不可预测性，忽略了过程本身的价值。

2. 过程取向的评价

过程取向的评价试图使课程评价挣脱预定目标的藩篱，强调把教师与学生在课程开发、实施以及教学运行过程中的全部情况都纳入评价范围，强调评价者与具体评价情境的交互作用，主张凡是具有教育价值的结果，不论其是否与预定目标相符合，都应受到评价

---

①　张仁贤，褚洪启. 学校人事管理实务全书[M]. 北京：中国人事出版社，1995：789.

②　张华. 课程与教学论[M]. 上海：上海教育出版社，2000：413.

的支持与肯定。这种评价取向以美国的斯克瑞文和英国的斯滕豪斯等为代表。在方法论上，这种评价取向既倡导"量的研究"方法，也给予"质的研究"方法一定的位置。

过程取向的评价在本质上是受实践理性支配的，它强调评价者与被评价者的交互作用和评价过程本身的价值。这种评价取向把人在课程开发、实施及教学运行过程中的具体表现作为评价的主要内容，给予人的主体性、创造性一定的尊重。该取向的不足之处在于它并没有完全冲破目标取向评价的藩篱，对人的主体性的肯定还不够彻底。

3. 主体取向的评价

主体取向的评价认为，课程评价是评价者与被评价者、教师与学生共同建构意义的过程。评价是一种价值判断的过程，这种价值是多元的。在评价情境中，无论评价者还是被评价者，无论教师还是学生，都是平等的主体。教师作为课程与教学情境的"内部人员"在评价中具有主体性，而不是被动地供"外部人员"评价的对象；学生也是评价的主体，是意义建构过程中不可或缺的人员。这种评价取向反对量的评价方法，主张质的评价，因为量的评价与评价的主体性追求是悖逆的。

主体取向的评价在本质上是受解放理性支配的，它倡导对评价情境的理解而不是控制，它以人的自由与解放为评价的根本目的。评价者与被评价者、教师与学生在评价过程中是一种交互主体的关系，评价过程是一种民主参与、协商和交往的过程，所以，价值多元、尊重差异就成为主体取向评价的基本特性，这一取向也体现了课程评价的时代精神。

三、学生学业质量评价

随着基础教育课程改革的不断深入，教育质量问题逐渐引起全社会的广泛关注。学生学业质量水平是反映教育质量的指标之一，学业质量评价标准是测评学生学业质量水平的重要依据。2017 年底，我国颁布《普通高中课程方案和各学科课程标准（2017 年版）》。这一轮课程修订的显著变化之一是"新增了学科核心素养和学业质量标准"。《义务教育课程方案（2022 年版）》提出，要更新教育评价观念，"强化素养导向，注重对正确价值观、必备品格和关键能力的考查，开展综合素质评价"。当前，学生学业质量评价越来越受到关注和热议。

（一）学业质量评价的内涵

学业质量是学生的学业成就表现，表现为学生在各种课程领域学习活动中所获得的，在认知、情感、技能等方面所表现出来的变化程度和发展状态。它具备两个基本特征：①表现性。学业质量表明特定学段的学生学习结果的构成及其表现特征。②规范性。学业质量是对学生在学习结果上应然水平的规定。它通常带有理想化的色彩，未必和学生实际的表现水平完全吻合。因此，课程标准中所规定的学业质量表达的是某个国家或地区在特定历史时期内，对自己义务教育所能达成的理想育人目标的具体界定和描述。作为教育目标的达成程度，学业质量的内涵必然受到当前和未来的不确定性、既有社会文化传统、不同社会群体的利益及意识形态以及个体发展需求的多重影响，需要能够体现学校教育功能和价值期望的多样性。①

---

① 杨向东. 素养本位学业质量的内涵及意义[J]. 全球教育展望，2022（5）：79-92.

与学业质量的含义相对应，学业质量评价是指评价者依据一定教育教学标准，运用恰当有效的评价工具和途径，系统收集学生各方面素质发展变化的信息和证据，并依据这些信息对学生的综合发展状况进行价值判断的过程。[①]完整的学业质量评价包括对学生在关键能力、价值观和必备品格等多方面发展状况的综合评价。

（二）学业质量评价的理念

在实施基于素养的教育系统工程中，学业质量评价不仅要以核心素养为指向，还要成为核心素养落地的保障。[②]

1. 评价立场：从监督、问责到立足学生发展

核心素养为学业质量评价提供了方向与指引，即从关注课程到重视人、从反映结果到关注过程、从注重学生各学科知识完备到重视学生跨学科、全面发展的素养提升转变。学业质量评价的立场从对评价对象的监督、问责转化为以促进学生发展为核心。立足学生发展的学业质量评价要以核心素养为指向：一方面，将核心素养转化为清晰的、具体的学科核心素养，并融入学业质量评价中，实现核心素养真正"落地"；另一方面，学业质量评价要反映学科核心素养的要求，以提高教与学的质量、发展学生终身学习能力为目的。

2. 评价理念：从"针对教学"到"为了教学"和"作为教学的一部分"

从评价功能分析，学业质量评价主要呈现了三种发展观念：从"针对教学的评价"到"为了教学的评价"，再到"作为教学的一部分的评价"。"针对教学的评价"是评价外在于教学，其功能主要在于甄选和鉴定。"为了教学的评价"是为了促进教育教学的发展、为了学生学习和教师教学而进行评价。功能主要是诊断教与学的问题与需求、促进学业质量提升。"作为教学一部分的评价"是指评价就是教学和学习的一部分，每次评价都搭建了学习的支架，一个个评价结果也构成了学习的"轨迹"，真正实现教-学-评的一体化。

3. 评价范式：从复杂表现推演核心素养、从终结性赋分走向发展性增值

素养是学生学习经验的整合，表现则是素养的外在形式，借助于外显的、可观察的学生学习表现，可以推论学生核心素养的发展水平。教师通过创设各种学习情境与任务，系统搜集学生在任务完成过程及最终状态的信息，呈现并鉴定其复杂性表现，可以判断学生的学科素养发展情况。由于核心素养属于一种复杂性表现，在学业质量评价中不仅要关注认知领域的学生表现，还要超越认知领域，关注学科外、超越学科的学生表现，关注人际领域、个人内省领域以及信息领域的多种素养发展与质量评价。

（三）学业质量评价的标准

1. 学业质量评价标准的含义

学业质量标准是学生学业成就表现的评价标准，是以核心素养为主要维度，结合课程内容，对学生学业成就具体表现特征的整体刻画。它是学业水平考试命题及评价的依据，同时对学生的学习活动、教师的教学活动、教材的编写等具有重要的指导作用。

---

① 王本陆. 课程与教学论[M]. 3版. 北京：高等教育出版社，2017：229.
② 恽敏霞，彭尔佳，何永红. 核心素养视域下学业质量评价的现实审视与区域构想[J]. 教育发展研究，2019，39（6）：65-70.

与学业质量标准密切相关的另一个概念是"课程内容标准"，内容标准是对该课程主要内容的规定，如我国《义务教育数学课程标准（2022年版）》，在"课程内容"部分提出义务教育阶段数学课程内容由数与代数、图形与几何、统计与概率、综合与实践四个学习领域组成；《普通高中语文课程标准（2017年版）》，在"课程内容"部分设计了"整本书阅读与探讨""当代文化参与""跨媒介阅读与交流""语言积累、梳理与探究""文学阅读与写作"等18个任务群，针对每个任务群，提示了阅读与鉴赏、表达与交流、梳理与探究方面的学习目标、具体的学习活动。学业质量标准则描述了在完成这些学习内容和过程之后，学生所体现出的学科核心素养方面的结果与表现。学业质量标准并不规定特定的课程内容要学多少、学多好，而是规定经过特定的课程内容学习后，学生应该形成什么样的关键能力和品格。

2. 学业质量评价标准的主要内容

根据学科课程标准对学业质量的描述，结合核心素养的教学转化理念，主要介绍以下内容。[①]

（1）主题学习质量标准的主要内容

主题学习质量标准由学习内容、内容标准、表现标准、评价方式和评价样例五部分组成，重点是内容标准、表现标准和评价样例。内容标准是准确定位学生学习的核心素养目标；表现标准是聚焦学生的知识掌握程度、技能形成程度、知识与技能的应用程度；评价样例设计的目的是为一线教师提供可参考的测评手段和工具，让他们及时、准确地了解学生的学习达成情况目标。

（2）单元学习质量标准的主要内容

单元学习质量标准由学习内容、内容标准、表现标准和达标测评四部分组成。单元内容标准要准确定位学生单元学习的目标和方法，凸显学生在获取知识链的过程中积累的认知、情感态度、策略与方法等方面的表现；表现标准聚焦单元学习中重点知识的掌握程度、基本技能的形成程度、应用单元知识解决生活实际问题的能力。达标测评的设计要体现学科单元学习的大概念网络以及学生身心发展和认知水平特点，科学制定能够反映学生的知识掌握、运用程度、能力发展水平、学科品质等评价指标。

（3）学段学业质量标准的主要内容

学段学业质量标准是根据课程标准对特定学段学业质量的总体描述（表9-2），制定的具体评价标准。评价质量标准主要由内容领域、内容分类、表现标准、达标测评、调查问卷和评价报告六部分组成，重点是表现标准、调查问卷和评价报告。

表9-2　义务教育数学课程学业质量标准（节选）[②]

学段	学业质量描述
第一学段 （1—2年级）	能进行简单的整数四则运算，形成初步的数感、运算能力和符号能结合具体情境，认识万以内的数及其大小关系，描述四则运算的意识；

① 原克学，郝华杰. 对研制义务教育阶段学业质量评价标准的思考[J]. 教育理论与实践，2017，37（29）：22-24.
② 教育部. 义务教育数学课程标准（2022年版）[S]. 北京：北京师范大学出版社，2022：81.

续表

学段	学业质量描述
第一学段 （1—2年级）	能结合现实生活中的事物，认识并描述常见的立体图形和平面图形特征，会对常见物体的长度进行测量，形成初步的空间观念和量感； 能对物体、图形或数据按照一定的标准分类，形成初步的数据意识。 认识货币单位、时间单位和基本方向，尝试用数学方法解决问题，积累数学活动经验，形成初步的量感和应用意识。所学的数学知识和方法解决问题，形成初步的数感、量感和应用意识； 结合现实生活情境，尝试用数学语言描述生活中的实际问题，运用所学的数学知识和方法解决问题，形成学习数学的兴趣和初步的合作交流意识与独立思考的学习习惯； 通过操作、游戏、制作等丰富多彩的活动，对数学产生一定的好奇心，形成学习数学的兴趣和初步的合作交流意识与独立思考的学习习惯
第二学段 （3—4年级）	认识自然数，能结合具体情境初步认识小数和分数，能进行整数四则运算和简单的小数、分数加减运算，形成数感、运算能力和初步的推理意识； 能认识常见的三角形和四边形，会测量、计算长方形与正方形的周长和面积，了解图形的平移、旋转和轴对称，形成空间观念、量感和初步的几何直观； 能分析与表达数据中蕴含的信息，能绘制简单的数据统计表和统计图，形成初步的数据意识； 进一步认识时间单位和方向，认识质量单位，尝试应用数学和其他学科知识与方法解决问题，积累数学活动经验，形成量感、推理意识和应用意识； 结合现实生活，能尝试运用所学的数学知识和方法描述、表达、分析、解释实际问题，运用常见的数量关系解决问题，形成量感和初步的应用意识，以及分析问题与解决问题的能力； 经历数学学习的过程，通过操作、游戏等丰富多彩的活动，对数学形成一定的求知欲，具有学习数学的兴趣，初步养成独立思考、合作探究等良好的学习习惯

表现标准的核心是根据内容分类领域的特点，准确定位进阶等级；调查问卷的目的是从学生的学习兴趣、学习习惯、学业负担、身心健康、学习环境、学习资源以及学段重点知识与技能的获取途径等方面，全面了解学生的发展状况，聚焦相关因素分析；评价报告分为总报告、学校反馈报告和学生反馈报告三个类型。总报告能全面、准确、真实地反映参测学校、学生的整体发展状况，为教育行政部门教育决策提供依据，为教科研部门开展教科研活动提供依据；学校反馈报告聚焦学校间均衡发展状况、学校校内差异状况以及各校星级评价状况，为教育行政部门教育决策提供依据，也为学校管理、教研、教学指明方向；学生反馈报告主要是给学生提供个性化服务，在整体评价学生学业表现状况的同时，聚焦学生个体的发展状况，让每个学生了解自己的学业成就以及努力方向。

（四）学业质量评价的主要方法

学生学业质量评价要遵循教育教学规律，全面考虑影响学生学业成就的各个因素，采取实事求是的科学态度，把定量测量与定性评估、过程性评价与终结性评价、总结性评价与形成性评价、他评与自评等不同评价方法或手段有机结合起来，进行切合实际的评价。

1. 书面测验

书面测验是最常用的测量学生学业成绩的评价方法。一般而言，书面测验的试卷主要由客观性试题和主观性试题组成，较适用于评价学生在认知领域的发展，如传统的考试、教师自编测验、标准化测验或其他作为教学评价辅助工具用的各种心理测验等。该方法实施方便，既经济又省时，评分也较为客观、迅速，是一种有效的评价方式。书面测验从设计、命题、组织与实施到结果分析的全过程都应以科学的评价理论为指导。

书面测验的优点是标准化程度较高，在一定范围内对学生的要求相同、评价工具相同，具有较高的可比性。但这种方法易使评价产生单一化、一刀切的弊端，难以兼顾学生差异。

2. 师生交流

师生交流与互动是最直接的评价方式。教师运用这一手段能够对学生的学习过程进行一种更为直观的评测，也是了解学生差异、诊断学生学习困难的主要方式。以师生交流的方式评价学生学业成就的方法较多，如描述记录法、清单列举法。描述记录法是指教师把观察到和了解到的、能说明学生学业进步的材料记录下来，也可以记录学生在学习中遇到的困难和发生的重要事件。清单列举法是教师提前制定一个反映学生发展水平的清单，根据师生互动中观察与交流的情况判断学生的学业发展水平，并逐一登记下来。师生交流这一手段是以高度个性化的方式来收集学生的学业成就资料，它虽然能够反映每个学生学业进步的具体情况，但是对教师的评价素养要求较高。

3. 表现性评价

表现性评价亦称真实性评价，是 20 世纪 90 年代兴起的一种质性评价方法，是指通过观察、描述学生在完成实际任务时的表现来评价学生的素养发展水平。表现性评价的特点是重视对学生学习情况的诊断，关注知识技能的应用及非智力因素的发展，倡导学生解决真实情境中的问题，鼓励学生的发散性思维及创造性地解决问题的能力。

表现性评价的主要步骤包括四个方面：确定评价内容和标准、设计表现性任务、选定或设计表现性评价工具、观察与评估。表现性评价是指向核心素养培育的重要评价方式，但这一方式也有其局限性，如容易受到评价者主观因素的影响，评价费时费力。

4. 档案袋评价

档案袋评价是在一段时间内，以学生个体为单位，有目的地从各种角度和层次收集学生在学习过程中参与学习和取得成就的证明，并有组织地汇总，经由师生合作、学生与家长合作，根据评价标准评价学生表现的一种评价方法。档案袋提供了反映学生发展历程的代表性作品。这些作品主要包括学生的日常作品，如作文、读书报告、日记、绘画、手工艺品及各种表现等。根据入选材料性质的不同，可以分为最佳作品档案袋和学习过程档案袋。最佳作品档案袋主要是学生学习中产生的最佳作品，学习过程档案袋的重点是通过档案袋监测学生的学习和思维能力的进步，诊断学习困难并探索解决策略。通过这种方式，学生可以直观地看到自己努力学习的结果，并能进行自身发展的纵向比较，增强学习自信心。

四、教师课堂教学评价

教师课堂教学评价即对教师的课堂教学行为及效果进行的价值判断。课堂教学评价体系的建立和实施可以充分发挥评价的导向和激励功能，是促进教师专业发展的重要路径。

（一）教师课堂教学评价的主要内容

1. 教学设计评价

教师的教学计划主要表现为教学方案的制定。对教师教学设计的评价包括教学目标设计是否符合教学内容和学情、教学思路是否具有一定的独创性、教学思路的层次和脉络是否清晰、课堂时间安排和步骤是否合理等。①教学目标评价。教学目标是进行教学设计、组织教学活动和展开教学评价的基点，也是课程理念落地的关键所在。体现核心素养育人要求的学科课程目标是通过若干单元教学目标来实现的，单元教学目标又涵盖着若干课时教学目标。单元教学目标的设计要体现单元立意、内容结构与学科大概念，课时教学目标是最下位的目标，其设计必须具体、明确、可操作、可测量。②教学内容评价。教师呈现知识的方式要恰当，对教材的二次加工具有科学性和思想性。既能体现学科课程的结构化要求，帮助学生清晰地理解知识，又能挖掘其育人元素，培养学生的情感态度价值观。③教学过程与方法评价。依据教学内容、学生、教师、物质条件的不同，灵活安排教学结构和选择教学方法，要结构合理，方法得当。

2. 教学过程评价

教学过程包括教师的教学活动和学生的学习活动。对教师教学活动的评价重点在于教师以教学目标为依据将预设与生成有机结合；讲解清楚，示范正确，练习设计合理；能够机智地处理教学中的意外事件；教学活动节奏恰当，点、面结合，活动方式具有趣味性；教学组织形式恰当，能使所有学生都参与到学习过程中，体验到学习的乐趣；采取的评价手段能够有助于促进学生发展。对学生学习的评价主要是评价学生个体参与学习过程的主动性、积极性和学习过程中的精神状态；具有民主、思考和关爱的课堂气氛。

3. 教学效果评价

一堂好课的标准应该是有意义、有效率、有生成、有效果的。评价一节课成功与否，不仅要看过程，还要看教学效果：一看学生对学科知识的掌握和价值观素养的达成情况；二看教学是否促进了不同层次学生的发展；三看学生是否掌握了学科思维，并学会运用学科方法解决实践中的问题；四看学生是否积极参与到师生互动和小组合作学习中；五看课堂氛围是否生动活泼，学生是否乐意参与探究交流。

【思考】查阅相关文献，思考一节好课的标准是什么？

4. 教学特色评价

对教学特色的评价主要包括：①整个课堂设计是否有特色。特色可以体现在教学环节设计、课程内容加工、教学导入、教学策略的使用、对学生的学习指导、师生对话等方面。②教师是否凸显了独特的教学风格。教学风格"是教师在一定的理论指导下和在长期的教学实践中逐步形成的独具个性的教学思想、教学模式、教学技巧、教学风度、教学特色的稳定的外在特征"[①]。任何一种教学风格都是教师独具个性的教学思想的体现，也是教师教学技能技巧和教学风度的稳定性表现，有着教师独特的职业印记，体现了教师专业发展的最高境界。

（二）教师课堂教学评价的步骤与方法

1. 教师课堂教学评价的步骤

对教师的课堂教学进行评价的步骤一般包括准备、实施与汇总三个阶段。[②]

（1）准备

准备工作主要涉及背景分析、评价方案设计和评价人员的确定。

---

① 张传燧，纪国和. 课程与教学论[M]. 北京：人民教育出版社，2008：356.

② 熊川武. 教学通论[M]. 北京：人民教育出版社，2010：434-435.

1）背景分析。包括对社会背景的分析、课堂教学重要问题分析和评价对象的心理分析。背景分析的重点在于确定社会对课堂教学发展的要求；对重要问题的分析主要是弄清问题的起因，性质、影响因素及后果；分析评价对象的心理，主要是了解作为被评价者的教师有无心理准备，对评价持何种态度和预期。

2）设计课堂教学评价方案。设计课堂教学评价方案的主要步骤为：①确定课堂教学评价目标；②根据评价目标设计评价准则；③对准则进行逻辑上的分类，构建指标体系，并对各指标赋予相应的权重；④确定测验的量表和评价标准；⑤设计收集信息的各种表格。

3）确定评价人员。评价人员不仅要有相应的课堂教学知识、公正办事的品格，还要掌握基本的课堂教学评价理论与技术。

（2）实施

实施过程包括预评价和再评价两部分。预评价是指教师对自身课堂教学的评价，属于教师的自我评价。再评价又称确定性评价，一般由课堂教学评价专家实施。教师通过自觉、理性的预评价，既可以自我诊断并发现教学工作中的成就和不足，也可以为后续的专家再评价提供较为充分的信息准备和教师心理准备，能够以自我评价为参照，正确理解和分析专家再评价反馈的结果，以更好地改进教学工作。

（3）汇总

汇总阶段的任务包括综合判断、诊断关键问题、分析评价的质量以及反馈评价信息。综合判断是从总体上对教师课堂教学做出定性和定量的描述；诊断关键问题是对评价中发现的、影响教师课堂教学的关键问题进行深入分析，帮助师生改进工作；分析评价的质量主要是对评价方案本身的修正，避免因方案不合理造成评价工作的失误；反馈评价信息要因具体情况采取灵活的方式，既可以在适当的范围内公开反馈评价结果，也可以单独反馈给教师个人。

2. 教师课堂教学评价的方法

（1）课堂观察法

课堂观察又称课堂听课，它需要评价者深入课堂，通过对教学过程的观察，了解课堂教学的真实情况，获得评价的第一手资料。课堂听课时需要注意以下几点：①听课前应明确教学进度、教学目标和授课计划；②听课时应将听课重点放在对教学过程和学生活动的观察上，不要只关注教师个人，要尽可能地对教学过程做完整的记录；③课后及时反馈。在无法亲临现场进行观摩的情况下，评价者也可以采取观看教学录像的方式对教师的课堂教学情况进行观察和评价。

（2）座谈法

座谈法是评价者与有关人员进行的一种有目的的谈话。评价者通过提问或引导谈话直接听取谈话对象的意见，通过双方沟通与交流获取问卷调查得不到的信息。座谈法的基本要求是做好充分的准备。座谈的对象可以是教师本人，也可以是教师的同行，还可以是学生。通过与不同的对象进行谈话，可以从多角度了解教师的课堂教学情况。

（3）问卷调查法

问卷调查法是评价信息获取的常用方式，其优点在于问卷调查不受人数和空间限制，既可以在很短时间内选取多人进行调查，保证了样本的广泛性和代表性，也可以高效地收集信息。为保证所获取信息的可靠性，问卷调查应明确调查的对象和范围，问卷内容的设计应紧扣调查目的。

（4）案卷分析法

案卷分析法是一种常见的对教师教学工作进行评价的方式。案卷分析法的实施者通常是教学管理人员，主要分析教师的教学工作报告、学生培养情况、奖惩情况、专业发展情况等，以便全面了解教师的教学工作。案卷分析法获取信息的主要渠道有教师的个人档案、提交的工作总结、学生学业成绩、讲课材料、继续教育证书等。在进行案卷分析特别是对教师的档案进行查阅时，要遵循保密的原则，未经允许不得公开教师的隐私信息。

五、课程与教学评价的发展与变革

进入21世纪，世界范围内的科技和技术、经济和政治、人口和社会结构等方面的一系列变化，都对课程与教学产生了深远的影响，也促进了课程与教学评价的发展与变革。

（一）素养本位的学业质量评价

学业质量评价是课程与教学评价的关键。素养本位的学业质量标准为我国义务教育阶段考试和评价的内涵改革提供了上位的理论框架和水平依据。在评价指向上，学业质量标准有助于突破关注零碎学科知识和技能的既有做法，引导广大教育工作者树立素养本位的评价理念，构建指向核心素养的评价模式；在任务类型上，有助于改变当前脱离情境的、元素式的任务形态，鼓励整合性、情境化、开放性任务的创设，以各种具有不确定性的学科或跨学科探究项目或社会实践任务为载体，根据学生在真实情境下解决问题的过程和结果评定其素养表现；在证据类型和评价方式上，有助于改变过于关注标准答案的做法，通过观察、讨论、展示、交流、同伴或自我评估、成长记录档案袋等多种方式，收集学生不同场合、时间和形式的多方面证据，全面而合理地评价学生素养发展情况；在结果解释和反馈上，学业质量标准的水平特征为制定等级化的、描述性的评分标准提供了理论基础，从而使标准参照的结果评定成为可能，依据学业质量标准评定学生素养发展水平和进步状况，为学生、教师和家长提供具有实质内容的反馈信息，促进课程学习和教学的改进。①

（二）促进学生发展的形成性评价

以学生发展为本的形成性评价将评价、教学和学习整合成为一个有机的整体，评价既是教学又是学习。形成性评价的本质特点是通过诊断教育方案或计划、教育过程或活动中存在的问题，为正在进行的教育活动提供反馈信息，以提高正在进行的教育活动质量。形成性评价的主体是教师和学生，强调学生的主动参与。评价的内容是全方位的，不仅注重评价学生对知识的掌握情况，而且重视对学生的学习态度、学习策略及情感因素等方面的评价。教师只有把握形成性评价的本质特点，对学生的平时作业和表现进行深入分析，考查学生学习的过程，既看到学生所取得的成就和进展，又客观识别学生距离目标的差距和不足，并在分析原因的基础上调整教与学，才能真正发挥形成性评价应有的作用。形成性

---

① 杨向东. 素养本位学业质量的内涵及意义[J]. 全球教育展望，2022（5）：79-92.

评价虽然发生在终结性评价之前，是在教学过程中提供信息的评价，但不能把它简单地等同于平时的分数记录簿。

（三）注重育人质量的课程实施监测

对课程实施过程的监测是课程改革顺利进行的重要保障。2015 年，我国宣布实施国家义务教育质量监测体系；2021 年，为进一步完善国家义务教育质量监测制度，《国家义务教育质量监测方案（2021 年修订版）》发布。义务教育质量监测学科领域主要包括德育、语文、数学、英语、科学、体育与健康、艺术、劳动、心理健康。每个监测周期为三年，每年监测三个学科领域。监测内容围绕学生全面发展目标，重点监测德、智、体、美、劳的教育质量状况。

中小学课程实施监测主要包括以下几个方面：①课程实施过程的管理监测。包括对负责管理中小学课程实施的机构进行监测，主要是建构课程实施管理的监测指标体系，以了解各地教育主管部门和各学校在课程实施管理的制度建设、运行机制等方面的情况。同时，了解各地教育主管部门和各学校课程实施管理的差异、对课程设计的意见和建议等。②课程实施过程的教学监测。从课程实施过程的教学维度，分别建立小学、初中、高中课程实施过程的教学监测指标，包括网上监测系统和教学录像抽样分析两个部分。建立一套课程实施过程中教学全程监测系统，以反映课程实施的基本情况。同时这套系统可以依据新的课程改革要求修订指标，以适用于不同课程改革的课程实施过程监测需求。③课程实施过程的学业质量监测。编制小学生、初中生、高中生学业质量监测指标与工具，对课程实施的效果进行监测。多次测试之后可以建立一个常模，用于以后测量的参照标准。[①]

【案例分析】"水的研究"项目评价[②]

你见过浪费水的现象吗？请你观察并找到一个不小心没有关紧的水龙头，用杯子接数小时，估一估大约有多少水。明天带到学校里来玩游戏哦！

[评价流程]

第一步：你昨天在接水的时候，有观察过水的特点吗？请你描述一下。（透明、无色、无味、会流动的液体、能占据一定的空间）这里大约有多少水？（用体积或质量单位）提供量筒进行验证体积。

第二步：请用直尺测量水的高度，并想一想用什么作单位比较合适？（毫米或厘米）

第三步：使用温度计测量水的温度，并正确读数。

【讨论】该案例体现了怎样的教学评价理念？案例中的评价手段有哪些？

思 考 题

1. 怎么理解课程与教学评价的功能和原则？

2. 学生学业质量评价的主要内容方法有哪些？

---

① 严卿，喻平. 中小学课程实施过程监测：现状与思考[J]. 教育理论与实践，2017，37（8）：35-38.

② 马婷. 表现性评价的设计与实施——基于浙江省小学考试评价改革的实践案例[J]. 基础教育课程，2018（21）：74-79.

3. 教师课堂教学评价的方法有哪些?

4. 简述课程与教学评价的变革。

拓 展 阅 读

曹宝龙. 基于素养发展的课堂教学认知目标体系的构建、实施与评价[J]. 课程·教材·教法, 2019（7）: 47-53.

陈佑清, 陶涛. "以学评教"的课堂教学评价指标设计[J]. 课程·教材·教法, 2016（1）: 45-52.

郝志军. 中小学课堂教学评价的反思与建构[J]. 教育研究, 2015（2）: 110-116.

雷浩, 崔允漷. 核心素养评价的质量标准: 背景、内容与应用[J]. 中国教育学刊, 2020（3）: 87-92.

刘志军, 徐彬. 面向未来的课程与教学评价: 困顿、机遇与走向[J]. 课程·教材·教法, 2020（1）: 17-23.

王少非, 崔允漷. 试论评价对学校课程实施过程的影响[J]. 教育发展研究, 2020（10）: 30-36.

杨向东. 素养本位学业质量的内涵及意义[J]. 全球教育展望, 2022（5）: 79-92.

参 考 文 献

牛瑞雪. 教学评价研究 40 年回顾、反思与展望[J]. 课程·教材·教法, 2018（11）: 60-66.

瞿葆奎. 教育学文集（第 16 卷）教育评价[M]. 北京: 人民教育出版社, 1989.

杨向东. 素养本位学业质量的内涵及意义[J]. 全球教育展望, 2022（5）: 79-92.

钟启泉, 崔允漷. 核心素养与教学改革[M]. 上海: 华东师范大学出版社, 2018.

钟启泉. 课程与教学概论[M]. 上海: 华东师范大学出版社, 2004.

专题十 课程领导和课堂教学管理

【知识点导图】

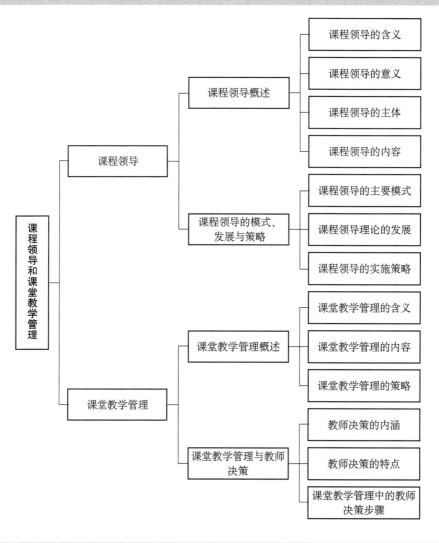

【学习目标】

1. 认识课程领导、课堂教学管理及教师决策的含义与意义。

2. 知道课程领导和课堂教学管理的内容。

3. 了解课程领导和课堂教学管理的主要模式，掌握教师决策的基本程序。

4. 能用所学理论解决课堂教学管理中的实际问题。

课程领导（curriculum leadership）旨在通过"引导和鼓励"的方式，实现课程改革目标和学生素质目标，并非强调职位层级的高低和运用"控制和命令"的手段实现组织管理目的。课程领导强调多方参与、团队协作，教师参与课程领导具有十分重要的意义。

一、课程领导概述

"课程领导"这一概念在西方教育理论界已有半个多世纪的历史。它的产生与发展与课程理论及学校领导理论的发展紧密相联，目前在课程实践领域受到越来越多的关注。

（一）课程领导的含义

1. 课程领导概念的提出

20 世纪 50 年代，"课程领导"一词出现在美国教育理论研究领域。直到 20 世纪 70 年代，课程领导方才真正进入人们的视界。目前学术界对课程领导的内涵仍未达成统一认识，从国内外已有文献来看，主要有以下几种观点。

1）构成要素的视角。克鲁格（S. E. Krug）认为，课程领导包括五个要素，即制订愿景、课程管理和教学、监督教学、监控学生的学习进度、改善教学气氛。①

2）特征的视角。兰姆博特（L. Lambert）将课程领导定义为：在一个团体或组织中，每个成员都具有领导的潜能和权力，通过彼此之间的合作、学习、交流与反思，在共同信念和信息的情景下，共同分担权力和承担责任，完成规定的学习任务或建构意义和知识，促进共同目标达成的具体行动。②

3）功能的视角。萨乔万尼（T. J. Sergiovanni）认为，课程领导是为学校成员提供必要的基本条件与资源，进而充实教师的课程专业知能，制定优质教育方案，促进教师间的交流与观摩，促使学校形成合作与不断改进的文化，最后把学校发展成为课程社群，达到卓越教育的目标。③格拉索恩（A. A. Glatthorn）认为，课程领导所发挥的功能在于使学校的体系及其学校能达到增进学生学习品质的目标。欧维（S. B. Ervay）和罗奇（C. S. Roach）认为，课程领导是结合学校课程与教学，着重学生学习的改进，强调教师的专业发展。④

4）过程的视角。李定仁和段兆兵认为，课程领导是为了实现课程目标，在一定条件下对课程领域的组织和人员施加影响的过程，具有决策、组织和引导三个基本功能。⑤

5）活动或行为的视角。杨明全认为，课程领导是课程实践的一种方式，是指引课程相关活动的行为总称，它的目的是影响课程改革和发展的过程和结果，实现课程改革和课

① 转引自黄显华，徐蒋凤，朱嘉颖. 校本课程发展下课程与教学领导的定义和角色[J]. 全球教育展望，2002（7）：49-56.

② 转引自李森，陈晓端. 课程与教学论[M]. 北京：北京师范大学出版社，2017：202.

③ 转引自黄显华，徐蒋凤，朱嘉颖. 校本课程发展下课程与教学领导的定义和角色[J]. 全球教育展望，2002（7）：49-56.

④ 转引自钟启泉. 现代课程论 [M]. 2 版. 上海：上海教育出版社，2003：426.

⑤ 李定仁，段兆兵. 试论课程领导与课程发展[J]. 课程·教材·教法，2004（2）：3-7.

程开发的目标。①郑先俐和靳玉乐认为，课程领导是一种课程权力的分享、相关人员全员参与决策管理的过程，旨在提高教育内容的品质、增进学生的学习成效。②

课程领导是一个多层级的动态运行系统，它既关注课程领导者的专业参与、决策和发展，反映其对课程开发的规范和指引，也关注学校情境因素对课程领导的影响，反映其在重塑学校文化、重建学校组织方面的要求。总之，课程领导是学校全体成员运用课程和组织领导理论，共同参与课程决策管理，最终实现提升课程质量，促进教师专业发展，改善学生学习品质，提高学生身心素质目标的动态过程。

2. 课程领导与课程管理的关系

"课程领导"与"课程管理"是两个产生于不同时代背景下的概念。"课程管理"不仅包括课程内容如何，而且意味着推进课程内容的计划、编制、实施、展开、评价这一过程中所进行的种种组织、运营上的条件创造。③"课程领导"一词于 20 世纪 50 年代产生于美国，在世界范围内逐渐呈现"课程领导"替代"课程管理"的趋势。

课程领导与课程管理在概念内涵上存在一定的交叉，但在权责和组织关系上又有区别（表 10-1）。课程管理侧重于安排、执行、整合协调，具有权利和决策集中、严格按规章计划行事、注重上级对下级的行为监管和控制等特点，十分注重管理中的技术因素，体现的是一种自上而下、科层式、独权式的管理模式。课程领导偏重决策、指挥、创新，提倡权力共享、民主决策、上下级之间交流互动，强调"引导"而不是"控制"，重视未来愿景对成员的激励作用，较多地考虑领导中的人文、价值和发展动力等因素，体现了以人为本的理念。另外，课程管理主要凭借的是管理者的法定权威，而课程领导更强调领导者的专业素质。

表 10-1 课程领导与课程管理的比较④

项目	课程领导	课程管理
权力主体	实行权力分享，课程相关人员均民主分享权力，尤其是对课程实施及其结果承担责任的学校与教师	管理权力集中于管理者特权阶层，学校和教师不分享权力
权力实施	依靠课程领导者的法定权力和自身的个人权威，以后者为主	依靠课程管理者的法定权力和自身的个人权威，以前者为主
决策及推行	课程相关人员民主决策，作为决策主体之一的学校和教师进行实施	课程管理者进行决策，以行政命令方式自上而下推行，学校和教师被动执行课程决策
教师观	相信教师具有创意和创造力，具有一定的决策能力	认为教师只是既定决策、命令的执行者，缺少决策能力
沟通模式	纵向沟通之外有较大程度的校内外横向沟通和交流	纵向行政命令为主，有较少的自发形式的校际间横向沟通
动力来源	决策主体自身的创意和创造力，自我驱动	来源于外部、上司的监管、监控

从某种程度上说，"课程领导"是为了克服传统的课程管理的弊端而出现的一种新的课程管理理念，它从课程管理发展而来，又是对课程管理的一种超越。所以，从课程管理

---

① 杨明全. 试论中小学校长的课程领导[J]. 河南教育：基教版（上），2002（11）：14-15.
② 郑先俐，靳玉乐. 论课程领导与学校角色的转变[J]. 河北师范大学学报（教育科学版），2004（3）：99-103.
③ 钟启泉. 从"课程管理"到"课程领导"[J]. 全球教育展望，2002（12）：24-28.
④ 靳玉乐，赵永勤. 校本课程发展背景下的课程领导：理念与策略[J]. 课程·教材·教法，2004（2）：8-12.

向课程领导的转变并不只是表述和形式的改变，更在于课程文化与价值的变迁。它意味着课程管理权限的下移和自觉、民主的课程文化的建构，即强调把课程设置权下移至学校，给学校一个丰富课程、创建特色的契机；把课程决策与开发的权利归还给教师，让教师真正成为课程的创生者和研究者。其间，需要教师和学生的全员参与，以形成学校的教育哲学和课程体系，实现改革愿景和达成价值认同的共识。

【思考】从"课程管理"到"课程领导"，概念表述的变化带来了哪些教育观念的变化？

（二）课程领导的意义

课程领导是影响课程改革成效的一个关键因素，在课程发展和课程改革中的意义不可低估。

1. 课程领导体现了民主、开放、沟通、合作的教育理念

课程领导的新理念摆脱了历来的"管理"思想，即自上而下的官僚体制的"监管""监控"[①]，视学校为一个合作、协作的组织体系。在这样一个组织体系中，管理层的领导能够充分发挥下属的才能，调动其积极性。

2. 课程领导对于校本课程发展具有重要作用

在课程理念方面，课程领导能实现上下一心、建构共同愿景；在课程决策方面，课程领导的主要任务在于做出有关开展新课程、保留及提升现有课程、终止部分课程的决定；在课程实施方面，有助于建立伙伴式的团队文化，寻找课程改革的同行者，改变学校文化，建构学习型组织；在课程评估方面，关注对学生学习、教师专业发展、教师教学表现以及课程设计的优劣的评估。[②]

3. 课程领导有助于教师的专业成长

课程领导使教师拥有参与学校课程管理与决策的权力；课程领导客观上要求给赋权增能，为教师专业成长创造条件、提供平台，引领教师专业成长的方向；在课程领导的理念下，课程实施与课程研究、课程发展成为一体，教师由课程的消费者转变为决策者，不再像以往只负责课程实施，还需要参与课程研究和开发；它对教师的专业提出了更高的要求，促进教师不断学习，以提高自己的专业水平。

（三）课程领导的主体

课程领导是一个多层级的动态运行系统。美国有州、学区、学校、班级四个层级的课程领导体制，澳大利亚有联邦、州、学校三个层级的课程领导体制。就我国而言，在国家、地方、学校三级课程管理体制之下，存在国家、地方、学校三个层级的课程领导。从不同层级来看课程领导，其主体也不同。

1. 国家层级

国家层级课程领导的主体是教育部，从总体上发挥指导、协调、监控、评价等功能。国家对课程的领导主要依据教育方针和教育目的，总体规划基础教育课程方案，制定课程

① 钟启泉. 从"课程管理"到"课程领导"[J]. 全球教育展望，2002（12）：24-28.
② 黄显华，徐蒋凤，朱嘉颖. 校本课程发展下课程与教学领导的定义与角色[J]. 全球教育展望，2002，31（7）：49-56.

管理政策和国家课程标准，根据青少年的身心发展阶段特征和社会发展的需要确定国家课程的门类与课时，并有效实施课程评价制度。

2. 地方层级

地方层级课程领导的主体是地方教育行政部门。地方对课程的领导主要体现在制订与执行国家课程管理政策，依据国家课程标准和本地的实际情况拟定高品质的地方化课程标准，制订本地实施国家课程的区域计划，规划地方课程，确认各阶段的学习方案，制订必修科目，完成各学科教学时间的配置。

3. 学校层级

学校层级的课程领导又可以分为学校课程领导与班级课程领导。

学校课程领导主要体现在学校依据国家课程标准，根据当地社会、经济发展的具体情况，结合本校的传统优势、学生的兴趣和需要，创造性地实施国家和地方课程，开发与选择适合本校的课程，实现课程统整。学校课程领导的主体是校长，校长在学校课程领导中发挥主导性和决策性作用，其主要职能是确定学校的办学愿景，明晰学校的价值追求，创建民主、合作、有创新精神的学校课程文化与组织团体。

班级课程领导的主体是教师。教师的主要职责体现在依据学校层面的课程标准，从学校的现实条件和学生的实际发展水平与未来发展需求出发，充分利用现有资源，组建课程领导共同体，拟定教学活动安排，整合教学内容，构建有弹性的单元教学计划，创造性地实施国家课程、地方课程和校本课程，补救、充实、延伸和拓展教学，并对任教学科的课程实施状况进行实时评价和调整。

【资料链接】美国课程领导的层次及其功能摘要[①]

[州层次]

1）制订州课程架构，包括广域的目的、一般的标准以及毕业规定。

2）制订州测验，以及必修学科的实作表现标准。

3）提供各项必要的资源给地方学区。

4）定期评价州课程架构。

[学区层次]

1）制订和执行与课程相关的政策。

2）制定高质量的课程规划。

3）以州教育目的为依据，拟定教育目的。

4）确认各阶段课程之内容，制订必修学科及其课时分配。

5）设定核心课程或是学生必须精熟的课程，包括其范围与序列的图示，以及课程的指引。

6）选用教学材料（包括教科书）。

7）编拟课程为本的测验及其他可资运用的实作评价工具，以补州标准化测验之不足。

8）为学校层级提供财力和其他资源，包括专业技术的支援。

---

① 钟启泉. 现代课程论 [M]. 2 版. 上海：上海教育出版社，2003：426.

9）定期评估学区制定的课程。

[学校层次]

1）以学区的课程规划为依据，拟定高质量的学校课程之规划。

2）补学区所制订的教育目的之不足。

3）拟定本校的课程。

4）拟定以学习为本的课程表。

5）决定课程统整的策略及统整的程度。

6）定期监控与协助课程实施的情况。

[班级层次]

1）拟定全年的教学活动安排表。

2）拟定各单元的计划。

3）充实课程，补救教学。

4）定期进行课程评价。

（四）课程领导的内容

就学校课程领导而言，它至少包含以下五个方面的内容。

1）明确学校办学哲学，制定学校发展规划。做一个优秀的"领跑人"，最重要的是有一个科学、明确的目标，让团队围绕这个目标统一思想和行动，形成共识和合力。学校的领导应明确自己的办学理念与办学定位，把这种理念贯彻落实到学校课程改革和课程领导之中，根据学校的实际情况，规划学校的中长期发展目标和课程设置，构建合作、民主、对话的学校文化。

2）重构学校管理组织架构和组织文化。在课程领导过程中要重构学校的管理组织架构，改变原有的等级式管理体系和监管制度，强调合作共同体的构建和共同目标的达成，构建多元互动、民主平等的扁平组织结构。学校文化是促进教师专业发展和学生个性发展的基石与保障，每位教师都是研究者、课程设计者，每间教室都是课程实验室。学校应成为学习共同体、课程改革中心，强调自我概念、民主价值、共享决定、不断地反省实践和教师专业成长。

3）健全课程开发组织，规划学校课程方案。加强课程开发组织的建设是课程改革有效进行的必然要求。成立包括校长、教师、学生代表以及校外专家学者在内的课程开发小组，充分利用周围环境中蕴含的丰富课程资源，通过总结日常生活中的教学经验和学习体验等活动，实现以学生核心素养发展为目标的课程方案规划。

4）组织民主、开放、合作的课程领导共同体。课程领导不是个人的单打独斗，而是一种合作行为。应构建民主、开放、合作的课程领导共同体，使共同体中的每个成员都能通过民主、平等的对话与交流，平等地分享课程领导的权利与职责，及时总结与反馈信息。只有这样才能促进不同学科、不同年级、不同学校教师之间的沟通和交流，实现教师自身专业发展和学生素养提升。

5）促进教师专业发展和学生个性发展。课程领导应将课程开发与教师的专业发展整合在一起，鼓励广大教师积极参加教学实验、开展教学研究和校本课程开发，以实现自身专业发展、学生学习需求和学校可持续发展的目的，使教师由课程知识的传授者转变为促进学生成长的交往者、由课程分数的评价者转变为学生自主性学习的促进者。在促进学生个性发展方面，学校课程领导应淡化行政职能，通过对课程与教学评价、学生组织方式的改革，引导学生学会学习，促进学生个性发展。

二、课程领导的模式、发展与策略

（一）课程领导的主要模式

随着课程领导理论的逐步发展，课程领导模式也逐渐建立，成为指导课程领导实践的重要参考，如美国的 CLI 模式、加拿大 DIME 模式、英国学科课程领导模式、澳大利亚促进有效教与学的课程领导模式等。由于西方关于课程领导研究兴起得早，理论也更为成熟，下面主要介绍国外的几种模式。

1. 美国的课程领导模式

20 世纪 80 年代，美国课程领导协会（Curriculum Leadership Institute，CLI）针对教育实践中存在的课程管理和决策缺乏有效管理体系、州和学校间缺乏有效联系、学校缺乏有效课程与教学领导等诸多问题，开发了一套有序、长效的课程领导模式（即 CLI 模式）。它已在美国 1000 多个学区推广。

CLI 模式立足于课程开发不同层次的课程领导，强调各层次之间课程领导的连贯性与协同性。不同层次的课程领导同样有不同的课程领导组织，具体包括学区的课程协调委员会、学区教育委员会、学科领域委员会等。这些课程领导组织实际上都是一些领导共同体，强调合作解决各种问题，如选定课程模式，制定课程政策，设定课程任务与课程愿景，促进成员发展，制定学科领域课程文件，实施、评价与修正课程等。

在 CLI 模式中，学区中的不同层级课程领导工作由不同人员负责，教育局负责课程与教学的副局长、课程协调者、学校校长、年级主任等都是主要的课程领导者。其中，校长是更为重要的课程领导者，其任务包括制定学校课程愿景、规划活动、发展方案、选择教材、联结课程、实施课程、促进成员发展、课程评价与修订等。

2. 加拿大的 DIME 模式

DIME 模式由"发展期（development）—实施期（implementation）—维持期（maintenance）—评价期（evaluation）"四部分构成，是加拿大萨斯喀彻温省教育厅核心课程方案开发研究所提出的课程领导模式。发展期主要是开发课程和实验课程；实施期是将课程传递给学生；维持期是不断更新课程；评价期是评价课程与目标的符合程度及其实施成效。DIME 模式从课程的发展、实施、维持到评价，为校长实施学校课程领导提供了一个可资借鉴的模式。

DIME 模式强调校长是主要的课程领导者，学科教师（特别是有专长的优秀教师）、处室主任、课程顾问也可能成为课程领导者。校长的课程领导角色由传统监督者、管理者、评价者与指导者的角色转变为改革的带动者、倡导者和教师专业成长的促进者。其任务是创建良好的课程领导气氛，确立课程领导的目标；促进不同人员之间的合作，帮助教师提高专业知能；评价课程与教学的实施成效。

3. 英国的学科课程领导模式

英国在课程领导上强调校长的主导地位，《校长国家标准》中规定，校长工作的核心是提供优质的学校领导，确保所有学生获得优质教育并提高其学业水平，领导学校教职员工的专业发展，并与主管机构合作，为学校提供发展愿景。但是，校长在课程领导中不可能精通所有学科，所以 1988 年出台的《教育改革法》规定，增设"学科领导者"一职，授权教师管理和领导各学科的发展。这并不意味着校长的课程领导权被削弱，校长的支持仍是学科课程领导成功的关键所在。

该模式强调，学科课程领导者与校长之间必须保持良好的互动，以便学科领导者所代表的学科在学校发展中取得适当的优先性。同时，校长不仅要安排时间与学科课程领导者对具体问题进行讨论并达成共识，还要考虑如何为个别学科课程领导者提供进一步的支持。

4. 澳大利亚的促进有效教与学的课程领导模式

澳大利亚的促进有效教与学的课程领导模式强调，课程领导中必须考查学校课程架构、社会背景、组织结构等学校课程环境，以及教师心理与人际关系等中介要素，进而形成课程领导的具体成果。

这种课程领导模式以教师为主要课程领导者，也重视校长与教师的合作。在该模式中，校长与副校长、处室主任、专家教师都被视为主要的课程领导者，特别是处室主任或专家教师更要承担起主要的课程领导责任。校长的课程领导角色逐渐由执行教育厅政策的代表转向学校审议委员会的执行者，其任务是界定课程，组织课程，提升课程领导成果，促进课程改进与革新。

（二）课程领导理论的发展

历经半个多世纪的研究，课程领导理论日趋成熟，形成了创造性课程领导（creative curriculum leadership）、革新型课程领导（transformative curriculum leadership）、分享式课程领导（shared curriculum leadership）和批判型课程领导（critical curriculum leadership）四大代表性理论体系。[①]以下几种代表性的课程领导理论，体现了该领域的发展变化特点。

1. 创造性课程领导理论

1994 年，美国北卡罗来纳大学教授布鲁贝克出版《创造性课程领导》一书，提出"创造性课程领导"的观点。该书一面世便备受业内人士和诸多专家的赞誉，成为西方课程领导研究的标志性成果。经过长达 10 年的修改，布鲁贝克于 2004 年再版了这部著作，命名为《创造性课程领导：激励与授权你的学校共同体》。

所谓创造性课程领导，是领导者在学校组织结构和制度范畴内，以自己的创造性智慧帮助其成员发掘自身潜能，授权组织成员通过创造性想象和自我传递进行过程性课程开发的领导范式。这一课程领导理论建立在布鲁贝克所架构的课程观之上。他将课程划分为内在课程（inner curriculum）和外在课程（auter curriculum）两大类。前者是指学习情境中每个个体所共同创造的经验集合，强调自我感知和个体意义；后者则是存在于教科书、课程纲要和学科中的文本课程。内在课程通常以外在课程为跳板，在个体经验的基础上形成

① 刘永福，李保强. 近二十年西方课程领导理论的进展与根本转向[J]. 比较教育研究，2013（8）：67-72.

隶属于每个人的经验课程。创造性课程领导将内在课程视为较为理想的课程变革方式，批判了外在课程过于强调管控的工具理性特征，认为课程领导者不只是具有领导职位的人，而是一个"领导共同体"（leadership commity），涵括了情境中参与互动的每个人。因此，重视赋权增能和服务改进是创造性课程领导的显著特征。

2. 革新型课程领导理论

革新型课程领导指由学生、教师、家长、行政官员和社区领导组成的课程革新团队，共同参与课程革新的合作过程。1995 年，美国肯特州立大学教授亨德森（J. G. Henderson）和霍索恩（R. D. Hawthorne）首次提出了革新型课程领导观，并合著出版《革新型课程领导》一书。

革新型课程领导理论建立在亨德森的"3S"课程结构之上，他以杜威（J. Dewey）的民主教育思想、派纳（W. F. Pinar）的课程理解范式和格林（M. Greene）的复杂教学理论为依据，提出了基于理解的"3S"课程观。所谓"3S"是由"学科知识"（subject matter）、"民主自我"（democratic self）和"社会学习"（social learning 所构成的三角课程结构。亨德森认为，民主时代的课程不仅涉及对"学科知识"的理解，还包括对"自我"及"社会"的理解，这种基于理解的"3S"课程观呼唤革新型的课程领导范式。他比较了"规范化管理"、"建构主义"和"课程智慧"（curriculum wisdom）三种课程领导范式，认为问题解决式的课程智慧具有理解性、反思性、生态性和艺术性四大关键特征，是实现革新型课程领导的理想范式。

3. 分享式课程领导理论

分享式课程领导观萌发于 20 世纪 90 年代中期，美国的格拉索恩（A. A. Glatthorn）、澳大利亚的迈克珀森（I. Macpherson）、布鲁克（R. Brooker）、埃利奥特（B. Elliott）等是该理论的代表。虽然他们彼此有着不同的研究背景和探究路向，但都致力于分享式课程领导理论的建构，他们视课程领导为一种"分享现象"，主张各利益相关者共同参与课程决策，关注整体合作和团队精神。

格拉索恩对课程领导的理解是建立在古德莱德的课程观基础上，就此提出了州、学区、学校和班级四个层次的课程领导及其职能。他认为，有效课程领导的根本是学区领导者、学校管理者和教师之间的合作，要求学校教育的利益相关者共同参与课程决策、共同承担责任；建立由区课程咨询委员会、校长、学校领导委员会、课程任务小组、教导团队和课堂教师构成的领导集体，实施能动分享式领导。该结构重视校长的中介功能和领导能力，将学校领导委员会作为校本决策的中心，负责制订年度整体改进计划，具体课程任务的执行则由课程任务小组负责完成。

4. 批判型课程领导理论

2011 年，美国学者于利迈基（R. M. Ylimaki）出版《批判型课程领导：进步教育的框架》，提出了批判型课程领导理论。于利迈基认为，课程领导与社会政治、文化背景紧密相连，阿普尔（M. Apple）等的批判教育研究为理解当前课程转向和创建新的领导方式提供了概念框架。他对美国的课程领导状况做了实证研究后发现，在问责制和标准化课程改革的影响下，学校内部出现了两种截然不同的课程领导模式：第一种被称作"新职业课程领导"（new professional curriculum leadership），这种领导模式与当前重视课程标准和学生学业成绩的政策要求紧密相应，完全摒弃了传统的整体课程观而转向标准课程的实施，课程领导决策以提高学生测试成绩为终极目标，忽视社会文化因素及生源背景的多样性；第二种即"批判型课程领导"，这种领导模式在追求学生的学业成绩达标的同时，更加强调教育民主和社会公平，课程领导者从根本上关注课程内容、文化政治与社会公平之间的互动关系，他们以批判性话语分析为工具，将课程理论与领导实践相结合，有意识地检视标准化课程政策背后的基本假设。于利迈基将批判型课程领导作为实现教育进步的有效路径，构建了批判型课程领导模式。

在批判型课程领导模式中，"课程领导"涉及相互关联的三个维度：课程理论、政治角色和领导身份，它们都处在社会-文化-政治、社区环境和学校文化所构成的复杂场域中，并深受这些背景因素的影响。"新职业课程领导"模式有利于提升效率，却忽略了学校背景、课程理论等因素的影响，不利于促进儿童的整体发展。因此，理想的课程领导需要由"新职业课程领导"逐步走向"批判型课程领导"，要求课程领导者能够读懂社会文化政治因素对学校教育的影响，并努力创造机会将学校建设成更适合师生学习和生活的场所。

课程领导理论是伴随着课程开发范式的转换而不断发展的。以泰勒原理为代表的科学化课程开发范式，在课程开发实践中一直居于主导地位。直到 20 世纪 70 年代初，美国课程改革再次遭受重创，人们开始质疑昔日普适性的课程开发范式，课程研究逐渐从"开发范式"走向"理解范式"，即强调教育的内在价值，将课程作为一种多元文本来理解，关注课程的不确定性和生成性，强调建构与对话，凸显课程领导方式的多元化。伴随学校本位课程运动的推进，课程决策权由中央转移到地方和学校层面，学校及教师有了更多的主动性和专业自主权，原有的课程管理体系受到冲击，关于课程领导的研究日趋重要。课程"开发范式"到"理解范式"的转向最终促生了"课程管理"向"课程领导"的转化。

（三）课程领导的实施策略

课程领导的有效实施既需要校长具有课程领导力，也需要教师群体的努力。只有多方人员共同参与进来，解决好课程实施中的各种问题，才能使课程领导真正取得成效。

1. 教师观念的更新与角色转换

在课程领导中，教师扮演着十分重要的角色。课程领导中的每位教师不仅是课程知识的传授者，而且是课程资源的开发者；不仅是课程政策的执行者，而且是课程方案的设计者和教学的决策者；不仅是课程的实施者，而且是课程开发的研究者。所以，教师要更新课程观念，形成相应的角色意识，由传统授课者的单一角色向多种角色转变。

2. 教师需要不断提升自己的专业素养

课程领导中的教师承担着多种角色，这也对教师的专业能力提出了更高的要求。在专业知识学习方面，教师要掌握课程开发、课程设计、课程评估与决策、课程评价等方面的知识。教师可参加有关课程领导的培训，通过与优秀教师、课程专家进行交流合作，拓展课程视野，丰富课程理论；在专业能力提升方面，教师要加强彼此之间的合作交流探讨、培养自我反思的意识和习惯，通过个体的努力和群体的合作来提升教师整体的课程领导水平。

3. 营造民主合作的学校文化氛围

学校要更新传统的管理观念，大力支持教师参与课程管理，形成民主、平等、合作、开放、自由、宽容的学校文化氛围。在对教师进行专业赋权的同时，学校应创造条件，积极促进学科教研组、年级组教师间的民主合作，积极分享文化的形成，倡导教师围绕课程改革的热点、焦点和难点问题交流知识和经验。同时，学校要创建教师参与课程管理的平台和途径，能够与学校行政管理人员开展有效沟通，学校管理人员也要认真倾听教师对本校课程政策、课程实施提出的意见和建议，对教师在课程领导过程中的积极作为给予肯定和尽可能多的支持。

【思考】影响教师参与课程领导的因素主要包括两类：个人因素和组织因素。前者包括教师的知识、信念、对教育变革的认同感、效能感、情感、职业周期、对教育变革的准备度等；后者包括学校的组织结构、学校的文化和资源分配等因素。你如何看待影响教师参与课程领导的这些因素？如果你是校长，打算如何在本校实施课程领导？

三、课堂教学管理概述

课堂是学生学习和发展的主要场所，也是教师教育教学的主要阵地。同时，课堂更是一个复杂、多变的场域，教师在这个复杂的场域中承担着组织、领导、协调、管理课堂的责任。深入了解课堂教学管理的含义和内容，掌握课堂教学管理的具体策略，有助于教师有效地管理和驾驭自己的课堂。

（一）课堂教学管理的含义

课堂教学管理，英文为 classroom management，也被译为"课堂管理"，中外学者根据自己的认识提出了各种课堂教学管理的概念，我们可以从对这些概念的分析中探寻课堂教学管理的本质。

美国学者古德（C. V. Good）将课堂管理定义为"处理或指导班级活动所特别涉及的问题，如纪律、民主方式、参考资料的使用与保管、教室的物理特点、一般班级事务处理及学生关系"[1]。埃默（E. T. Emmer）认为，课堂管理是指一套旨在促进学生合作和参与课堂活动的教师行为与活动，其范围包括物理环境的创设、课堂秩序的建立和维持、学生问题行为的处理、教育学生责任感的培养和学习的指导。[2]《国际教育百科全书（第六卷）》指出，课堂管理是为学生参与课堂活动创造有利环境的过程。[3]我国学者田慧生和李如密认为，课堂管理是教师通过协调课堂内的各种教学因素而有效地实现预定的教学目标的过程。[4]施良方和崔允漷指出，课堂教学管理是指教师为了保证课堂教学的效益和秩序，协调课堂中的人和事、时间、空间等各种因素及其关系的过程。[5]

上述定义尽管叙述不尽相同，但总体上体现出两种取向：①控制取向，强调以教师为主协调课堂内各类影响因素，以创设和维持良好的课堂学习环境；②激发和唤起取向，以

---

① Good C V. Dictionary of Education[M]. New York：McGramhill Book Company，1973：102.
② Emmer E T. The International Encyclopedia of Teaching and Teacher Education[M]. Oxford：Pergamon Press，1987：437.
③ 胡森. 国际教育百科全书（第六卷）[S]. 《国际教育百科全书》编写组译. 贵阳：贵州教育出版社，1990：32.
④ 田慧生，李如密. 教学论[M]. 石家庄：河北教育出版社，1996：332.
⑤ 施良方，崔允漷. 教学理论：课堂教学的原理、策略与研究[M]. 上海：华东师范大学出版社，1999：279.

激发和唤起学生主动学习、积极参与的学习状态为课堂管理目标，激励和引导学生自我控制和约束，强调管理过程中的师生互动。随着我国教育变革的推进，课堂学习活动日益成为一种师生共同交往、共享经验的过程，课堂管理理念也从控制与维持走向激发与唤起，从让学生服从走向让学生参与和自控。

综上，课堂教学管理就是教师为激发和唤起学生主动建构、积极参与的学习状态，主动对课堂中影响教学的因素及其关系进行调整和处理的过程。

（二）课堂教学管理的内容

课堂是一个复杂多变的系统，课堂教学管理也涉及教与学的方方面面。以下主要对教师教学影响较大的课堂环境管理、课堂纪律管理、课堂时间管理以及课堂问题行为管理进行阐释。

1. 课堂环境管理

课堂环境包括课堂物质环境和课堂心理环境，既是构成课堂教学的基本要素，也是教学的客观条件。任何课堂教学活动都是在一定的课堂环境中进行的，良好的课堂环境有利于激发学生的学习兴趣和求知欲，帮助学生集中注意力，提高课堂学习效率。

（1）课堂物质环境的管理

课堂物质环境的管理主要是针对师生在课堂活动时所处的客观环境的组织与管理，如对课堂中的色彩、照明、噪声、温度、教室空间设计与布置、班级规模、座位编排等方面的设计、组织与管理。良好的课堂物质环境有利于营造积极的教学心理氛围，便于教师选择个性化的教学组织形式和多样化的教学方法。

（2）课堂心理环境的管理

课堂心理环境指课堂上所有成员共同的、稳定的心理特质或倾向，它是一种无形的"软环境"，是课堂教学活动赖以进行的心理基础。课堂心理环境具有感染性，它制约着教师和学生教与学的情绪，并对学习效果、动机、态度产生影响。处在积极愉快的课堂心理环境中的师生，其大脑皮层处于兴奋状态，教师精神振奋、思路开阔，授课艺术能得到最大限度的发挥；学生则思维活跃、兴趣浓厚、注意力集中，学习效果显著增强。

课堂心理环境的管理主要指对存在于每个课堂中对师生心理产生实际影响的情感氛围的调控与管理，如师生关系、生生关系的创建和维系，课堂气氛的营造等。课堂心理环境的管理，需要教师以自身的人格魅力感染学生，以倾听、接纳、欣赏的方式鼓励学生，以民主、和谐的作风组织教学，使良好积极的课堂教学心理环境成为传授知识、培养情趣、启迪智慧、提高觉悟的催化剂。

2. 课堂纪律管理

课堂纪律管理是在课堂教学情境中，教师为了维持班级秩序、保证教学活动和学生学习活动顺利进行而要求学生必须遵守的一系列行为规范，是对学生课堂行为施加的外部控制与约束。

课堂纪律的内容是多元的。按照适应纪律的活动性质来分，主要有点名的纪律、上下课的纪律、课间纪律、值日纪律等；按照适应纪律的项目性质来分，主要有道德方面的纪律、秩序方面的纪律、人际关系方面的纪律、安全方面的纪律、学习方面的纪律等；按照课堂纪律的成因来分，主要有教师促成的纪律、集体促成的纪律、任务促成的纪律、自我促成的纪律等。

1) 教师促成的纪律。主要指在教师帮助指导下形成的班级行为规范，它在不同年龄阶段发挥的作用不同，学生年龄越小，教师促成的纪律发挥的作用就越大。刚入学的儿童不知道如何在一个较大的团体中学习和游戏，如果没有教师的帮助，很难形成相应的行为准则。随着年龄的增长和自我意识的增强，学生一方面会反对教师的过多限制，另一方面又需要教师为其行为提供一定的指导和帮助。

2) 集体促成的纪律。主要指在集体舆论和集体压力的作用下形成的群体行为规范。集体促成的纪律包括两类：一类是正规群体促成的纪律，如班集体的纪律、少先队的纪律等；另一类是非正规群体促成的纪律，如学生间的友伴群体等。教师应着重对非正规群体加以引导，帮助他们形成健康的价值观和行为准则，并使之融合到正规群体中，使每个学生都认同班集体的行为规范。集体促成的纪律具有较强的稳定性，对个别学生问题行为的调整作用明显。

3) 任务促成的纪律。主要指某一具体任务对学生行为提出的具体要求。这类纪律在学生的学习过程中占有重要地位。在日常学习过程中，每项学习任务都有它特定的要求或者说特定的纪律，例如，课堂讨论、野外观察、制作标本等任务都有各自的纪律要求。任务促成的纪律以学生对任务的充分理解为前提，学生对任务的意义理解越深刻，就越能自觉遵守任务的纪律要求，即使遇到困难挫折，也不会轻易退却。所以，学生完成任务的过程就是接受纪律约束的过程。教师如果能很好地用学习任务来引导学生，加深学生对任务的理解，不仅可以有效减少课堂纪律问题，还可以提高学习效率。

4) 自我促成的纪律。自我促成的纪律即我们常说的自律，它是在个体自觉努力下由外部纪律内化而成的个体内部约束力，是课堂纪律管理的最终目的。当学生能够自律并客观评价自己和集体的行为标准时，便意味着学生能够为新的、更好的集体标准的发展做出贡献，同时也标志着学生心智水平的提高。

课堂纪律管理是课堂教学管理的重要组成部分，设计有趣、适合学生认知水平、组织有力的课堂教学是课堂纪律管理的前提。在此基础上，教师才能科学、深入地探讨课堂的纪律管理问题。

3. 课堂时间管理

课堂时间管理是教师对课堂教学中单位时间的管理，包括时间的分配、时间的利用等。它是教师为实现某一课程的教学目标，对课堂时间进行科学预测、系统计划、合理分配和适时调控的过程。课堂时间管理是优化教学过程、提高教学效率的关键指标。教师只有关注课堂时间管理，充分利用课堂时间有效组织课堂教学，才能实现教学时间和学习时间的最优化，提高课堂教学的有效性。

关于课堂时间的分类，不同的视角下有不同的划分。从纵向教学环节看，课堂时间可以划分为复习旧知识的时间、导入新课的时间、讲授新课的时间、巩固教学的时间、作业练习的时间等；从教学时间的性质看，可以划分为边缘时间、中介时间与核心时间；从学生学习的方式看，可以划分为自主学习的时间、探究学习的时间、合作学习的时间等。

课堂时间管理提出的目的是解决教学的有效性问题，即如何在一定的教学时间内促使学生高质量地完成学习任务。所以，课堂时间管理的要求有三个：①教师要具备教学时间管理理念，合理分配教学时间，组织学生有效利用学习时间；②教师要熟知学生的个人能力倾向，做到因材施教，减少在同步教学中因学生的个体差异而造成的无意义的时间消耗；③教师要努力提高自身的教学水平，延长学生专注于学习的时间。

【实践活动】开展一次课堂观察，详细记录教师对课堂时间的利用情况，分析教师的课堂时间管理活动。

4. 课堂问题行为管理

学生的课堂问题行为在教师的教育教学中普遍存在。课堂问题行为不仅会干扰课堂教学的正常进行，影响教育目标的实现，而且会对师生的身心健康产生较大的负面影响，更是教师职业压力的主要来源和职业发展中的重要话题。

（1）课堂问题行为的界定

对于课堂问题行为，不同学者有不同的认识："课堂问题行为是指儿童不能遵守公认的正常儿童行为规范和道德标准，不能正常与人交往和参与学习的行为。"[1] "课堂问题行为是指在课堂中发生的，违反课堂规则、妨碍及干扰课堂活动的正常进行或影响教学效率的行为。"[2] "课堂问题行为是指学生或者教师在课堂中发生的、违反课堂规则、程度不等地妨碍及干扰课堂活动的正常进行或影响教学效率的行为。"[3]概括之，课堂问题行为是在课堂中发生的行为；课堂问题行为主要指学生的课堂问题行为；课堂问题行为是违反课堂规则、与课堂行为规范和教学要求不一致的行为，是消极的、负面的。因此，我们可以将课堂问题行为界定为：学生在课堂中发生的违反课堂规则、妨碍或干扰课堂活动正常进行或者影响教学效率的行为。

【思考】在现实的课堂教学中，不同教师对学生行为的感受是不一样的，这直接决定了教师对问题行为的判断标准。一些教师认为学生总是在未经教师许可的情况下就发言会扰乱正常课堂秩序，这是一种问题行为；另一些教师则将其看作一种情绪激昂、思维敏捷的表现。一些教师会把那些在课堂上总是规规矩矩听从教师指令的学生作为遵守纪律的榜样；另一些教师则认为这是思维不活跃、退缩、回避的表现，甚至有精力不集中、开小差的嫌疑。因此，教师对学生课堂问题行为的判断带有一定的主观性。

如何看待上面这段话的内容？你认为课堂中什么样的学生行为是问题行为？

（2）课堂问题行为的分类

由于不同学者对课堂问题行为的认识不尽相同，所以他们对问题行为的分类也不尽一致，常见的课堂问题行为分类如表 10-2 所示。

---

① 邵瑞珍. 学与教的心理学[M]. 上海：华东师范大学出版社，1990：317.
② 施良方，崔允漷. 教学理论：课堂教学的原理、策略与研究[M]. 上海：华东师范大学出版社，1999：290.
③ 陈时见. 课堂管理论[M]. 桂林：广西师范大学出版社，2002：193.

表 10-2 常见课堂问题行为分类①

序号	提出者	分类	主要表现
1	威克曼 （E. K. Wickman）	扰乱性问题行为	破坏课堂秩序、不遵守纪律和不道德的行为
		心理性问题行为	退缩、神经过敏等方面的行为
2	奎伊 （H. Quay）	人格型问题行为	具有神经质特征的行为，如退缩等
		行为型问题行为	具有对抗性、攻击性或破坏性等特征的行为，如交头接耳、尖声怪叫等
		情绪型问题行为	由于学生过度焦虑、紧张和情绪多变而导致的行为，如过分依赖教师和同学；不独立完成作业；胆小怕事，害怕失败；不敢举手发言；情绪紧张，容易慌乱等
3	伯顿 （W. S. Burden）	个体水平的不良行为	被提醒后才开始完成作业、不用心做功课、不能完成作业、不听从指示、做作业马虎、擅离座位、打扰别人、随便讲话、撒谎、说话粗鲁、退缩、自我否定、做小动作、不与别人交往、不参与集体活动、轻易放弃、不能与他人分享、逃学、不合作、不遵守秩序、攻击行为、破坏公物、性情暴躁、偷窃和欺骗等
		集体水平的不良行为	不团结同学、不遵守行为准则、消极对待小组成员、认同不良行为、容易分心、妨碍上课、模仿别人、道德水平低并表现出敌意、反抗和攻击行为、缺乏适应环境的能力等
4	辛肖 （S. P. Hinshaw）	外向型问题行为	直接干扰课堂正常教学活动的攻击型行为，这些行为容易被觉察，如行为粗暴、高声喧哗、相互争吵、交头接耳、出怪声、做怪相、迟到、早退、随意离开课堂、随意走动等
		内向型问题行为	不容易被觉察、对课堂教学活动的正常进行不构成直接威胁的退缩型行为，如在课堂上心不在焉、胡思乱想、发呆、做白日梦等注意分散行为，害怕提问、抑郁孤僻、烦躁不安、乱涂乱画、情绪低落、不与同学交往等退缩行为，看小说、翻杂志、不认真听讲、乱涂乱画、作业马虎、抄袭作业等不负责任行为，迟到、早退、中途逃课等抗拒行为
5	王都留	偶尔发生的问题行为	与情绪波动相关，能很快纠正的行为，如上课说话、走动、睡觉等
		长期性问题行为	与个性及习惯相关，很难在短期内纠正的行为，如好动、注意力缺损等
6	杨心德	行为不足	人们所期望的行为很少发生和从不发生，如沉默寡言等
		行为过度	某一类行为发生太多，如经常侵犯他人
		行为不适	人们期望的行为在不适宜的情境下发生，但在适宜的情境下却不发生，如上课时大笑等

（3）课堂问题行为产生的原因

课堂问题行为产生的原因十分复杂，心理学家德雷克斯（R. Dreikurs）认为问题行为产生的原因有四个：获得注意、寻求权力、寻求报复和表现无能（自暴自弃）；日本心理学家古泽赖雄把问题行为产生的原因归结为五个：心理原因、不良的性格特征、智力因素、精神疾病、不良的社会性行为。学生的课堂问题行为可能是学生认知、情感、行为和人格等方面的原因，也可能是家庭问题行为或社会问题行为的延伸，可能受同伴团体的不良影响，还可能是不良的课堂教学环境或教师的教学失策导致的。总体来说，学生课堂问题行为产生的原因主要有学生和同伴因素、教师因素、学校因素、家庭和社会因素。②

1）学生和同伴因素。影响学生课堂问题行为的学生自身因素主要包括心理发展的问题，如适应不良、厌烦、挫折与紧张、寻求注意与获得地位，建立自我同一性时期的冲动与理智的矛盾，渴望交流与自我封闭的矛盾等。除此之外还包括生理发展的问题，如神经

---

① 根据陈时见、张彩云、王本陆、李森等学者的相关研究成果整理。
② 张彩云，武浩. 中小学生课堂问题行为研究述评[J]. 心理与行为研究，2016（3）：420-425.

发展迟缓或神经功能障碍造成的注意力缺损，导致学生注意涣散、活动过度、冲动任性。同伴关系也会影响学生的课堂行为，如其他同学制造麻烦、同学之间的相互影响、同伴关系紧张等。学生受到周围同学的影响或激惹时，就会出现如嘲笑和打架等问题行为。

2）教师因素。影响学生课堂问题行为的教师因素既包括要求不当、滥用惩罚手段、缺乏自我批评精神、教学内容与方法不当，也包括专业基础理论知识不扎实、业务能力差、事业心不强、功利主义，以及缺乏与学生的平等交流等。此外，教师的处事风格和应对方式也会影响学生的行为。消极回避型风格的教师更倾向于使用惩罚和侵犯性的管理措施，易使学生问题行为进一步恶化。相反，社会问题解决型和放松型风格的教师更多采用肯定、奖励、讨论、提醒等管理措施，会在一定程度上抑制问题行为的发生。

3）学校因素。学校如果存在诸如管理者对学生的教育手段简单粗暴、课间活动安排不合理、学生评价有失公平等问题，会对学生的行为产生不利影响。此外，学校的基础设施较差、教学资源匮乏等因素也会影响学生学习的积极性，导致学生产生问题行为。

4）家庭和社会因素。家庭因素包括家庭结构（单亲、独生子女、有隔代老人）、家庭氛围（父母双方是否和睦、性格是否乐观向上）、家长教育方式（民主型、专制型、溺爱型）等方面。此外，家庭的社会经济地位、家长要求学生参加课外学习的时间等都会影响学生的课堂问题行为。学生课堂问题行为的产生还受社会方面等复杂因素的影响，包括社会风气、媒体导向、微博和微信等方面的影响。

（三）课堂教学管理的策略

要有效实施课堂教学管理，可以根据课堂教学管理的内容和特点，采用以下策略。

1. 制定管理目标和课堂规则

教师在开学伊始就要明确提出对学生课堂行为的管理目标，并由此建立起具体而周密的课堂规则，以规范、指导学生在课堂中的具体行为。课堂管理目标是学生应该达到而且经过努力可以达到的行为预期。作为一种导引，其能够对学生的行为起到指导和定向的作用。课堂规则的制定要充分尊重学生的主体性，在教师指导下以师生共同制定为主。课堂规则要避免烦琐，使学生拥有一定的行为空间和自由度。

2. 将语言和非语言手段相结合

当学生在教学过程中做出违规且无法忽略的行为时，教师要采取一定的措施，可以使用反复提醒、点名批评等语言类管理手段，以告诫学生其行为的错误，使其在深刻认识的基础上加以纠正。但不宜采用严重的惩戒，更不能体罚学生。

对个别学生的影响小而且转瞬即逝的不良行为，教师可以运用简单的非言语线索，使其行为终止或转移，无需中断课堂教学进程。非语言线索包括眼神注视、摇头、运用面部表情、走近学生身边、打手势等。[①]通过上述方式既可以隐秘地提示学生，抑制学生不良行为的发生，又能够使教学顺利进行。

3. 正面激励策略

正面激励策略是指通过表扬、激发等正强化手段，增加学生的正当课堂行为表现。

---

① 汪霞. 小学课程与教学论[M]. 上海：华东师范大学出版社，2011：238.

①善用表扬。对许多学生来说，来自教师的表扬是一种强有力的激励。当学生出现课堂问题行为时，教师可反其道而行之，从表扬学生的正确反应入手，来强化其合理行为，减少不良行为。②树立榜样。通过表扬其他学生的良好行为，使违反课堂纪律的学生意识到自己的不足，自觉对自己的行为进行调整和改正。③强化情感因素。①师爱是教育的润滑剂，是进行学生教育的必要条件。教师在进行课堂教学管理时，要活用情感因素，建立信任、民主的师生关系。教师对学生的关心与热爱会赢得学生的信赖，他们也更乐意配合教师的课堂教学管理。

4. 行为矫正策略

行为矫正策略是指运用一定的奖惩手段，强化学生良好行为，减少或消除学生不良行为的一种管理策略。①强化目标行为的实施。当教师提出具体教学要求时，比如要求所有学生都打开书本，或者都抬起头来看着黑板，所有学生必须实施。这一方法在小学中低学段使用比较有效。②根据常规实施奖赏或处罚。师生共同制定班级常规，同时制定对违规行为的处罚方式，让每个学生都清楚地知道违反班级规则的结果。这种方法明确了教师所期望的行为，学生也了解到所得结果是自己造成的，要对自己的行为负责。③订立契约。将班级常规的制定与契约订立结合起来。教师通过契约内容设计，明确指出哪些学习任务是必须按时完成的，哪些课堂行为是合乎要求的，完成后的奖励或未完成的处罚是什么。学生和教师在相互同意的前提下在契约上签字，通过合同性质的契约对学生的课堂行为产生约束力。运用契约被视为一种非常成功的行为矫正方法，在中学阶段使用有独特效果。

四、课堂教学管理与教师决策

美国的管理学家西蒙（H. A. Simon）认为，任何实践活动都包含决策和执行，管理即决策。②在课堂教学活动中，教师不仅需要成为教学活动的引导者、学生学习的组织者，更需要依据自己的知识基础、观念体系不断做出决策，即成为课堂教学的决策者。从教师作为专业人员的决策任务来看，可将教师决策分为与课程相关的课程决策、解决教学问题的教学决策、与学生相关的管理决策。课堂教学管理中的教师决策既包括教学决策，也包括对学生的管理决策，是教学与管理的统一。

（一）教师决策的内涵

决策是管理学和决策行为学中的基本概念，狭义上的决策是对行动方案的最后选择，广义上的决策指"人们对行动目标和手段的探索、判断、评价直至最后选择的全过程"③。最先把"决策"引进教育领域，提出"教师决策"的重要代表人物之一是美国学者亨特（M. Hunter）。此后，赫斯特（P. H. Hirst）等提出了教师决策的六个步骤：察觉问题、界定问题、思考两个以上的解决方案、评估解决方案、实践决策计划和评价结果。④

教师决策伴随着课堂教学过程的始终。作为课堂教学管理中的一种专业活动，它是教

---

① 李森，陈晓端. 课程与教学论[M]. 北京：北京师范大学出版社，2015：223.
② 赫伯特·A. 西蒙. 管理行为[M]. 詹正茂译. 北京：机械工业出版社，1997：1.
③ 黄孟藩，王凤彬. 决策行为与决策心理[M]. 北京：机械工业出版社，1995：2.
④ 宋德云，李森. 教师的教学决策：内涵、构成及意义[J]. 课程·教材·教法，2008（12）：21-26.

师依据自己的教育理念、学生观和管理思维，对课堂教学情境做出自主判断、选择相应的教学管理行为的动态过程。教师决策的内涵包含以下内容：①教师决策的根本目的是促进学生的发展，直接目的则是服务于课堂教学的顺利、有效进行。②决策的主体是教师。教师决策是在一定教学价值观、课堂管理经验、教育信念等潜在因素的影响下，在教学过程中实施的具有个体性和主观性的活动。③教师决策是自主和理性的专业活动。教师具有课堂教学管理的决策权，这也是这一职业赋予教师的专业自主权力。教师决策不是任意而为的，要求教师根据课堂情境中的具体问题做出理性的判断与选择，或者说，课堂教学管理中的教师决策是为实现教学目标的有效达成，充分利用特定课堂情境中的各种信息，审慎地判断、制定教学管理方案的过程。[①]

（二）教师决策的特点

课堂教学管理中的教师决策既涉及到教师对"教"的决策，又涉及对学生的学习指导和行为管理的决策，因而具有多方面的特点。

1. 教学决策与管理决策的统一

在缺乏良好教学的情况下，维持一个有秩序的课堂几乎是不可能的。课堂教学管理中的教师决策，其直接目的是有效管理学生行为以完成教学目标。在这一过程中，学生作为教师决策的对象之一，既是教师决策的执行者，也是教师制定课堂管理方案的参与者和教师调整决策方案的"信息源"。从"学"的角度看，学生是课堂教学活动中"学的决策者"，与教师这一"教的决策者"是合作或冲突、控制或对话的关系。教师的教学决策立足于有效的"教"，服务于深度的"学"，因此对学生在课堂中的学习投入状态、纪律表现、情感态度等因素的信息搜集与判断就成为教师决策的重要部分。[②]教师的教学决策和对学生的管理决策难以截然分开，可以说，课堂教学中的学生管理决策属于整体性的教师教学决策的组成部分。

2. 决策过程体现生成性和创新性

生成与创新是决策活动的本质特征。课堂管理中的教师决策所要解决的问题往往具有偶然性，需要教师发挥主观能动性，利用教学实践中积累的经验，创造性地制订、选择、实施相应的行动方案。因而，教师决策是一种创新性的思维活动和行为选择。

教学创新主要是在生成中实现的。教师决策的生成性首先表现在教师需要对课堂教学管理中未曾预料到的情景做出即时判断和生成性选择，这一过程也体现了教师的教育机智；其次表现在教师要及时、认真地总结经验、吸取教训，以便为下一阶段的课堂教学管理做出更优化的决策。

3. 教师决策以问题为中心

在课堂教学过程中，教师的教学管理行为是一条决策链，每个最终达成的教学选择都是教师决策和学生决策相互作用的结果。教师决策的核心是对各种教学要素之间关系的协调，但这些要素之间的关系往往以问题、冲突的形式表现出来，比如，在教师主导的教学过程中如何体现学生的主体地位，对学生的纪律行为如何判断和引导，学生在课堂上出现

---

① 张朝珍. 教师教学决策论[M]. 北京：人民出版社，2011：62-63.
② 张朝珍，张敏. 基于经验的教师课堂生成性决策探析[J]. 当代教育科学，2008（14）：7-9.

的问题行为如何定性、如何及时合理地解决才不失有效和公允等。这些问题都存在多个选择方案，教师必须在两难的问题情境、有限的信息获得、公开和变化的课堂气氛中，依据长期形成的教学经验做出临场决策。

4. 教师决策具有情境性

教师决策既在一定的情境中进行又受制于该情境。是否符合特定的班级物质环境、文化环境和心理环境，能否促进教学目标的实现和学生素养的提升，是衡量教师决策质量的核心要素。课堂教学管理中的教师决策往往与"应该怎么办"相关，是决策焦点、教学内容和决策时间的统一。决策焦点指决策是针对个体学生、小组学生还是全班学生；决策内容是对引导学生课堂行为、学生学习状况的决策；决策时间是指做出决策的时效性，包括采取即时的临场决策还是延时的反思性决策等。[①]教师需要在这样的真实情境中，充分利用情境中的有利因素，克服不利因素，实现各教学要素的平衡，做出合理和可行的决策。

（三）课堂教学管理中的教师决策步骤

长期以来，教师的决策权没有受到应有的重视，教师通常被视为教学的"执行者"而非"决策者"，这也导致一些教师自身的教学决策意识淡薄。他们在课堂教学管理中要么生搬硬套他人经验，要么墨守成规凭主观经验随意决策，大大降低了课堂教学管理的质量。因此，熟练地掌握决策步骤，对教师提高课堂教学管理效果是非常重要的。

【**案例**】周老师的课堂上有两个问题学生。张同学为了能够获得大家的注意，经常做各种怪动作，扰乱课堂秩序；王同学则上课无精打采，经常打瞌睡。刚刚工作一年的周老师十分烦恼，不知道如何处理才好。

结合这一案例，教师可以采取如下决策步骤。

第一步，及时检查情况。在上面的案例中，周老师首先要确定两个学生出现问题行为的频率，是偶尔为之还是天天如此，以便下一步采取适当的措施。

第二步，收集多方面资料。针对张同学和王同学的行为，周老师应收集更多的相关信息，以便充分、客观地了解问题，确定问题的性质。比如，教师要观察张同学在课堂上的捣乱行为是什么时候发生的，导致这种行为的可能因素是什么，是因为老师对他格外注意而强化了他的行为，还是由于其他学生的注意使他产生一种满足感。只有弄清楚这些问题，周老师才能制定解决问题的有效决策。

第三步，分析上述资料。客观地分析资料是课堂教学管理中教师做出正确决策的重要一环。在课堂教学管理中，教师经常会根据自己的所见所闻或自己的经验做出决策，如王同学在课堂上无精打采、经常打瞌睡，部分教师可能认为应该使用惩罚的措施。但是，学生打瞌睡的原因是什么，是否需要惩罚，这时候就需要教师对获得的资料进行客观、理性的分析，看看王同学是因为早就学会了、不想学、没休息好，还是因为其他因素导致的问题行为。

第四步，做出决策。教师收集和分析了必要的资料以后就可以做出决策。可以采取的

① Anderson L W. Classroom Assessment: Enhancing the Quality of Teacher Decision[M]. Mahwah, N.J.: Lawrence Erlbaum Associates, Inc., 2003: 3.

决策方案往往不止一个，如果教师只需在两个熟悉的行动方案中做出选择，其决策过程就会相对简单；如果教师面对的是不熟悉的或极其复杂的情况，就不能仓促地进行决策，而要仔细分析涉及的关键要素，在所有可能的行动方案中慎重选择。

第五步，检查决策的可行性和可操作性。决策的可行性要求教师确保自己做出的决定是合情合理的，可操作性要求教师确保自己的决策能够转换成具体的操作方式。比如，"以更有效的方法帮助王同学认识到上课睡觉的危害""使用表扬的方式鼓励张同学遵守课堂纪律"，这样的决策就不具有可操作性，而"当张同学在课堂上能连续10分钟端坐学习且不打扰同伴，即给予口头表扬"则具有可操作性。

第六步，决策的实施和评价。教师确认自己的决策具有可行性和可操作性之后就可以进行实施决策。教师还要对决策实施后的效果进行评价和反思，以确保决策能真正有效地解决课堂管理中的问题，并为日后解决类似问题积累可供参考的经验。

总之，教师决策的质量影响着课堂教学管理的效果，也影响着教学的质量。教师要增强决策意识，提高课堂教学管理中的决策能力。

【案例研究】"难管"的小华

小华是一个总爱迟到又屡教不改的学生，无论早操、升旗、活动、上课，他总要迟到。班主任多次找他谈话也无济于事，因此被一些老师列入"无药可救"一族。有一天，早操结束后，由于数学课代表请病假，数学老师只好自己动手将一大摞学生作业本搬回办公室，刚下楼梯时，恰好碰见迟到后匆匆赶来的小华。因为怕老师责备，他主动接过老师手里的一摞作业本说："老师，我帮您送到办公室吧。"本来很生气的老师灵机一动，抓住这个机会对小华说："数学课代表要请一周病假，你能不能代他几天替老师收作业，并送到我的办公室？"小华很爽快地答应了。第二天，为了按时完成收交数学作业的任务，小华早早来到学校，老师趁机在班里表扬了他，又让他当了数学课助理，从此，小华再也没有迟到。

【思考】请谈谈你对以上案例中数学老师的做法的认识。如果小华是你的学生，遇到这种情况，你打算怎么处理？

思 考 题

1. 课程领导的主要内容有哪些？
2. 简要说明课堂教学管理的主要内容和策略。
3. 课堂教学管理中教师决策的特点有哪些？
4. 联系实际谈谈如何处理学生的课堂问题行为。

拓 展 阅 读

鲍东明. 关于西方课程领导理论发展趋向研究[J]. 比较教育研究，2016（2）：64-71.

黄云峰，朱德全. 教师课程领导力的意蕴与生成路径[J]. 教学与管理，2015（2）：1-3.

余进利. 校长课程领导：角色、困境与展望（上）[J]. 课程·教材·教法，2004（9）：22-24.

余进利. 校长课程领导：角色、困境与展望（下）[J]. 课程·教材·教法，2004（10）：28-29.

参 考 文 献

亨德森. 革新的课程领导[M]. 高新建，等译. 台北：学富文化事业有限公司，2001.

黄孟藩，王凤彬. 决策行为与决策心理[M]. 北京：机械工业出版社，1995.

黄显华，朱嘉颖，等. 课程领导与校本课程开发[M]. 北京：教育科学出版社，2005.

李森. 课堂教学创新策略研究[M]. 重庆：西南师范大学出版社，2008.

林培英. 课堂决策——中学教师课堂教学行为及案例透视[M]. 北京：高等教育出版社，2004.

于泽元. 课程变革与学校课程领导[M]. 重庆：重庆大学出版社，2006.

周彬. 决策与执行：制度视野下的学校变革[M]. 北京：教育科学出版社，2005.

张朝珍. 教师教学决策论[M]. 北京：人民出版社，2011.

Glatthorn A A. 校长的课程领导[M]. 单文经，等译. 上海：华东师范大学出版社，2003.